AF346805

DE LA

LIBERTÉ DES MERS

ET DU COMMERCE.

A MARSEILLE,

DE L'IMPRIMERIE DE ROUCHON, IMPRIMEUR DU ROI,
THÉATRE PAVILLON.

DE LA
LIBERTÉ DES MERS
ET DU COMMERCE,

OU

Tableau historique et philosophique du Droit maritime.

Par M.ʳ GILIBERT DE MERLHIAC,

Lieutenant de vaisseau , Membre de la Société royale académique des Sciences de Paris , de la Société royale des Antiquaires de France , de celle des Arts et Belles-Lettres du Département du Var , etc.

Quid prohibetis aquas ? usus communis
aquarum est :
Nec solem proprium natura, nec aëra fecit,
Nec tenues undas ; in publica munera veni.

Ovid. liv. 6 , métam. 8.

.... *littusque rogamus*
Innocuum, et cunctis undamque auramque potentem.

Virg. Æneïd. lib. 7.

A PARIS,

CHEZ RÉMONT PÈRE ET FILS, LIBRAIRES,
rue Pavée-Saint-André, n.° 11.

1818.

ERRATA.

Page 10 , *ligne* 18, d'éprouver, *lisez* : de prouver.

Page 19, *ligne* 24 , jusqu'au 15.ᵉ siècle, *lisez* : jusqu'au 16.ᵉ siècle.

Page 26, *ligne* 8 *de la note*, delectas , *lisez* : detectas.

Page 44, *ligne* 4 *de la note*, que moins , *lisez* : pas moins.

Page 52, *ligne* 25, que ce Machiavel, *lisez* : ce que Machiavel.

Page 55, *ligne* 8, une fois consommée , ne pouvait, *lisez* : une fois consommée , elle ne pouvait.

Page 58 , *ligne* 1 , l'âge actuel de la, *lisez* : l'âge actuel et la.

Page 62 , *ligne* 25, commercer, *lisez* : commencer.

Page 84, *ligne* 16 , que de réserver , *lisez* : que de se réserver.

Page 86, *ligne* 7 , qu'en engageant , *lisez* : que d'engager.

Page 98 , *ligne* 4 *de la note*, Schaltès, *lisez* : Schultès.

Page 125, *ligne* 6 *de la note* , 8 septembre , *lisez* : 18 septembre.

Page 136 , *ligne* 1 , le ministre, *lisez* : le ministère.

Page 156 , *ligne* 20, une armée , *lisez* : une arme.

Page 226 , *ligne* 28 , ni ses sujets , *lisez* : et ses sujets.

Page 240, *ligne* 4 , rares, *lisez* : extraordinaires.

Page 249, *ligne* 19 , aux plus apparents , *lisez* : ou plus apparents.

Page 252 , *ligne* 17, forges, *lisez* : forces.

Page 254 , *ligne* 17, Flettin, *lisez* : Stéttin.

Page 274 , *ligne* 33 , d'évoquer les appels en matières au tribunal , *lisez* : de concentrer les appels en matière de prises sur le tribunal.

TABLE DES MATIÈRES.

FIN DE LA TABLE.

PRÉFACE.

EN traçant le tableau historique et philosophique du droit maritime, je n'ai pas prétendu
composer un traité de jurisprudence, mais
mon intention a été de plaider la cause de
l'humanité contre l'égoïsme et le monopole.
Depuis long-temps on desire la liberté des mers
et du commerce; de savants jurisconsultes ont
démontré la justice de ce principe, mais le
moment est venu où il faut absolument le mettre
en exécution : c'est pour exprimer ce besoin,
ressenti par tous les peuples, que j'ai réuni
une masse de faits aussi importants qu'avérés;
et c'est en examinant leurs conséquences, que je
trouve la cause de la déplorable situation dans laquelle le commerce et la navigation des Européens
se trouvent aujourd'hui. Un monopole insatiable,
des erreurs mutuelles, une ambition insensée,
ont produit en dernier résultat la misère et
paralysé l'industrie. Ces malheurs sont grands;
s'ils se prolongent, leurs suites sont incalcula-
bles, et les nations Européennes doivent y
songer. Mais existe-t-il un remède à de si
grands maux ? Oui sans doute; et pour le trou-

ver, il faut, sans chercher à s'abuser plus long-temps sur les causes et les effets, les dévoiler tels qu'ils sont, en un mot dire sans détour la vérité. C'est, je crois, ce que j'ai fait, sinon éloquemment, du moins avec franchise. J'ai dit ce que tout le monde sait ; j'ai dévoilé hautement ce que chacun desire, et je pense avoir démontré que l'opinion et les besoins de tous les peuples commandent un sacrifice à l'ambition, et tendent au rétablissement de l'équilibre maritime et commercial.

Presque tous les publicistes qui ont traité du droit maritime ont apporté dans leurs écrits une érudition complette. *Grotius*, *Puffendorf*, *Selden*, *Wolf*, *Hubner*, *Galleani*, *Lampredi*, *etc.*, ont travaillé pour des hommes d'État ; et leurs ouvrages, pleins de discussions lumineuses, quoique souvent un peu pédantesques, sont remplis d'arguments justes ou spécieux suivant la cause qu'ils avaient entrepris de défendre. J'ai remarqué que ces grands écrivains cherchaient presque toujours à établir leurs maximes sur des lois écrites ou des monuments authentiques de jurisprudence. Cette méthode est sans doute bien entendue, tant que les autorités citées sont d'accord avec les bases fondamentales de l'équité ; mais si la loi romaine ou les Basiliques , par exemple , ou même quelques traités et adhésions , sont évidemment injustes ou trop sévères dans l'état actuel des choses , il me semble que l'on peut toujours y opposer le sentiment naturel de la justice et de la modération. Que les Anglais nous opposent un acte authentique qu'ils conservent chez eux, par lequel un de nos Rois reconnut leur souveraineté sur les mers ; cette pièce , bien avérée, peut sans doute décider judiciairement la question , sauf l'appel à la raison qui casse un pareil arrêt. On peut aussi trouver dans les lois romaines et une infinité d'autres Authentiques, des arguments pour autoriser la saisie des neutres , pour exiger le salut du pavillon , s'emparer de la personne et des biens des naufragés , prétendre enfin à la possession exclusive de la pêche ou de la navigation de quelques mers ou détroits ; tous ces droits imaginaires ont été savamment réclamés en faveur de différents peuples et par des publicistes célébres. Je sais bien que leurs adversaires ont aussi trouvé dans les mêmes autorités des raisons pour les combattre victorieusement , mais qui ne voit que toutes ces discussions s'écartent étrangement de l'esprit du véritable droit des gens : *non opinione sed natura jus constitutum est* (Cic. de leg. lib. 1 c. 10.) C'est donc moins dans les livres que dans la conscience qu'il faut rechercher les principes du droit maritime ; et si le bon sens n'indiquait cette marche, je pourrais aussi m'appuyer de l'exemple du célèbre *Vattel*, qui a trouvé dans son cœur les bases du droit des gens. J'ai donc cru devoir, dans cet ouvrage, m'abstenir autant que possible de comparer et de discuter les opinions de mes devanciers. Qu'importe en effet qu'ils se soient trompés sur une date ou un fait, que l'un ait mieux interprété que l'autre le sens du digeste dans tel ou tel autre cas : l'essentiel est que les principes soient conformes à l'équité naturelle, et il vaut mieux alors se consulter soi-même que les plus fameux jurisconsultes. Si l'on a assez de bonne foi pour s'avouer que l'on n'est pas libre, que des préventions ou des intérêts peuvent vous influencer, il faut alors être assez honnête homme pour ne pas proclamer des principes qui peuvent être faux, puisqu'ils ne sont pas indépendants. Tous les écrivains devraient sans doute être assez vertueux pour préférer la plus profonde obscurité à l'honneur d'acquérir une dangereuse célébrité ; mais cette maxime doit être sur-tout la règle de ceux qui traitent du droit public : cette matière est en effet si délicate, la cupidité est si ingénieuse, que l'ouvrage le plus médiocre, s'il favorise l'injustice, peut être exhumé de la poussière et revêtu par l'intérêt personnel d'une importance perfide.

Les institutions du droit maritime, ces bases sacrées de l'existence des peuples, offrent une complication de théories aussi singulières que divergentes : rien cependant, en principe naturel, n'est plus simple. La mer est un bien commun, la navigation une faculté acquise indistinctement à tous ; le commerce dérive de ces deux axiomes, et trouve sa sécurité dans les intérêts sociaux et l'indépendance des peuples. Sur ces derniers principes on a établi les immunités des neutres, la sûreté des ports, les égards dus aux naufragés, aux navigateurs en détresse, et la libre jouissance des biens communs, tels que la pêche et la fréquentation des ports ouverts par leurs princes et non bloqués par l'ennemi. Tous ces principes seront faciles à définir si on veut les coordonner sur les deux premiers, qui sont aussi incontestables que justes. Mais si l'on s'en rapporte au droit public écrit, que de confusion, que de sentiments divers ! Les maximes les plus évidentes pourront devenir douteuses ; chacun trouvera des raisons pour s'approprier la mer, voler les neutres, bloquer avec une seule frégate des royaumes entiers, etc. ; ce sera un cahos ou plutôt la véritable image de l'enfer, parce que les passions les plus criminelles pourront y plaider leurs intérêts : tel est cependant l'état où se trouve encore cette importante question.

Presque tous les publicistes avaient un *but* en traitant du droit maritime ; ils se sont livrés à d'interminables discussions plutôt pour combattre des adversaires que pour établir des opinions dégagées de toutes circonstances particulières. *Lampredi* et *Azuni* qui ont parlé du droit maritime avec plus d'impartialité, s'éloignent cependant quelquefois d'une exacte neutralité. On pourrait soupçonner aussi que j'ai un *but*, et l'on croira s'en apercevoir dès les premières pages de cet ouvrage ; mais du moins mon plan est indiqué par la nature, il est prouvé par l'expérience.

En plaidant la cause de la liberté des mers et du commerce j'ai dû rapporter les faits ; mais j'en combats ou j'en approuve toujours les conséquences et les principes. En suivant cette marche, j'ai blessé sans doute bien des intérêts ; mais ces intérêts méritent-t-ils tant d'égards, même dans les circonstances où nous sommes ? Je suis loin de le croire : leurs résultats ont été trop funestes au genre humain pour s'interdire le droit de s'en plaindre. Tous ceux qui liront cet ouvrage sans partialité, conviendront que le but que j'y développe est infiniment desirable, qu'il serait avantageux à tous, et que ceux qui au premier abord paraissent le redouter, y trouveraient un gage de sécurité pour l'avenir. C'est en détaillant historiquement les principes du droit maritime, que j'ai cru pouvoir remplir mon intention; c'est sous cette forme que je présente et nos besoins et notre véritable position; chacun y reconnaîtra ses vœux, et les marins y trouveront des notions aussi importantes qu'utiles.

Le navigateur est, par état, toujours éloigné des interprêtes de la loi, des guides ou des maîtres de sa conduite; presque toujours isolé, il lui est utile de savoir ce qu'il doit à ceux que les événements de la mer peuvent le mettre à même de fréquenter, et réciproquement ce qu'on lui doit : c'est ainsi qu'il ne compromettra jamais ni sa personne, ni ses intérêts ou ceux de sa nation.

J'ai donc rassemblé dans un cadre extrémement rétréci les principaux événements qui se rattachent au droit maritime; j'en ai tiré des conséquences naturelles dégagées de toute controverse et d'érudition ; j'ai espéré qu'un exposé aussi succint pouvait instruire sans fatiguer l'attention. Mes vœux les plus chers seront remplis, si cet ouvrage obtient jamais l'honneur d'arrêter ou de prévenir quelque injustice.

LIBERTÉ DES MERS

ET

DU COMMERCE.

CHAPITRE PREMIER.

*Bases générales du droit maritime. — Rome
et Carthage. — Parallèle des nations
maritimes et continentales.*

Si la sainteté du droit des gens et les principes
immuables de la justice peuvent paraître sacrés aux
yeux des hommes, c'est lorsque nous confions notre
vie et nos intérêts les plus chers à l'inconstance des
flots. A mesure que le navigateur s'éloigne du port,
il éprouve de plus en plus ce besoin de protection
et de sûreté auquel il ne pense point dans ses foyers,
parce qu'il y est entouré de toute la force matérielle
des lois et de la société ; mais lorsque lancé sur
l'immensité de l'Océan , l'homme se trouve isolé
de son semblable ; lorsqu'il se voit placé entre le
ciel et la vaste solitude des mers , il n'y a plus que
les principes émanés de ce ciel même qui puissent
le protéger par leur action morale. Les hommes n'ayant
pas le droit de comprendre la mer dans les divisions politiques des états , elle est encore le seul domaine que Dieu se soit exclusivement réservé quand
il nous plaça sur le globe. Lorsque nous osons prétendre y dominer, ou lorsque nous y exerçons d'in-

justes violences , nous sommes donc coupables du plus grand sacrilége que l'impiété puisse imaginer ; aussi , remarquons avec l'histoire , que la justice divine n'a jamais pardonné à aucune nation de semblables attentats. Profaner les temples et les autels que la piété élève à la gloire du Tout-puissant, est, sans doute , un crime abominable ; mais l'emplacement de ces édifices n'a pas toujours été consacré à la religion ; ils sont eux-mêmes , souvent, la propriété d'une nation ou d'individus parmi lesquels les différences de cultes peuvent donner lieu à ces sacriléges ; rien au contraire ne peut pallier la violation des droits maritimes. Les mers n'appartenant à aucun mortel, sont à Dieu seul ; c'est au sein de l'Océan que réside la providence divine ; ce n'est que par son secours que l'homme sillonne les flots ; c'est elle qui nous a donné cette impénétrable propriété de l'aiguille aimantée ; c'est de la surface des mers que Dieu envoie sur la terre le principe de la fertilité de nos champs ; c'est au milieu des vagues irritées de l'Océan que nous reconnaissons la présence de cette main puissante qui excite ou calme, à son gré , les plus terribles convulsions de la nature. Lorsque nous parcourons les mers , nous sommes donc à l'abri des passions de nos semblables, sous la protection de cette sainte neutralité que l'éternel régulateur du monde conserve entre tous ses enfants ; c'est là que l'homme est réellement réfugié dans le sein de son créateur. Si une main impie viole ce redoutable asile, un cri d'effroi et d'horreur se fait entendre chez tous les peuples , et l'auteur d'un semblable attentat se dévoue par le fait à la réprobation céleste et à la vengeance des hommes.

Tels sont les principes et les réflexions qui formèrent, successivement, les institutions du droit maritime. L'impossibilité d'établir sur mer, comme on le fait à terre, une force toujours réelle et intermédiaire entre le juste et l'injuste, entre le faible et le fort, fit naître l'idée de mettre l'Océan sous la sauvegarde de toutes les nations, de le déclarer en état perpétuel de neutralité. Les navigateurs prirent l'engagement d'oublier tous les motifs de division qui pouvaient exister entre les diverses nations, et de former entre eux, tant qu'ils seraient à la mer, une espèce de peuple indépendant des querelles et des passions humaines. Les dangers que la navigation présente d'elle-même, parurent suffisants aux plus grands courages ; et lorsque l'histoire, déguisée par la fable, nous représente les vaillants Argonautes, elle nous prouve clairement que, dans ces premiers siècles de l'art nautique, les Hercule et les Thesée avaient réservé toute leur énergie pour braver le courroux des flots, et que l'on ne connaissait point à cette époque de guerres maritimes. Les déprédations de la piraterie ont, d'ailleurs, des conséquences si funestes, il est quelquefois si difficile de les réparer ou d'en obtenir justice, que les premiers navigateurs n'en conçurent pas même l'idée ; c'est ainsi que les plus sages législateurs de la Grèce ne prononcèrent point de peines contre certains crimes atroces, afin de ne point inventer d'expressions pour les désigner, et faire soupçonner que les hommes en fussent capables.

La mer, considérée comme le séjour ou le partage exclusif de l'Eternel, inspirait aussi à tous les peuples de l'antiquité un respect religieux, et fut l'objet du culte de plusieurs nations. Les hommes pensaient qu'ils ne pouvaient être injustes dans le sanctuaire même de la Divinité. Le seul genre de rivalité qu'ils se permirent long-temps fut de cacher soigneusement, à leurs voisins, la route et la position des lieux où ils allaient puiser leurs matières de commerce.

Tel a été le berceau ou plutôt l'âge d'or du droit maritime, et plût à Dieu que les hommes y fussent encore ! Lorsque l'avarice et l'orgueil eurent enfanté le fléau de la guerre maritime, un torrent de crimes et de calamités envahit la terre ; la philosophie fut bientôt à même de se convaincre que tous ses efforts seraient vains pour détruire dans sa source ce funeste aliment de la perversité ; dès-lors les sages ne s'appliquèrent plus qu'à diminuer son influence et ses effets. La première tentative fut de prescrire aux hommes de ne s'attaquer sur mer, qu'autant que leurs nations seraient en guerre. On flétrit du nom de pirates et l'on menaça de peines terribles ceux qui, sans l'autorisation d'aucun gouvernement, commettraient des hostilités ou même navigueraient. L'intérêt général fit adopter unanimement ce premier principe ; et malgré les nombreuses infractions dont il fut l'objet, il est encore consacré par le droit public de tous les peuples. On essaya ensuite d'isoler des fureurs de la guerre le navire du paisible négociant ; on crut pouvoir faire entendre aux hommes que la spoliation d'un particulier sans défense était un acte atroce et indigne de cet esprit d'honneur et de gloire dont ils prétendaient décorer les opérations et le but de la guerre ; que ce vol, déshonorant pour un individu, flétrissait encore bien plus le gouvernement qui avait assez peu de pudeur pour l'autoriser, et qu'enfin les avantages de la neutralisation du commerce se trouvaient partagés entre tous les partis. Jamais la philosophie ne put obtenir cette utile concession, et il est probable que ses vœux, à cet égard, ne seront jamais réalisés. Les peuples qui ne jugèrent pas à propos de prendre part aux querelles maritimes des autres, voulurent au moins que leurs vaisseaux fussent respectés, et cela donna lieu à la jurisprudence des neutres qui, depuis, a subi tant de modifications. Enfin les prétentions à naviguer exclusivement dans tels parages, à exploiter telle côte, naquirent successivement du plus ou du moins de puissance de ceux qui les élevaient ; l'article des prisonniers de guerre, des actes de navigation, des compagnies et des priviléges fut presque toujours en contradiction avec le droit des gens ; l'égoïsme et la cupidité en formèrent la législation : quand viendra donc l'heure de la raison! jamais, puisqu'il y aura toujours des hommes.

Les tentatives de l'ambition, pour enchaîner la liberté des mers, furent toujours les suites immédiates de la supériorité maritime d'un peuple : l'injustice est souvent fille de la prospérité. Ce n'est donc pas chez les peuples qui basèrent leur existence sur la possession de l'Océan, qu'il faut chercher les vrais principes du droit maritime ; nous n'y trouverions que le code de la violence. Les Romains, maîtres de la terre et de la mer, après la ruine de Carthage, nous fournissent une preuve irrécusable que le sceptre de Neptune ne peut être mieux placé, pour le bonheur du monde, que dans les mains d'un peuple essentiellement continental.

Les peuples de l'Europe et de l'Asie gémissaient sous le despotisme naval de Carthage. Cette arrogante république, séparée par la mer du reste des

Rome et Carthage.

nations civilisées, avait senti de bonne heure que toutes ses ressources consistaient dans la navigation, et elle s'y était adonnée avec tant de succès, que bientôt elle anéantit tous les droits maritimes de ses voisins. Lorsque Rome eût renversé cette odieuse usurpation, on crut que, pour cette fois, le plus affreux despotisme allait succéder à celui de Carthage, parce que les Romains, déjà maîtres de presque tout le continent, pouvaient s'emparer de la mer avec des chaînes plus lourdes et plus efficaces que celles de l'orgueilleux Xercès ; le contraire arriva, et cela devait être. La nature en plaçant les Romains au centre d'un continent vaste et fertile, les avait voués à l'agriculture ; cet arrangement était trop nécessaire au sol et au bien de la terre, en général, pour qu'elle permit qu'ils fussent détournés de cette destination. Les Romains et leurs alliés, vivant loin de la mer, contractaient en naissant, le besoin, le goût et l'habitude des productions et des richesses du sol ; elles suffisaient amplement aux nécessités de la vie, au luxe, au plaisir et à l'ambition : quand un peuple jouit d'avantages aussi solides, aussi voisins de lui, tous les rêves de l'ambition ne peuvent l'entraîner à les échanger contre un genre de domination et de gloire aussi chanceux que celui de la mer. Une autre raison s'y opposait encore : les Romains étaient entourés de tous côtés de frontières continentales ; leurs intérêts commerciaux se trouvaient en contact et même mêlangés avec ceux de tous les autres peuples ; à quoi donc leur eut servi l'accaparement, sinon d'arrêter ces rapides exportations, ce mouvement continuel d'échange qui enrichissent toujours un peuple qui a besoin de peu de choses et qui en a beaucoup à vendre ? Qu'eut produit, d'ailleurs, le monopole maritime ? un entassement de marchandises dans trois ou quatre villes du continent, qui, par leur seule position, ayant beaucoup de débouchés, auraient permis à chacun d'y venir chercher les matières du commerce, tandis que les Romains se seraient chargés seuls des chances du transport par mer ; il valait bien mieux qu'elles fussent divisées entre tout le monde. Ils auraient pu, il est vrai, vendre leurs marchandises plus chères, mais alors on aurait appris à s'en passer ; et si les Romains avaient continué à défendre la navigation, on se serait abstenu de courir la mer. Le commerce concentré sur le continent se serait fait par terre avec les Romains eux-mêmes, qui n'auraient retiré que peu de fruit du privilége qu'ils se seraient réservés d'être les seuls agents maritimes.

Les Romains, après la ruine de Carthage, ne pouvaient donc point usurper le sceptre des mers, et même ils n'y songèrent pas. La navigation devint libre, et ils n'exercèrent d'influence que pour protéger le commerce : tel fut le but de l'expédition de Pompée contre les pirates. Un peuple continental est, d'ailleurs, trop exposé, trop enclin, même aux guerres sur terre pour épuiser ses ressources dans la marine, et les Romains en sont encore une preuve.

Carthage, séparée par la mer du reste des hommes, avait, par cette seule position, des intérêts politiques et commerciaux opposés à ceux des autres nations ; tout le monde pouvait se passer d'elle, mais elle avait besoin de tout le monde ; son territoire n'offrant pas assez de ressources pour que les autres peuples vinssent lui apporter, volontairement,

les tributs de leur sol ou de leur industrie, il fallut que Carthage prit des mesures pour les y contraindre. Ce besoin amène chez les individus ,
comme chez les nations , l'égoïsme et toutes les
passions qui en dérivent. La navigation étant le seul
moyen que lui présentait sa position, Carthage
résolut de s'emparer de la mer. Cette seule prétention, comme toutes celles fondées sur une injustice évidente, mit cette république dans un état
de guerre perpétuel avec le reste de la terre.
Aspirer à la domination des mers, c'était vouloir
prendre un bien qui appartenait à tout le monde,
ou plutôt qui n'est à personne. Le droit de conquête ne peut s'appliquer, même par le fait, à une
semblable usurpation; et le peuple qui tente cette
dangereuse entreprise , est comme ces insensés qu'une
première faute entraîne ordinairement par gradation
vers ces excès criminels qui sont, tôt ou tard,
réprimés par la vengeance publique. Asservir la
mer n'est autre chose que travailler sans rela-
che à priver les autres nations de leur commerce et
de leur prospérité ; c'est confisquer au profit de quelques individus les ressources de toutes les nations ;
alors que de violences, que de ruses, que de crimes ne faut-il pas entasser chaque jour, pour maintenir cette odieuse usurpation ? Que de sacrifices
un peuple pauvre et peu nombreux , comme le sont
presque toutes les nations maritimes , n'est-il pas
obligé de faire pour soutenir l'existence artificielle
que son ambition tend à lui donner ? Il faut entretenir des flottes considérables, contenir, par des
armées étrangères soudoyées à grands frais, la
haine de tous les états que l'on dépouille de leurs
droits ; s'emparer par force ou par adresse de toutes

les côtes, de tous les points militaires et commerciaux; former et alimenter des colonies lointaines
et dispendieuses; et, enfin, avoir toujours des hommes d'État assez habiles pour conduire ce monstrueux système. Mais ce peuple usurpateur est souvent plus malheureux et plus à plaindre que ceux
que son ambition opprime : sa population, infiniment
au-dessous de l'extension qu'il donne à son empire,
est cause que l'individu y est écrasé d'un fardeau
énorme de taxes, d'impôts, et par conséquent de
cherté.

Ce peuple maritime est lui-même l'objet des spéculations et du monopole d'une faible partie de ses
concitoyens : quelques hommes puissants, quelques
capitalistes trouvent dans l'esprit mercantile et monopoleur de leurs compatriotes le moyen d'accaparer
les richesses et même la substance du reste de la
nation : l'agiotage, les emprunts, les banques et les
compagnies privilégiées absorbent, au profit de quelques particuliers, toutes les ressources de l'État :
ce peuple n'est donc plus qu'une société de spécu-
lateurs dont l'adroite cupidité dévore les autres nations. C'est ce qui arrivera toujours chez un peuple entièrement maritime, et privé de moyens ter-
ritoriaux. Le monopole lui crée une vie factice qui
se consume au profit de monopoleurs plus actifs
que les autres. C'est une suite nécessaire de cet
esprit de concurrence qui est l'ame du commerce.
Un peuple continental ne peut être exposé à de
semblables fléaux, car, chez lui, les richesses sont
foncières et réelles, moins exposées aux fluctuations
du commerce, peu faites pour les continuelles trans-
mutations de l'agiotage, par conséquent plus susceptibles d'être également réparties et d'obvier à la misère.

Chez un peuple maritime et monopoleur, la moindre stagnation dans le commerce, les plus petites entraves dans ses affaires sont un coup, d'autant plus terrible que, déjà, la masse et l'individu sont arrivés à la dernière limite de tous les sacrifices qu'ils peuvent faire; alors commencent les querelles, les divisions intestines; c'est aussi le moment de la vengeance des autres peuples. C'est à cette époque qu'écrasé lui-même sous le faix de ses propres sacrifices, il tombe sous les coups de la haine; ces vastes débris, ses dépouilles deviennent la proie de ses voisins et de ses colonies; le trident de Neptune n'est plus alors que la verge du courroux céleste, s'il passe chez une nation qui en fait l'instrument de sa grandeur.

Tel fut le sort de Carthage, et nous pouvons conclure, de ce grand exemple, que les peuples, entièrement maritimes, ne sont pas appelés à fonder ou conserver un empire, car ils ne peuvent le faire qu'en détruisant la prospérité des autres, et cela me parait trop opposé aux vues sages et bienfaisantes de la providence; aussi remarquons-nous que dans les grands empires dont l'histoire a conservé le souvenir, tels que celui des Assyriens, des Perses, des Macédoniens, etc., aucun ne fut établi par des peuples maritimes ou des victoires navales; le sort des Phéniciens et des Carthaginois fut toujours précaire, et un seul coup suffit pour anéantir leur funeste puissance.

Observons encore qu'il serait bien difficile à une puissance continentale de prétendre usurper l'empire des mers, car ses voisins ou ses rivaux sont trop à portée d'aller détruire le foyer d'une si odieuse ambition.

CHAPITRE SECOND.

Coup-d'œil rapide sur la Jurisprudence maritime de diverses nations.

COMME on ne va pas rechercher des exemples d'équité sous le règne de la tyrannie, nous ne trouvons pas, non plus, de traces du droit maritime sous le régime du monopole. Tant que l'empire des Romains eut quelque vigueur, les nations connurent l'avantage de la liberté des mers. Les invasions des barbares, en causant le plus affreux désordre dont le monde ait été témoin, bouleversèrent aussi toutes les institutions sociales ; cependant, aussitôt que ces farouches vainqueurs se furent établis, la législation fixa d'abord leur attention et le droit maritime fut respecté. Charlemagne protégea la navigation de tous les peuples, mais n'adopta jamais aucune mesure exclusive.

Plus tard les Pisans, les Génois, les Vénitiens, les villes anséatiques, les Portugais, les Espagnols et les Hollandais se livrèrent au commerce de la mer ; et nous allons examiner rapidement la conduite de ces différents peuples par rapport au droit maritime.

Les lois des Rhodiens forment le plus ancien mo- Lois rhodiennes. nument connu de la jurisprudence maritime : ces lois étaient révérées dans l'antiquité comme l'inspiration de la justice et de la sagesse même ; elles ont fait de tous les temps la règle des nations ; les Romains les suivirent aussitôt qu'ils s'appliquèrent au commerce maritime, mais elles ne passèrent définitivement dans le droit public de l'empire que sous le règne d'Auguste : ce prince leur donna sa sanction. C'est ce que l'on voit par la loi 9 du digeste *ad legem Rhodiam*. Depuis Auguste, le droit rhodien subsista dans toute sa force chez les Romains : ce fut sans doute un bel exemple donné par ces maîtres du monde, qui, pouvant s'emparer de tout, se soumirent eux-mêmes au code de la modération. Quoique le texte des lois rhodiennes soit perdu, ou que du moins les diverses compilations publiées sous ce titre par des jurisconsultes grecs et latins, soient justement réputées apocryphes, nous sommes cependant fondés à croire que ces lois ont servi de base à toutes les dispositions du digeste et des codes qui forment ce qu'on appelle aujourd'hui le droit romain : une infinité d'arguments que nous épargnons au lecteur mettrait à même d'éprouver que les lois rhodiennes ont été fondues dans le corps des lois romaines ; de sorte que si nous sommes privés de la forme exacte et distincte de ces vénérables monuments de l'antiquité, nous en pouvons trouver de nombreuses traces dans les codes proclamés par les Empereurs.

Le code théodosien publié en 438 par Théodose II, celui de Justinien donné en 534, avec l'augmentation du digeste et de ses institutions auxquelles on ajouta encore les novelles composées de 13 édits du même empereur, forment un corps de droit public où l'on trouve tous les éléments d'une sage jurisprudence maritime : ces lois furent long-temps en vigueur et reparurent successivement dans les divers états qui se formèrent des débris de l'empire romain : elles se soutinrent avec moins d'interruption dans l'empire d'Orient ; elles furent même perfectionnées à différentes époques par quelques augmentations parmi lesquelles on cite *les Basiliques* : c'est une compilation de lois faites en 877 par l'empereur Basile. Léon VI, son fils et son successeur, compléta ce code, qui fut observé jusqu'à la destruction de l'empire grec.

La plus ancienne loi maritime que nous connaissions depuis la destruction de l'empire romain, est celle appelée *le Consulat de la mer*. L'époque certaine de ce code a donné lieu à de grandes discussions parmi les savants et les publicistes. Nous n'entrerons pas dans cette question qui est absolument hors de notre sujet, mais nous observerons que cette diversité de sentiments est une preuve de plus de la grande ancienneté du consulat de la mer. Grotius et Marquard croient qu'il a été fait dans le tems des croisades par ordre des anciens rois d'Arragon, et tiré des ordonnances nautiques qui étaient alors émanées des empereurs Grecs, de ceux d'Allemagne, des rois de France, de Syrie, de Chypre, de Majorque, de Minorque et des républiques d'Italie. Pechius, André Crusio, Vinnius et Arthus Duk, sont de cette opinion, qui en effet me parait la plus probable.

L'époque où les princes chrétiens entreprirent les croisades, est aussi celle de la renaissance de la navigation. On dut commencer alors à sentir la nécessité de remettre en vigueur le droit maritime ; cela était d'autant plus nécessaire, que dans ces siècles la jurisprudence nautique, minée par le temps et les mœurs barbares de nos aïeux, était retombée dans une étrange confusion ; l'hydre de la féodalité avait substitué ses us antisociaux à tous les principes de la justice. (1) Ce n'était qu'en tremblant que

Consulat de la mer.

---

(1) Voyez Robertson, histoire de Charles-Quint, tome premier.

le navigateur s'approchait d'une côte où il était exposé, en entrant dans un port, à toutes les avanies
et aux caprices hautains de ces tyrans subalternes,
qui croyaient tenir à fief et suzeraineté la vie, les
biens et les personnes de tout ce qui existait ou abor-
dait dans leurs domaines. C'était ce déplorable renversement de la raison qui avait anéanti la navigation en Occident depuis le renversement de l'empire romain jusqu'aux premières croisades. Les rois
de l'Europe engagés dans des expéditions maritimes,
sentirent que pour assurer le mouvement de leurs
flottes et recréer le commerce qui devait leur offrir
tant de ressources, il fallait nécessairement faire disparaître les abus qui s'opposaient à la navigation :
il paraît, d'après le texte même *du Consulat de la
mer*, que ce fut à Valence, en Espagne, que se tint
cette espèce de congrès dans lequel cette loi fut formée ; elle contient 294 chapitres : les 44 premiers
sont relatifs au mode judiciaire pratiqué au tribunal
et par les consuls de Valence, et cette exposition
n'est sans doute qu'un exemple proposé aux autres
souverains, pour établir dans leurs états une jurisprudence semblable : les 250 autres livres contiennent les meilleures lois générales qui aient été données sur la navigation, les obligations maritimes,
et les moindres détails du commerce de la mer et
du droit des gens. Ce qui me confirme dans l'opinion que ce code fut dressé par l'assentiment de tous
les états de l'Europe, c'est que nous le trouvons
observé uniformément chez toutes les nations maritimes : l'humanité y gagna, et les souverains qui le
sanctionnèrent eurent sans doute l'arrière pensée de
restreindre dans de justes bornes et d'assujettir à
l'influence de la couronne les grands et petits vas-

saux. Quelque soit la diversité des opinions à l'égard de la promulgation *du Consulat de la mer*, il est bien constant que ce code était en vigueur avant le treizième siècle, dans toute l'Italie, à Constantinople, en Chypre, en Espagne, en France et même en Angleterre.

L'Europe, après avoir fait ce pas vers la civilisation, vit à différentes époques varier les principes du droit maritime : ces fluctuations dépendirent presque toujours du plus ou du moins de progrès que subit la puissance navale des peuples. Les Pisans sont les premiers que nous voyons paraître avec éclat sur la mer dans le cours du moyen âge. Dès le 11.e siècle ils étaient formidables : la Sardaigne fut conquise deux fois par leurs flottes ; l'Orient et l'Occident étaient pleins de leur nom, et l'immensité de leur commerce maritime embrassait toutes les côtes : ils possédaient en Orient plusieurs colonies aussi riches que florissantes ; c'est pendant la splendeur de leur république, que l'empereur Frédéric promulga au 12.e siècle ses lois maritimes qui méritèrent par leur sagesse d'être insérées dans le code Justinien. Comme ces lois sont entièrement consacrées à assurer protection dans les terres de l'empire aux vaisseaux et au commerce des étrangers, je ne doute point qu'elles n'aient été rendues à la demande des Pisans, qui jouissaient d'une grande faveur près de Frédéric, dont ils reçurent de beaux priviléges : ce qui est prouvé par un grand nombre de monuments.

Ce sont les Pisans qui nous fournissent aussi un des premiers exemples de l'établissement des consuls résidant en pays étrangers et y exerçant une espèce de juridiction sur leurs compatriotes, soit pour les

protéger, soit pour les gouverner en qualité de magistrats civils. Ce fait est constaté par un diplôme
d'Arrigo, roi de Chypre, en 1291 ; en voici la teneur (1) : « In nomine Sanctæ et Individuæ Trini-
« tatis Patri, et Filii, et Spiritus sancti. Amen.
« Nous, Arrigo, par la grâce de Dieu, 15.e roi de
« Jérusalem et roi de Chypre, faisons savoir à tous
« ceux qui sont et seront, que par notre grâce spé-
« ciale, pour nous et nos héritiers, nous avons ac-
« cordé et accordons à la commune de Pise, et à
« chaque Pisan en particulier, soit qu'il demeure,
« qu'il aille, vienne, qu'il entre ou qu'il sorte de
« notre royaume de Chypre, de quelque condition
« qu'il soit, de le défendre et de le protéger dans
« notredit royaume de Chypre et dans nos ports·
« Nous avons encore consenti, par grâce spéciale,
« que lesdits Pisans puissent avoir dans toute l'éten-
« due de notre royaume de Chypre, un consulat,
« faire porter le bâton, et connaître de toutes cho-
« ses, excepté de ce qui concerne notre justice et
« la bourgeoisie ; et que tous ceux qui habitent
« notre royaume, sauf notre seigneurie, qui auront
« à actionner quelque Pisan, soient tenus de le faire
« devant le consul de cette nation, et voulons que
« toutes les fois que ledit consul jugera à propos
« d'envoyer en notre prison quelque Pisan, il soit
« donné par nos gens, au consul, appui et sûreté. »

On voit par cet acte les priviléges du consulat
bien établis, et c'est peut-être la première fois que
l'on convint avec tant de précision que le consul serait de la même nation que ses administrés,
ou du moins dépendant du gouvernement dont il
o gne les intérêts et jouirait des immunités accordées

____
(1) Azuni, tome 1.er, page 208.

aux agents diplomatiques. Ce n'est pas que le consulat fut cependant tout à fait inconnu avant cette époque. Le nom de consul, si connu chez les Romains, fut toujours donné, dès les premiers siècles du moyen âge, aux magistrats chargés de protéger le commerce des étrangers et de veiller à la police de la navigation : on employa cette dénomination préférablement à toute autre, soit, comme il est probable, qu'après l'abolition du consulat à Rome, les républiques d'Italie, qui les premières se sont adonnées à la navigation, se soient plues à faire revivre cette dignité dans l'homme qui veillait à leurs intérêts les plus chers, ou bien que ce magistrat n'exerçat en effet que des attributions exprimées par ce mot de consul, qui vient de *consulere, conseiller*; il est certain du reste que les consulats de commerce remontent à une haute ancienneté. Dès les commencements de la république romaine, il y eut les préfets de l'Annone chargés spécialement du commerce maritime ; vers l'an 259 de Rome on établit dans cette ville le collége des marchands, appelés *Mercuriales*, qui décidaient la plupart des questions de commerce. On cite plusieurs lois des préteurs, entr'autres l'édit *Nautæ, Caupones stabularii ut recepta restituant*, qui prouvent que ces magistrats étaient chargés d'accorder protection aux navigateurs : il en fut de même chez tous les autres peuples. Les Sarrasins avaient investi leur amiral de toutes les prérogatives du consulat; les Visigoths avaient été encore plus généreux ; leurs lois portaient que les contestations qui s'élevaient entre les marchands étrangers devaient être décidées par leurs propres juges, appelés alors *Tolonarii*, ou autrement Bayles et prieurs de marchands.

On les appelait *Senieurs* dans les places de commerce des villes anséatiques. Dufresne observe à ce sujet, qu'en France il y avait anciennement, parmi les dignités des palais, un magistrat appelé en latin *mercati palatii toloncarium*, dont la fonction était de présider aux portolans et de juger les procès qui s'élevaient à l'occasion des affaires de mer. On trouve aussi une charte de Jacques, roi d'Arragon, de 1268, par laquelle il accorde aux habitants de Barcelone la faculté de se choisir des consuls au de-là de la mer. Guido, roi de Jérusalem, vers l'an 1190 avait déjà accordé aux Marseillais la faculté de se choisir dans ses états des vicomtes ou des consuls de leur nation, devant lesquels devaient être portées les contestations qui s'élevaient entr'eux et les étrangers. Les Vénitiens avaient un *Bajolo*, bayle résidant à Constantinople, pour les affaires de leur nation. Les Pisans avaient aussi un consul dans la même ville ; et il existait même à Pise, avant le dixième siècle, une magistrature suprême, connue sous le nom de *Consul* ou *Consuls de l'art de la mer.* Tous ces faits prouvent sans doute que les juridictions consulaires furent connues peu de temps après Charlemagne ; mais il faut observer que jusqu'à l'époque de la charte précitée du Roi Arrigo, le consulat ne fut souvent qu'une émanation de la justice du prince ou plutôt un tribunal ordinaire composé presque toujours de magistrats du pays chargés par leur seigneur de connaître les différens des étrangers : il y a loin de cette institution éventuelle et même précaire aux prérogatives et immunités du consulat tel qu'il est passé aujourd'hui dans le droit public de l'Europe. Nous pouvons donc croire que c'est en Chypre, et en faveur des Pisans, que les princes reconnurent ou plutôt concédérent pour la première fois le droit que les états possèdent d'exercer sur leurs sujets en pays étranger une juridiction publique et même souveraine, au moyen d'un magistrat de leur choix et investi de toutes les immunités diplomatiques ; ce progrès du droit maritime est d'autant plus remarquable, que dans le temps où il fut fait, les étrangers, et sur-tout les marchands et les navigateurs, étaient presque toujours *aubains*, c'est-à-dire que leurs biens étaient dévolus, en cas de mort, au seigneur du pays, et ils étaient, de plus, soumis dans une grande partie de l'Europe à une jurisprudence tellement antisociale, que souvent leurs personnes et leurs propriétés étaient censées à la disposition absolue de ceux avec lesquels ils se hasardaient de communiquer.

Nous avons cru devoir donner quelque attention à cet objet, parce que nous y avons vu les bases des établissements consulaires qui forment à présent une branche essentielle du droit maritime. (Ce n'est même que long-temps après cette époque que les souverains eurent des ministres accrédités et résidant ; ils ne s'envoyaient, jusqu'au 15.me siècle, que des ambassadeurs extraordinaires.)

Les Pisans nous offrent encore un des premiers exemples de traités de navigation : ils en conclurent un en 1100 avec l'empereur grec Alexis, tout à fait à leur avantage. Comme les différents actes que nous venons de rapporter portent l'empreinte et quelque fois même le texte *du Consulat de la mer*, nous sommes fondés à croire que cette célèbre loi régissait déjà dans ces siècles éloignés le droit maritime de l'Europe ; ce qui prouve encore son an-

‑ienneté et qu'elle fut formée par l'assentiment géné‑
ral de tous les peuples , lors de la renaissance du
commerce. Pise a toujours passé pour avoir été dans
le moyen âge le berceau de la jurisprudence mari‑
time ; les Pisans paraissent avoir été les premiers
qui aient songés à rassembler en un code les meil‑
leures lois nautiques , et ce genre de gloire illustre
encore plus cette république que les plus brillantes
conquêtes.

Tables amalfitaines.

Tous les peuples, en se conformant aux lois gé‑
nérales adoptées par l'Europe , se donnèrent aussi
une législation particulière. Parmi les codes les
plus célébres, nous citerons celui des Amalfitains.
C'étaient les habitants d'Amalfi , ville située sur les
confins de l'ancienne Lucanie , dans l'endroit même
jadis habité par les Picentins, aujourd'hui la province
de Salerne , dans le royaume de Naples. Ce peu‑
ple étendit son commerce sur toute la Méditerra‑
née, et dès l'an 1000 , il était réputé par ses riches‑

Azuni, sys‑ tème univer‑ sel , etc.

ses et l'équité de ses lois : les diverses institutions de
leur jurisprudence navale sont perdues. On sait pour‑
tant qu'elles furent très-renommées ; elles étaient
connues sous le nom de tables amalfitaines ; et ce
qu'il y a de singulier , c'est qu'en 1570 elles faisaient
encore l'admiration des peuples, témoin Martin Frec‑
cia , qui les met au-dessus des lois rhodiennes. Il ne
reste aucune trace de ces tables amalfitaines , mais il
est probable qu'elles étaient conformes au droit com‑
mun et ne contrariaient point l'esprit du fameux
consulat de la mer , autrement les historiens n'eussent
pas manqué de remarquer cette disparate. Par un
jeu assez bizarre de la fortune , c'est en faisant le
siége d'Amalfi que l'on retrouva en 1135 les fameuses
pandectes de Justinien , perdues depuis long-temps ,

et qui rétablirent le droit romain. Cette ville qui avait conservé ce précieux dépôt, ne put transmettre à la postérité ses propres institutions , monuments de sa gloire et de sa sagesse.

C'est aussi vers le 12.e siècle que la reine Eléonore , duchesse de Guienne , au retour de la Terre Sainte , adopta les lois du consulat de la mer , en y ajoutant diverses décisions locales : c'est ce qui forme le code connu sous le nom de rôle d'Oléron qui régit long-temps la Guienne. C'est à peu près aussi à la même époque que les nations septentrionales , et même les peuples maritimes de l'Allemagne , adoptèrent un code maritime appelé lois de Wisbuy. Ce nom vient d'une petite ville de Suède dont les habitants se soumirent au consulat de la mer , en y ajoutant quelques autres dispositions. Cette collection forma un corps de droit qui fut long-temps en usage parmi les nations commerçantes du nord.

Marseille se rendit célèbre par ses *statuts municipaux* publiés au 15.e siècle , et qui sont dignes des beaux siècles de la jurisprudence.

A peine la hanse Teutonique fut-elle formée en 1164, que les villes qui la composaient et qui furent appelées depuis anséatiques , reconnurent aussi le consulat de la mer , augmenté de quelques lois des Visigoths et de Wisbuy.

Mais les lois nautiques les plus renommées sont celles de Venise : c'est la première ville d'Italie qui ait eu un corps complet de lois maritimes sur le commerce qui se sont maintenues jusqu'à l'abolition de la république.

Telles sont les plus anciennes lois faites en Europe depuis la chûte de l'empire romain. Nous observerons que le berceau de la législation navale se trouve aux croisades; c'est un sujet de plus pour détruire les préventions qui existent encore sur ces célèbres expéditions. elles avaient d'abord un motif louable, et leurs résultats furent l'affaiblissement de l'anarchie féodale, la résurrection du commerce et de la navigation, une grande amélioration dans les mœurs, le retour en occident des arts et des sciences qui brillaient en Grèce et en Arabie, mais qui n'envoyaient que de faibles lueurs en Europe, enfin les croisades mêlant tous les peuples, établissant entr'eux toutes les relations du négoce et de la politique, furent cause que des peuples qui se connaissaient à peine, quoique voisins, sentirent les avantages qu'ils se procureraient réciproquement en continuant leurs communications. De là naquit la nécessité de faire des lois plus sociales, et par une suite nécessaire, on établit les bases du droit des gens.

Codes modernes. Tous les états, qui à cette époque adoptèrent des codes maritimes, se sont fondus par la suite dans de grands royaumes; les progrès de la navigation et du commerce, la découverte de l'Amérique et beaucoup d'autres causes ont produit des lois plus détaillées, plus précises et adaptées à de nouveau intérêts. C'est ainsi que le code des Pisans a fait place aux lois navales de Toscane, publiées en 1522, par le conseil des cent et perfectionnées par les édits de 1740 et 1787. Les tables amalfitaines ont été oubliées lorsque le royaume de Naples fut soumis à la maison d'Autriche; mais ce sont les rois de la maison de Bourbon qui ont définitivement réglé sa constitution nautique. Charles III fit réunir en 1759 toutes les anciennes coutumes et les coordonna dans sa Pragmatique. La Suède en 1608 et 1618, régla sa jurisprudence na-

vale, et l'édit de 1750 en a complété le recueil.
En Dannemark, le roi Christiern V, a promulgué
dans le livre 4 du code des lois générales du royaume, le droit maritime de ses états. La Prusse,
Lubek, Hambourg et les autres villes anséatiques
règlent leurs affaires par des statuts particuliers. En
Allemagne, la seule ville de Trieste décidait les
affaires maritimes conformément à l'édit de navigation marchande promulgué le 25 avril 1774. L'Espagne, long-temps régie par le consulat de la mer,
a depuis beaucoup augmenté le nombre de ses lois :
elles furent souvent réunies en forme de codes, et
le plus ancien que l'on connaisse est celui d'Al-
phonse IX. Les autres ont paru sous le règne de
Ferdinand V et d'Isabelle de Castille et sous celui
de Philippe II. Le consulat de la mer est cependant encore en vigueur sur les côtes de la Méditerranée. Les ordonnances du consulat de Bilbao
règlent les affaires maritimes de l'Océan ; Philippe
V les fit recueillir en 1760 ; enfin les matières qui
concernent le commerce des deux indes sont soumises aux lois et usages de la contractation ou du
consulat de Seville : la première compilation de ces
lois est de 1563, on y en a joint deux autres en
1676 et 1680.

Le Portugal suit la même jurisprudence que l'Es- *Portugal.*
pagne à l'égard de la mer. Jean de Bragance, à
son avènement au trône, confirma quelques *alvaras*
ou édits des anciens rois de Portugal ; mais il est
à remarquer que les tribunaux portugais s'en rapportent souvent aux principes établis par les arrêts
notables des parlements de France.

Les Ottomans n'ont encore aucune législation na- *Turquie.*
vale qui leur soit propre ; ils se conforment aux

usages des nations qui trafiquent avec eux. Anciennement il n'était permis de naviguer dans les échelles
du levant que sous la protection du pavillon français ; mais aujourd'hui tout est bien changé ou
plutôt tout est remplacé par l'arbitraire.

Sardaigne. — Le royaume de Sardaigne se régissait par le droit
romain et *le Consulat de la mer* ; la république de
Gênes suivait aussi ce code, mêlé avec les décisions
du tribunal appelé la rote et le livre II du statut
civil publié en 1610. Il est probable qu'aujourd'hui
que Gênes et la Sardaigne sont au même souverain,
on s'occupera d'une législation commune.

Hollande. — La Hollande, quoique vivant pour ainsi dire sur les
flots, n'a jamais eu de code maritime; le droit romain,
les anciennes lois de Wisbuy, de la hanse Teutonique, quelques édits de Charles-Quint, de Philippe II,
et les réglements des états généraux, formaient le
droit maritime hollandais. Ce défaut d'unités provenait de la forme de cette république, composée
de provinces fédéralisées qui avaient chacune leurs
lois, leurs priviléges et souvent des intérêts diver-
gents.

Prétentions de divers peuples à l'empire de la mer. — Avant de passer au développement de la législation maritime de la France et de l'Angleterre, ainsi
qu'à l'énumération des divers traités qui ont lié les
peuples, il est nécessaire d'examiner les droits et
les prétentions que les différentes nations ont formé
sur la mer, afin de mieux juger l'esprit qui a présidé à la formation de leurs lois et jusqu'à quel
point elles ont pu être respectées par ceux mêmes
qui les promulgaient. Posons d'abord en principe
que toute prétention à des droits de souveraineté
sur la mer est injuste et insoutenable ; elle est toujours dangereuse par les démarches où elle engage

un peuple qui veut la maintenir, et elle n'est plus que ridicule lorsqu'on n'est plus assez fort pour la faire respecter. Nous avons déjà observé que les Romains n'eurent jamais cet orgueil insensé : depuis la chûte de leur empire, les diverses nations qui pratiquèrent la navigation furent loin d'imiter cet exemple de modération donné par les maîtres du monde.

Une des plus anciennes prétentions de ce genre, est celle élevée par la république de Venise sur la mer Adriatique : les Vénitiens s'en arrogeaient la souveraineté, d'abord parce que leurs possessions formaient les principales côtes de cette mer, et ensuite ils avançaient que leurs droits avaient été reconnus et octroyés par l'empereur Frédéric I.er et le pape Alexandre III. Cette pitoyable vanité n'avait d'autre fondement que l'avarice, et attira aux Vénitiens de fréquentes et fâcheuses affaires ; ils avaient fini, à force de vouloir persévérer dans cette souveraineté imaginaire, par se couvrir de ridicule aux yeux de l'Europe (1). Les Génois ont aussi eu quelques prétentions à l'empire de la mer Ligurienne ; mais leurs réclamations ont toujours été vaines. Les rois de Dannemark se crurent aussi long-temps propriétaires de la Baltique ; mais jamais la Pologne, ni l'empire, ne reconnurent ce droit. Une des plus orgueilleuses prétentions fut celle que les Espagnols et les Portugais s'arrogèrent sur l'Océan ; ils la firent sanctionner par la cour de Rome, et c'est

Venise.

Gênes.
Dannemark.

Espagne
et Portugal.

____

(1) On sait que chaque année, le jour de l'Ascension, le Doge de Venise épousait solennellement la mer Adriatique. C'est au sujet de cette farce sacrilége que Soliman le Magnifique disait qu'il se chargeait d'envoyer le Doge consommer son mariage.

sans doute la plus grande preuve qu'on puisse fournir contre l'infaillibilité du pape. Une bulle d'Alexandre VI, de 1493, donne à Ferdinand et à Isabelle,
souverains de Castille, le nouveau monde découvert par Cristophe Colomb ; une autre bulle de
Nicolas V, de 1454, donne au roi de Portugal,
l'empire de Guinée et le pouvoir de subjuguer les
nations barbares de ces contrées, défendant à toute
autre nation d'y aller sans la permission des Portugais ; enfin Alexandre VI posa les bornes du ciel
et de la terre entre les Portugais et les Castillans,
en divisant les iles des Indes, découvertes alors,
par le moyen de lignes correspondantes à la division des dégrés du ciel, faisant probablement allu-
sion à la donnation qu'il fit au roi catholique du
nouveau monde, auquel il assigna pour limite la ligne
méridienne qui va du pole arctique au pole antarc-
tique, à cent lieues de distance des iles Açores
vers l'ouest. (1) Il est assez singulier que l'église,

____

(1) Voici le texte de la bulle d'Alexandre VI (Azuni tom.
1. pag. 26.)

« Et ut tanti negotii provinciam apostolicæ gratiæ largitate
donati liberius, et audacius assumatis, motu proprio, non ad
vestram, vel alterius pro vobis super hoc nobis oblatæ peti-
tionis instantiam, sed de nostra mera liberalitate, et ex certa
scientia, ac de apostolicæ potestatis plenitudine, omnes insulas,
et terras firmas inventas, et inveniendas, delectas, et dete-
gendas versus occidentem, et meridiem, fabricando, et cons-
truendo unam lineam a polo arctico, scilicet septentrione, ad
polum antarcticum, scilicet meridiem (sive terræ, firmæ, et
insulæ inventæ, et inveniendæ sint versus indiam, aut versus
aliam quamcumque partem), quæ linea distet a qualibet insularum, quæ vulgariter nuncupantur *de los azores y cabo verde*
centum leucis versus occidentem, et meridiem per alium regem
aut principem christianum non fuerint actualiter possessæ, us-
que ad diem nativitatis Domini nostri Jesu-Christo proxime

dans toutes ses libéralités, ait constamment oublié son fils aîné le roi de France. C'est en vertu de ces titres chimériques que l'Espagne et le Portugal se crurent long-temps légitimes possesseurs des pays et des mers des deux Indes; mais l'arrêt de la cour de Rome fut à peine rendu, qu'il devint l'objet de nombreuses protestations. La France, quoique fort attachée à la communion du pape, ne reconnut jamais cette suzeraineté que le saint siége s'arrogeait sur les terres nouvellement découvertes ; et François 1.er repetait souvent ce mot si connu : « que l'on me » montre le testament d'Adam qui exclut les Fran- » çais de l'Amérique et de l'Asie. » Les prétentions de l'Espagne et du Portugal rendirent encore plus actifs les efforts que firent les Anglais et les Hollandais pour s'approprier une partie des deux Indes , parce que la simple déclaration de droits aussi injurieux au reste de l'Europe était un motif qui dispensait de tout autre prétexte pour attaquer les colonies Portugaises et Espagnoles chaque fois que l'occasion s'en présentait. Telle fut aussi la manière dont on se conduisit à l'égard des Espagnols et des Portugais, et on est parvenu à leur ravir la plupart de leurs possessions. Mais à mesure que les Hollandais gagnaient du terrain dans l'Inde, ils affichèrent aussi à leur tour des prétentions non moins odieuses ; cet orgueil contribua à les mettre promp-

---

præteritum a quo incipit annus præsens 1493 quando fuerint per nuntios, et capitaneos vestros inventæ aliquæ prædictarum insularum, auctoritate omnipotentis Dei nobis in beato petro concessa, ac vicariatus Jesu-Christi, qua fungimur in terris, cum omnibus illarum dominiis, civitatibus, castris, locis, et villis, juribusque, et juridictionibus, ac pertinentiis universis, vobis hæredibusque, etc.. etc. »

tement aux prises avec les Anglais, qui depuis long-temps se disaient maîtres de la mer.

Ces divers intérêts donnèrent lieu, au commencement du 17.e siècle, à l'une des plus mémorables discussions dont les annales de la jurisprudence fassent mention. Le célèbre Grotius ouvrit la lice en 1609. Ce grand homme, né en Hollande, avait au plus haut dégré toutes les vertus d'un vrai républicain : savant et judicieux, il établit dans son traité de la liberté des mers des principes originaux et extraits du code du cœur humain. On peut considérer le système de Grotius comme la base du droit maritime. Grotius entraîna dans son opinion un grand nombre de publicistes ; mais il eut aussi d'illustres adversaires, parmi lesquels on remarque Paul Sarpi, Wolfius, Puffendorf et le fameux Selden : c'est en parcourant les raisonnements de ce dernier, que nous verrons sur quel droit la Grande-Bretagne fonde sa souveraineté des mers, prétention qu'elle eut toujours et qu'elle n'a cessé jusqu'à ce jour de poser en principe.

L'Angleterre, dès les temps les plus reculés, s'est annoncée comme maîtresse des mers britanniques. On définit les limites de ces mers, en tirant des lignes imaginaires qui comprenent les mers situées depuis le cap Finistère jusqu'en Norwège ; ces extrémités forment les deux points primordiaux d'une zone que l'on prolonge vers l'ouest dans le sens parallèle de leurs latitudes respectives, et qui embrasse tous les dégrés de longitude des iles britanniques et des mers adjacentes jusqu'au de-là de l'Irlande. Les Anglais prétendent que la suzeraineté de ces mers leur est acquise d'une manière incontestable, et ils fondent leurs droits, sur des con-

Discussion célèbre au sujet de la liberté des mers.

Prétentions de l'Angleterre.

cessions faites par leurs voisins et même par les Romains (1), sur les lois communes d'Angleterre, l'histoire authentique, les traités et reconnaissances des autres princes et enfin la prescription; mais les lois communes d'Angleterre ne pouvaient pas donner aux Anglais ce qui appartient à tout le monde, et les souverains n'ont pas pu leur reconnaître un empire qui n'existe pas même par le fait. Quant à la prescription, les Anglais l'invoquent à faux; la prescription n'a lieu que sous les conditions d'une jouissance libre et paisible pendant longues années : or, de tous les temps, les peuples de l'Europe ont fait des actes conservatoires de leurs droits maritimes en attaquant les Anglais sur mer et s'opposant à leurs prétentions : il suffirait d'ailleurs qu'un seul vaisseau étranger eut parcouru la mer sans la permission des Anglais pour détruire cette prescription et cet exemple s'est renouvellé tous les jours depuis César. Un des grands arguments des Anglais est un acte authentique passé l'an 1299 entre Edouard

____

(1) César, de bello gallico, lib. 4, dit effectivement « qu'a-» vant sa première descente en Angleterre, il questionna des » marchands gaulois, sur la situation des côtes d'Angleterre, » et il apprit que personne ne pouvait naviguer sur ces mers, » sans permission, excepté les marchands, et que ceux-là » meme étaient si peu instruits de l'état des côtes, parce » qu'ils n'avaient pas l'usage libre de la mer, qu'il fût obligé » d'envoyer Volusienus sur un vaisseau long pour découvrir » les côtes de Bretagne. » Ce passage est loin de prouver que l'ambitieux César ait reconnu les Anglais comme maîtres de la mer : on peut en inférer seulement que les Anglais à cette époque étaient si peu adonnés au commerce, ou tellement farouches, qu'on les fréquentait rarement, et que par conséquent il ne se trouvait point chez les Gaulois des navigateurs assez pratiques des côtes d'Angleterre, pour piloter la flotte des Romains.

I.er, roi d'Angleterre et Philippe-le-Bel, roi de France, par lequel ce dernier céde ou plutôt reconnait aux Anglais l'empire de la mer; mais ce traité est nul, parce que Philippe-le-Bel ne pouvait céder ce qui ne lui appartenait pas; et en admettant qu'à cette époque Philippe-le-Bel pensât, comme l'acte le suppose, que l'empire des mers avait pu appartenir à la France, le traité serait encore nul, parce que d'après les statuts fondamentaux de notre monarchie, le roi n'a aucun pouvoir pour transporter à un étranger la moindre partie des droits regaliens de la couronne ou quelque portion du royaume. Toutes ces prétentions sont donc ridicules; mais comme il n'en coûte rien de créer des domaines dans la région des chimères, les publicistes anglais prolongèrent cette zone imaginaire dont nous avons déjà parlé, jusqu'en Amérique, et cela en vertu de la prise de possession des terres nouvellement découvertes par Sébastien Chabot, au nom de Henri VII, et par Humbphry, au nom de la reine Elizabeth. Le Groenland fut aussi compris dans les *limites de l'empire* par Hugh Willongby, qui s'en empara au nom d'Edouard VI (1), et les marchands de la compagnie anglaise de Moscovie se prétendirent en conséquence seuls maitres de la pèche de la baleine. Par la suite, l'ile de Terre-Neuve fut réunie à *l'empire*, et la pèche de la morue exclusivement acquise à l'Angleterre qui prétendit exiger dans l'étendue des limites dont nous venons de parler tous les respects attachés à la souveraineté. Les Anglais ont continué jusqu'à ce jour à augmenter leurs domaines

______

(1) Cette prétendue prise de possession du Groenland est d'autant plus ridicule, que ce pays avait déjà été peuplé et fréquenté par les Danois et les Islandais jusqu'au 14.e siècle.

sur la mer, et leurs prétentions embrassent aujour-
d'hui la totalité de l'Océan. Ils ont d'abord annoncé leurs desseins par des arguments éloquemment
exposés, mais faux en principe ; et leurs escadres,
leurs triomphes maritimes, nos erreurs et nos revers,
ont encore mieux valu dans l'intérêt de leur cause
que les savantes discussions des illustres publicistes
qui ont agité cette importante question.

CHAPITRE TROISIÈME.

Jurisprudence de la France et de l'Angleterre.

Au milieu de ce tourbillon de prétentions ambi-
tieuses qui tour-à-tour égara les différents peuples
de l'Europe, l'observateur remarque avec étonnement
une espèce de phénomène politique : c'est une nation
riche, belliqueuse, plus favorisée que toute autre
sous le rapport des ressources navales, et qui cependant n'éleva jamais aucunes prétentions injurieuses
au droit des gens : cette nation c'est la France.
Il est de vérité historique que jamais les Français
ne furent cités pour s'être arrogé le moindre droit
particulier sur les parties de l'Océan qui baignent
même leurs côtes, et que dès les siècles les plus
reculés, ils ne sont intervenus dans les affaires mari-
ritimes de l'Europe que pour réclamer les droits
imprescriptibles de la nature et des gens : on ne
peut pas attribuer cette modération au peu de soin
que les Français prenaient de la navigation. L'his-

toire démontre au contraire que de toute antiquité
ils naviguaient et trafiquaient beaucoup : une preuve
que l'on pourrait en donner, c'est qu'avant le 13.e
siècle, la dignité d'amiral était déjà en France une
importante charge de la couronne ; c'est que
jusqu'au milieu du 16.e siècle, chaque fois que
la France voulut armer sur mer, elle eut de grandes
flottes, fit de glorieuses expéditions et produisit de
vaillants hommes de mer. Ce n'est dont point par
faiblesse ou par incurie que la France ne donna point
le scandale de prétentions aussi odieuses que celles
affichées par les Espagnols, les Portugais, les Vénitiens, etc., mais elle suivit en cela l'inspiration que
la nature même produit chez les puissances continentales et riches de leur propre fond. Ce que nous
avons dit des Romains (chapitre I.er) peut également
ment s'appliquer à la France. Ce pays qui n'éprouve
lui-même aucun besoin réel, est cependant capable
d'activer tous les genres de commerce; ses côtes se
déploient en face du monde entier, mille routes
conduisent dans ses ports, et ses intérêts ont des
points de contacts avec ceux de tous les peuples,
sans qu'ils y soient mélangés. Comme aucune nation
ne peut se passer rigoureusement de la France, plus
nos voisins prospèrent et plus nos relations commerciales s'augmentent : nous n'avions donc aucun
motif pour prétendre à une possession exclusive de
la mer, puisque notre avantage consiste à ce qu'elle
soit entièrement libre, afin que chacun puisse sans
obstacles aborder les ports nombreux que nous ouvrons
au commerce. Lorsqu'une prétention quelconque fer-
mait une des routes de la mer ou faisait forcément
dévier le commerce ; nous étions lésés ainsi que nos
voisins qui auront toujours plus de bénéfice à faire

en trafiquant directement avec nous. La politique de la France a donc toujours consisté dans le principe de la liberté des mers et le parfait équilibre commercial ; si elle a paru quelquefois suivre un système opposé, cette contradiction n'est qu'apparente. Lorsqu'un pouvoir quelconque tyrannisait les mers ou le commerce, la France, blessée par ce seul fait, était obligée d'attaquer ce même pouvoir en le privant momentanément de cette faculté de commercer et de naviguer qu'il voulait concentrer sur lui seul ; mais les divers traités qui ont terminé ces grandes querelles, ont toujours rétabli l'équilibre, lorsque la France fut maîtresse de dicter les condictions : c'est ainsi qu'en paraissant abandonner les avantages que le sort des armes avait pu nous donner, nous en acquerrions au contraire de bien plus solides, puisque notre prospérité consiste dans une égalité parfaite des bénéfices maritimes et commerciaux. Ajoutons que la France, outre cet intérêt qui lui est particulier et qui est une garantie contre elle-même en faveur de ses voisins, leur en présente une autre non moins importante contre tous et chacun : c'est sa position, c'est sa force continentale positive, qui la met en état de balancer tous les intérêts, de réprimer toutes les ambitions ; nous sommes donc en droit de conclure, en nous rappelant la conduite des Romains, qu'il n'y a qu'une grande nation continentale qui puisse, sans aucun danger pour les autres, protéger les mers et le commerce, et qu'elle a seule un droit bien réel sur l'Océan. Or, ce droit n'est autre que celui de veiller à la sûreté de tous, et de leur commander une confiance absolue et générale : ce principe me paraît établi par l'experience ; il a sa source dans la nature même.

La jurisprudence nautique de la France se ressentit de la position où elle est placée, c'est-à-dire que toutes ses lois furent presque toujours éminemment libérales et modératrices.

La France n'a connu long-temps d'autre législation navale que celle contenue dans la compilation nommée *le Guidon de la mer* : c'est un recueil d'us et coutumes adoptés en faveur de la ville de Rouen et rendus applicables au reste du royaume. Dès le temps de St.-Louis, nous suivions cependant les lois du fameux *Consulat de la mer*. Depuis, la jurisprudence se régla d'après des décisions notables de juges royaux sur les affaires maritimes. D'ailleurs, à mesure que nos rois réunirent à la couronne quelques grands fiefs, ils conservèrent une partie des lois coutumières qui régissaient ces pays : c'est ainsi qu'en Provence, les statuts municipaux de Marseille publiés au 15.ᵉ siècle eurent long-temps force de loi ; il en est de même des lois d'Oléron qui avaient été données à la Guienne par la reine Eléonore. (Chapitre 2). La Bretagne eut long-temps aussi ses usages coutumiers sur la navigation, mais la Normandie suivit toujours les dispositions du Guidon de la mer. La première ordonnance générale que nous voyons paraître *sur le fait de l'amirauté*, est celle du roi Charles VI, en date du 7 décembre 1400 : on y remarque avec plaisir que les plus belles maximes du droit maritime y sont solemnellement proclamées ; ce qui concerne sur-tout les prises, y porte l'empreinte de la justice et de l'humanité. On ne voit dans cette ordonnance aucune trace de prétentions sur la propriété de la mer ou le monopole du commerce. Cette modération est d'autant plus admirable, que dès cette époque l'Angleterre et d'au-

tres nations avaient déjà depuis long-temps donné
l'exemple de semblables usurpations ; la France était
alors bien en état de s'arroger aussi quelques droits ;
elle possédait des flottes formidables dont elle avait
menacé trois ans avant l'Angleterre qui était en
proie aux factions excitées par les favoris du roi
Richard II. Les troubles, qui désolèrent la France
pendant le règne de Charles VI et les guerres continuelles de Charles VII, ne permirent pas aux
Français de s'occuper beaucoup de la marine. On
doit à Louis XII, le premier de nos rois qui ait
songé à tirer parti du port de Toulon, quelques
mesures repressives contre les pirates ; mais une
de nos bonnes lois maritimes fut promulguée en
1517 par François I.er : elle est basée sur les principes de l'ordonnance de 1400. Cela est remarquable en ce qu'alors l'Espagne et le Portugal, fiers
de la découverte des deux Indes et de leurs fameuses bulles d'investiture (chapitre 2), semblaient provoquer les autres à établir des prétentions qui auraient pu être considérées comme des représailles :
c'est peut-être l'arrogance de nos voisins qui détermina l'esprit des ordonnances de 1543 et 1584. C'est
un exemple de cette nécessité où se trouva la France
de frapper avec rigueur le monopole, afin de le
ruiner dans ses plus chers interêts : ces ordonnances
portent en principe *que la robe ennemie confisque
les marchandises et le vaisseau ami*, c'est-à-dire,
qu'un navire neutre ou allié est de bonne prise lorsqu'il est chargé de marchandises appartenant à des
ennemis. Cette clause est en elle-même contraire aux
droits de l'alliance et de la neutralité ; mais elle
n'est pas absolument injuste dans toutes ses accep-
tions. Le droit conventionnel de l'Europe n'a pas

encore bien résolu cette importante question ; et la France, qui au 16.e siècle n'était pas plus éclairée que les autres sur cette matière, ne manquait pas d'exemples ni de raisons pour agir ainsi. Le chapitre 273 *du Consulat de la mer* déclare d'abord confiscable toute propriété ennemie, quel que soit le pavillon qui la couvre ; la loi romaine (leg. 2 dig. de publican. vectigalib. et commiss.) soumet à la peine de la confiscation non-seulement les marchandises défendues, mais le navire même, comme *tombé en faute*. Un traité conclu en 1417 entre Henri V, roi d'Angleterre et Jean, duc de Bourgogne, celui fait en 1468 entre Edouard IV, roi d'Angleterre et François, duc de Bretagne, consacrent les mêmes principes ; on les voit aussi dans le traité de 1478 entre ce même Edouard IV et les ducs de Bourgogne Maximilien et Marie. Ces dispositions se reproduisent encore dans le traité passé en 1496 entre Henri VII, roi d'Angleterre et Philippe, archiduc d'Autriche ; dans celui de 1460 entre Henri VI, roi d'Angleterre et la république de Gênes. La France était donc en quelque sorte autorisée en 1543 à prendre des mesures que ses voisins dirigeaient contr'elle depuis long-temps ; cette infraction de sa part aux lois de la neutralité ne fut qu'une représaille juste et d'autant plus nécessaire, qu'elle fut déterminée par la capture de quelques navires, qui, au mépris des devoirs de bon voisinage, approvisionnaient nos ennemis d'armes et de munitions.

Cette importante question, qui a été résolue depuis en tant de manières et qui ne le sera peut-être jamais bien, a été décidée au 16.e siècle d'une manière trop générale pour être juste ; et aujourd'hui, quoique le droit conventionnel de l'Europe ne l'ait

pas encore fixée, elle est bien établie dans l'opinion.
Ce sujet contient en effet deux parties bien distinctes, le droit des neutres et celui que toute nation
possède de veiller à sa sûreté : nous allons examiner
rapidement en quoi consiste ces deux principes.

La neutralité n'est autre chose que la persévérance d'une nation dans ses rapports pacifiques avec
des états belligérants : la neutralité ne change donc
point la situation d'un peuple ; les puissances étant
essentiellement indépendantes, les querelles qui sur-
viennent entre plusieurs d'entr'elles ne peuvent en
aucune façon obliger forcément les autres à changer
leurs relations politiques ou à modifier leur commerce.
Toutes nuances ou division que l'on voudrait imaginer dans la neutralité sont donc abusives et d'autant plus dangereuses, que si ces modifications passaient dans le droit public, elles seraient, entre les
mains du fort, l'instrument de l'oppression du faible.
Je n'ignore point qu'une exposition aussi libérale de
la neutralité est contredite par des publicistes qui
établissent à cet égard une foule de distinctions entre la neutralité passive et active, conventionnelle
et impartiale, etc. Toutes ces exceptions sont réprou-
vées par le droit de la nature, puisqu'elles tendent
à faire varier l'état d'un peuple sans sa participation, et à le soumettre indirectement à l'influence
des autres nations chaque fois qu'elles jugent à propos de se faire la guerre.

La droit que tout état possède de se mettre en
sûreté consiste à empêcher qu'un autre, au moyen
de la force ouverte ou d'embûches, ne lui nuise ;
mais ce droit ne peut s'exercer que dans le cas
évident d'une lésion : or, une nation neutre ne peut
vous léser lorsqu'elle reste avec vous dans la situation
pacifique où des traités précédents l'ont placée.

Les droits sociaux ou plutôt l'état de société, dira-
t-on, imposent aussi des devoirs qu'un peuple ne
peut décliner à raison de son indépendance, puisque si ces devoirs le forcent à prendre des obligations temporaires et subordonnées aux affaires de ses
voisins, il retire aussi de son rang dans l'état social une infinité d'avantages précieux ; c'est une espèce de bénéfice dont il faut ainsi payer les charges.
C'est d'après cet argument, plus spécieux que solide,
que l'on prétend avoir la faculté d'interdire aux neutres de transporter à son ennemi des marchandises
de contrebande, qui consistent en armes et munitions militaires et navales ; à cela je répondrai que
si ce droit existe il ne peut être que *préventif*,
c'est-à-dire, qu'il doit avoir été établi par des traités
qui ont précédé la guerre. Si le prince (j'entends
par cette expression un gouvernement quelconque)
est doué de la sagesse requise pour gouverner, il
a dû prévoir l'état de guerre, parce que c'est un
événement commun et un droit naturel ; dans ce
cas, il a pu stipuler d'avance dans les traités qui le
lient à ses voisins que dans le cas où il aurait la
guerre, le neutre ne porterait point de *contrebande*
aux ennemis ; si le contractant accepte ces conditions, soit sans restriction, soit en échange de
quelques autres avantages à lui concédés, il est clair
qu'en temps de guerre il est obligé de s'y conformer, sous peine de perdre sa neutralité ; mais il
la perdra également, si une fois la guerre déclarée il contracte de semblables obligations avec l'un
des belligérants au détriment de l'autre : c'est dans
ce cas seulement que les devoirs sociaux modifient
l'indépendance du neutre. Le belligérant, qui cesse
de recevoir des marchandises réputées alors con-

trebande par les traités que le neutre a précédemment conclus avec la partie adverse, ne peut se
formaliser de cette interruption de commerce, parce
qu'il est de l'indépendance des peuples de contracter avec qui et comment il leur plait, et du devoir
de tous d'être fidèles aux traités. Il existe pourtant
des conventions par lesquelles le prince se dépouille
d'avance du droit de neutralité dans le cas éventuel
d'une guerre entre ses voisins : ce sont les ligues
offensives et défensives, les traités de subsides et
les capitulations pour des levées d'hommes au profit des belligérants; la faculté qu'il accorde d'armer
des corsaires dans ses ports, l'admission exclusive
des escadres et des vaisseaux de l'un des belligérants; de pareilles stipulations impliquent l'alliance;
et en admettant qu'à la déclaration de guerre entre
deux états, la situation des autres ne peut changer,
le prince qui est déjà lié par les conventions dont
nous venons de parler n'est plus neutre, puisqu'il
est allié de l'un des belligérants, et que la neutralité *n'est autre chose que la persévérance d'une nation dans ses rapports pacifiques avec des états belligérants.* Or, les rapports *pacifiques* sont rompus,
puisque le prétendu neutre concourt aux hostilités.
Je sais que mon opinion est encore opposée à celle
de plusieurs publicistes, qui considèrent toujours
comme neutres, par exemple, la Suisse et d'autres
états d'Allemagne, qui vendent alternativement des
soldats aux belligérants ; mais j'ai pensé qu'un fait
ne peut autoriser un abus ; je crois même que la
puissance qui est déjà convenue avec une autre de
ne point porter à l'ennemi des armes et munitions
de guerre, renonce par ce seul fait à la faculté
d'en transporter à l'un ou à l'autre des belligérants,

tutrement cette puissance tombe évidemment dans le cas de l'alliance et renonce éventuellement à sa neutralité. Il est bien convenu que ceci ne peut s'entendre absolument que des engins de guerre ; toute marchandise brute ou confectionnée qui peut rigoureusement s'appliquer à un autre usage que celui de l'attaque et de la défense , est parfaitement à la disposition de celui qui en trafique. Il y a des états , tels que la Suéde , le Dannemark et la Russie , dont le plus grand commerce consite en munitions navales et en fer propre à la fabrique des armes : les principes que je viens d'établir leur sont très-favorables , si en restant neutres ils permettent également à tous les belligérants de commercer de ces sortes de productions sans aucune préférence ou exclusion pour l'un d'eux : la nature de leur trafic doit rendre ces puissances extrêmement circonspectes dans leurs traités , car d'après mon opinion elles sont plus susceptibles que toute autre de perdre leur neutralité et de subir au moment le moins prévu toutes les chances du droit de la guerre.

Hors les cas que je viens de spécifier , aucune nation belligérante n'a le droit d'ôter à un neutre la liberté de commercer avec l'ennemi ; elle ne peut lui interdire ni entièrement ni partiellement le commerce de certaines marchandises et même des munitions de guerre , à moins que des traités précédents ne l'y autorisent. Le belligérant peut encore moins déclarer de sa seule autorité ces marchandises confiscables , car pour qu'une loi soit légale et valide, il faut que celui qui la promulgue ait un droit de souveraineté sur ceux que cette loi concerne et sur les lieux où elle doit s'exécuter ; or, le belligérant ne jouit d'aucune espéce de juridiction ni sur le neutre ni sur la mer ; les lois de confiscation qu'un peuple en guerre dirige contre les navires neutres, sont donc des actes de piraterie. La capture du vaisseau, les jugements rendus à cet égard par des prétendus conseils des prises, sont nuls, attentatoires à la dignité des peuples et avilissent les princes au nom desquels on commet de pareilles extorsions. Le droit de sûreté ne peut même être invoqué dans cette occasion, puisqu'on peut répondre au prince qu'il est de son devoir d'obvier d'avance, par des traités, aux inconvénients qu'il redoute, et que dans tous les cas, il ne peut raisonnablement exiger que les autres nations sacrifient à ses seuls intérêts leur prospérité commerciale.

Il n'existe guère de moyens coercitifs à l'égard du neutre et même de l'allié que la représaille : *Représailles.* elle peut avoir lieu lorsque le neutre ou l'allié, par une connivence ouverte, livre à l'ennemi vos vaisseaux réfugiés dans ses ports, permet des hostilités dans son territoire, fait armer chez l'ennemi des corsaires pour son compte, ou souffre que l'ennemi en arme chez lui contre vous ; le neutre, alors, *rompt ses rapports pacifiques*, il entre dans l'alliance, et il vous est loisible de le mettre au rang de vos ennemis ou de courre sus, jusqu'à indemnité du tort qu'il vous a causé, à moins qu'il ne se soumette à une prompte réparation. Il y a des petits états qui ne sont point assez forts pour conserver eux-mêmes leur neutralité et résister aux menaces ou à l'influence de l'ennemi ; c'est alors que toutes les puissances neutres s'entendent pour former une neutralité armée, c'est-à-dire, établissent des forces *Garantie mutuelle des états neutres.* pour faire respecter leur neutralité commune. Cette institution, dont nous devons le perfectionnement à la Russie, est très-louable : c'est la plus sûre garantie du droit des gens. Mais si toutes les nations neutres s'isolaient et que les grandes fussent indifférentes à la manière dont les petites seraient en état de se maintenir à l'égard des belligérantes, il n'y a point de doute que si la neutralité de ces dernières venait à être violée, celui des belligérants qui s'en trouverait lésé pourrait leur appliquer les procédés de représailles ou d'hostilités, parce qu'alors les petites puissances seraient conquêtes de l'ennemi : or, la guerre autorise à chasser l'ennemi de ses conquêtes ou à les débusquer des positions importantes dont il s'est emparé. Le dernier cas où le neutre ne peut faire valoir ses droits est celui de blocus réel, et nous aurons par la suite une célébre occasion de parler de ce point de droit. Je terminerai cette exposition succinte des principes de la neutralité, par ce passage du célébre Lampredi : « le belligérant peut faire toutes les déclarations qu'il » lui plaît, mais les nations indépendantes ne sont » nullement obligées d'y faire la plus légère atten- » tion, encore moins de les exécuter, par la raison que » quoiqu'il soit vrai que la défense naturelle du bel- » ligérant lui en donne le droit, sans l'exercice » duquel il ne pourrait exécuter cette défense, je » lui réponds que ma liberté naturelle et mon indé- » pendance me donnent aussi le droit de faire de » mes propriétés naturelles et industrielles, l'usage » qui me plaît le plus, quand l'usage que j'en fais » vis-à-vis des peuples en guerre est impartial, et » sans préférence aucune, unique restriction qui na- » turellement dérive de la neutralité qu'il m'a plu » d'embrasser. Si l'on disait qu'il est contraint par » la nécessité à me faire désister par la force, je

» pourrais licitement repousser sa force par la mienne,
» comme je pourrais le faire encore lorsqu'il arrête mes
» sujets en pleine mer, et qu'il confisque les marchan-
» dises de mes sujets, lorsque leurs navires chargés
» d'armes et de munitions sont dirigés vers les pla-
» ges de son ennemi, à moins que je ne me fusse
» obligé à ne pas le faire par convention expresse
» ou tacite. »

D'après ces principes, les ordonnances de 1543 et 1584 établissaient donc une spoliation injuste, à moins cependant qu'on ne veuille en trouver le prétexte sur ce que nos voisins affectaient, à l'abri de la neutralité, une connivence déclarée avec les ennemis de la France; nous verrons par la suite cette partie du droit public subir des variations nombreuses. Les erreurs de la France furent toujours motivées par l'injustice de ses ennemis ou la partialité des neutres. Les ordonnances qui suivirent celles dont nous venons de parler, en modifièrent la rigueur en déclarant la contrebande, seule, soumise à la confiscation, mais n'y assujettissant pas le navire; malgré cette explication, le principe posé en 1543 et 1584 prévalut encore long-temps.

Les ordonnances de 1638 et de 1650 forment une espèce de code exempt de cet esprit d'égoïsme et de monopole qui, chez une nation, dénotent l'arrière pensée d'asservir un jour les mers : la justice règne sur-tout dans l'ordonnance sur les neutres du 15 décembre 1673 et du 23 février 1674, on y reconnaît l'esprit qui animait à cette époque mémorable les Pussort, les Lamoignon et les Gilbert de Voisin. Louis XIV, si fier d'être roi de France, si passionné pour la gloire, proclame dans ces or-donnances la plus juste impartialité; mais ce qui compléta notre droit maritime, ce sont les ordonnances de 1681, 1685 et 1689. Ces lois, sur-tout celles de 1681 (1), ont fait jusqu'à présent l'admiration du monde entier et sont bien dignes d'une grande nation et d'un roi aussi juste que généreux. Ce code de modération fut cependant proclamé dans un temps où les forces navales de la France pouvaient conquérir ou du moins partager l'empire des mers, et c'est en cela que la gloire du législateur est impérissable. Depuis cette célèbre époque la France lutta presque toujours par mer contre des chances défavorables, et sa décadence maritime fit des pas rapides : ces circonstances amenèrent quelques variations dans notre jurisprudence, mais l'esprit en fut toujours le même et l'on revint assez promptement aux premières bases. Louis XIV, par son réglement du 23 juillet 1704, commença à s'écarter des règles de l'équité : cet acte, dont le décret de Berlin a rappelé les dispositions, attaque ouvertement l'indépendance des nations en violant la neutralité ; quelques déclarations ultérieures en modifièrent, il est vrai l'exécution, mais le fond en fut toujours le même. La France cependant, quoique réduite à cette époque à de cruelles extrémités et harcelée par des ennemis implacables, ne donna pas la première l'exemple de cette violence. Peu de temps avant, les alliés avaient mis la France comme en état de blocus, et l'édit de Louis XIV ne fut qu'une représaille. Il est même à remarquer qu'en 1597 la reine Elizabeth avait employé ce moyen contre les états

----

(1) L'article 7, titre 9 de l'ordonnance de 1681, confirme, il est vrai, les dispositions adoptées en 1543 et 1584 relativement aux prises, mais il n'en est que moins certain que sous tout autre rapport, cette ordonnance est admirable.

de la monarchie espagnole, comme nous le verrons dans peu : ce scandale finit avec la guerre.

Les diverses mesures de rigueur adoptées par la France pendant ces guerres furent sujettes à des très-grandes modifications ; et les traités qui forment notre droit public ont ramené la jurisprudence aux vrais principes. Les guerres navales que la France a entreprises ont toujours eu pour but de rétablir cet équilibre maritime dans lequel consiste sa prospérité. En 1744, les circonstances de la guerre forcèrent la France à prendre des mesures relatives à sa sûreté, c'est ce qui donna lieu au réglement du 21 octobre : cet acte rappelle le souvenir plutôt que les dispositions du réglement de 1704 ; celles qui sont relatives aux neutres sont marquées au coin d'une telle équité, que l'on s'étonne de les y trouver dans un moment où l'Angleterre, poursuivant les systêmes des Walpole, des Chesterfields et des Chatam, semblait donner à ses ennemis l'exemple d'une rigoureuse inflexibilité : quelques actes postérieurs à ce réglement prouvent combien la France apportait de délicatesse dans ses procédés avec les neutres. Les articles 10 et 12 portaient que « tout « navire étranger de fabrique ennemie ou apparte- « nant à un ennemi ne pourra être réputé neutre, « s'il ne se trouve à bord quelques pièces attes- « tant qu'il en a été fait vente ou cession à quel- « que sujet des puissances neutres ou alliées ; « de même étaient déclarés de bonne prise tous « navires étrangers sur lesqels il y aura un subre- « cargue, commis ou marchand d'un ennemi et dont « l'équipage sera composé au de-là du tiers de ma- « telots ennemis. » Ces dispositions, toutes modérées qu'elles sont, furent encore adoucies en faveur des

Suédois, par une lettre à M. l'Amiral, en date du 7 décembre 1744 ; l'Envoyé de Dannemark en obtint même l'annulation pour dix vaisseaux expédiés dans l'Inde et dont le pavillon couvrait évidemment des propriétés anglaises. Cette grâce est constatée par la lettre à M. l'Amiral, en date du 25 janvier 1745. C'est ainsi que la France, au sein même d'une guerre fort active, accablée de désastres maritimes, ne croyait pas devoir déroger aux principes sacrés du droit des gens ; ses intérêts commerciaux étaient trop intimement liés avec ceux des autres nations pour qu'elle conçut l'idée de violer les maximes de la liberté des mers, auxquelles sa prospérité se rattache en paix comme en guerre, et c'est en cela que cette puissance présente une véritable garantie aux autres peuples.

Si nous parcourons les traités ou le corps du droit public, sujet principal de cet ouvrage, nous y verrons la France stipuler conformément à l'esprit de sa législation nautique.

Traité
de commerce.

Les traités qui entrent dans le droit maritime sont connus sous le nom de *commerce* et de *navigation*. Les avantages réciproques que les nations s'accordent sous le rapport du commerce, sont purement conventionnels, et n'ont point une conséquence majeure pour les peuples qui ne les partagent pas. Il n'en est point de même de ces stipulations qui règlent d'avance la conduite que doit tenir un peuple lorsque ses voisins seront en guerre, et de ces actes par lesquels une nation fait reconnaître sa propriété ou sa suprématie sur une portion de la mer ou d'une côte : ces sortes de traités intéressent tous les états parce que leurs principes ont des points de contact avec les intérêts de tous. La France, toujours guidée par la maxime de la liberté des mers, ne stipula pour l'avenir que des obligations réciproques et bien partagées ; elle garda cette impartialité avec les plus faibles puissances, comme il est facile de s'en convaincre.

Quoique les Anglais aient prétendu que nous leur ayons reconnu l'empire de la mer, on peut se convaincre du contraire en parcourant les annales de l'histoire; et comme l'observe Vattel, Louis XIV ne voulut point souffrir dans le traité de Breda que la Manche fut appelée canal d'Angleterre ou mer britannique ; il en est de même des prétentions de Venise et de Gênes que Louis XII, par exemple, était bien éloigné de respecter. La France n'avait jamais reconnu non plus ouvertement les droits de péage que le Dannemark s'arroge aux détroits du Sund, mais toutes les nations s'y étant soumises par des traités, la France en 1663 suivit leur exemple, mais fut la dernière qui autorisa cet abus. L'on connaît la protestation de nos rois à l'égard de ces bulles d'investiture qui donnaient aux Espagnols et aux Portugais la propriété des Indes ; nous n'en fimes jamais aucun cas ; et dès le milieu du 16.e siècle, nous formames des établissements au Brésil. La France épousa la querelle de la Hollande, lorsque cette dernière contesta à la Grande-Bretagne le droit exclusif de la pêche, et notre droit public est rempli d'actes semblables.

Puisque l'on ne peut citer aucun fait qui prouve que la France ai jamais élevé de prétentions contraires à la liberté des mers, et que d'un autre côté elle s'est toujours élevée contre ceux qui en formaient, on doit avouer que la France a toujours été essentiellement conservatrice de cette base du droit des gens.

Les anciens traités de commerce et de navigation
ont eu pour premier principe de se protéger mutuellement contre les attaques de la piraterie qui
s'exerçait sur toutes les mers et même dans les fleuves navigables ; on se garantissait ensuite par ces
traités la sûreté des sujets et des navires réciproques dans quelques lieux qu'ils se trouvassent. Dans
le moyen âge de l'ère chrétienne, la Méditerranée
était exposée aux déprédations des Sarrasins et l'Océan
à celles des gens du Nord. Les Sarrasins, et par suite
les Algériens qui sont leurs successeurs, se sont
arrogés une espèce d'empire sur la Méditerranée,
et cette prétention suffirait seule pour les faire considérer comme pirates : mais commes ils appartiennent à un gouvernement établi et qu'ils agissent en
son nom, il a été difficile jusqu'à présent de résoudre cette question. Cependant lorsqu'un gouvernement quelconque, même légitime, se met en état
de guerre perpétuelle avec les autres, on peut, je
crois, ne plus observer avec lui les procédés du
droit des gens, puisqu'il les viole tous, et sur-tout
lorsqu'il emploie des moyens aussi injustes que ceux
adoptés par les Barbaresques. Lorsque les enfants
des anciens rois de Dannemark se partageaient l'héritage de leur père, les puînés se reservaient ordinairement pour apanage l'exercice de la piraterie
qui paraissait alors une profession libérale. Les autres
nations ne reconnaissaient point cependant un pareil
principe, et les croiseurs étaient toujours considérés
comme de véritables écumeurs de mers ; il s'est
établi cependant à l'égard des Algériens une espéce
de droit public. Un des premiers traités qui reconnut leur existence comme pirates, est celui que l'empereur Frédéric II conclut en 1250 avec Abuissac,

roi des Sarrasins; ils convinrent de respecter mutuellement leurs sujets et de ne troubler en aucune manière leur commerce maritime. Plus tard les Barbaresques, qui ont remplacé les Sarrasins, pillèrent indistinctement toutes le nations; et au lieu d'être exterminés, ils se firent non-seulement reconnaître, mais reçurent des tributs des uns et des autres à condition de ne plus pirater. L'Europe commît sans doute une grande faiblesse en contractant ce marché honteux et si souvent violé, mais il est vrai qu'il se mêla à ces transactions des considérations d'un certain genre. La France fut cependant la puissance la moins facile à se soumettre à un tel joug; nos côtes furent long-temps gardées et nos vaisseaux repoussèrent les aggressions des Algériens jusqu'à ce que Louis XIV les contraignit par la force à respecter le pavillon Français. Toutes les autres puissances, après quelques tentatives moins heureuses, passèrent des traités avec les régences barbaresques et s'assujettirent à leur payer des tributs : tel est encore leur situation aujourd'hui.

Presque toutes les nations de l'Europe s'étaient liées par des traités spéciaux de commerce et de navigation, que la France réglait encore ces grands intérêts d'après les conventions générales qui l'unissaient à ses voisins. Dans tous les traités conclus depuis saint Louis, il y est parlé de la faculté du commerce, et l'on y réclame les immunités de la navigation; mais nous suivîmes long-temps à cet égard le droit commun, accueillant les étrangers et commerçant avec eux, conformément aux lois du royaume. Henri IV conclut, en 1604, avec la Porte Ottomane un traité fort remarquable, il y est stipulé que le pavillon Français neutralise, sans distinction la marchandise de toute nation , même celle ennemie du Grand Seigneur : ce principe de modération était sans doute bien convenable à la dignité de la France , et nos rois ne s'en départirent jamais. Louis XIII rétablit en 1652 le commerce de la France et de l'Angleterre, et n'accorda que ce qu'il jugeait indispensable d'obtenir lui-même pour sa sûreté, c'est-à-dire, l'exclusion mutuelle des marchandises prohibées. La France fut encore plus libérale en 1646 avec les Provinces-Unies, car il fut stipulé que le pavillon Hollandais, non-seulement rendrait libres les marchandises des sujets de cette république, mais aussi toutes les autres marchandises chargées sur le navire, quand même elles appartiendraient à l'ennemi, excepté cependant toujours celles de contrebande. Le traité des Pyrenées en 1759 est à peu près basé sur les mêmes principes à l'égard de la navigation. Nous remarquerons que depuis la moitié du 17.e siècle, tous les traités de commerce et de navigation prohibent le transport à l'ennemi par les neutres, des armes, canons, etc., mais ne défendent pas la vente de ces objets sur le territoire neutre (1). La France suivit exactement cette jurisprudence dans le traité conclu entre Louis XIV et les villes Anséatiques le 10 mai 1655, et dans celui de Wertminster passé avec l'Angleterre le 3 novembre de la même année. En 1667 , nous fimes encore un autre traité avec l'Angleterre où nous stipulâmes la pleine liberté de commerce et de navigation jusqu'aux places ennemies. La France persista en 1662 dans ses intentions libérales envers les Provinces-Unies ; le traité conclu avec cette puissance contient la convention d'une pleine liberté de

____

(1) Azuni , tom. 2 , art. 4. § 14.

commerce ; mais peu d'années après la Hollande ne fut pas si généreuse envers nous. Les Provinces-Unies nous ayant déclaré la guerre publièrent, le 9 mars 1669, un manifeste pour la liberté du commerce et la navigation des neutres : les dispositions de cet acte furent infiniment désavantageuses à la France ; mais Louis XIV, au traité de Nimègue, en 1678, eut encore la générosité de rétablir les choses à peu près sur l'ancien pied. Les traités conclus à Utrecht les 31 mars et 11 avril 1713, réparèrent en grande partie les outrages faits au droit des gens pendant la guerre de la succession, ils ramenèrent les peuples aux vrais principes du droit maritime ; la France et les autres nations continentales les adoptèrent de bonne foi ; mais la Grande-Bretagne, dont le système naval avait pris son essor, se trouva dans l'impossibilité de les respecter : il aurait fallu pour agir autrement, qu'elle arrêtât dans sa source le développement de sa grandeur.

Le traité conclu en 1739 avec les Provinces-Unies est aussi calqué sur les bases du droit des gens ; il n'est en grande partie que le renouvellement des conventions commerciales arrêtées en 1662. Le même esprit règne dans les traités conclus en 1741 avec la Suède, en 1742 avec le Dannemark.

Depuis le traité d'Aix-la-Chapelle, la France persévéra toujours dans son système de modération au sujet du droit maritime ; mais d'une autre part, les principes en furent totalement méconnus : en Europe, nous ne faisions plus que partager avec toutes les nations les insultes journalières de la violence et d'une orgueilleuse prospérité. Les résultats de la guerre de sept ans consommèrent notre décadence ; et en 1763 l'Angleterre éleva sur les débris des

.droits maritimes du monde le colosse formidable de sa puissance navale.

Cette usurpation amena la crise terrible de 1778, et par suite, les traités de 1785 et de 1786. La France excédée du despotisme de sa rivale, menacée dans son existence même, par le système de l'Angleterre; la France, dis-je, par une fatalité sans exemple, fut obligée en 1778, pour rétablir l'équilibre de la justice et de la modération, d'adopter la cause de l'injustice, de la révolte et de la licence.

Conduite de la grande-Bretagne.

L'Angleterre pour placer ses intérêts au niveau de sa vaste ambition, avait adopté, dès le principe, une politique adroite, un système de conduite bien conçu et prudemment suivi : elle ne s'éleva pas tout d'un coup, mais sa marche, quoique lente, fut toujours sûre ; elle ne commença à vouloir brusquer ouvertement les principes qu'aux époques où elle crut sa puissance assez affermie pour afficher ostensiblement toutes ses prétentions. Son destin a été et sera peut-être encore de se voir toujours arrêtée dans ses périodes d'orgueil par quelques crises violentes, soit de la part de ses voisins, soit au moyen des germes de désorganisation qu'elle renferme dans son sein. On peut appliquer aux Anglais que ce Machiavel disait des Vénitiens : *leurs traités de paix furent encore plus funestes à leurs voisins que les exploits de leurs armées.*

Tandis qu'en France les troubles s'appaisaient, et que le gouvernement plus affermi pouvait donner quelques soins à la navigation, la constitution et la tranquillité publique s'affermissaient aussi en Angleterre.

L'histoire doit faire remarquer la disparate continuelle qui régna dans la conduite des deux nations

au sujet du droit maritime et pendant un même laps
de temps. Tandis que notre roi Charles VI, par
son ordonnance de 1400, retraçait à ses sujets les
bases de l'équité, la mer, infestée de flottes et de
corsaires anglais, était chaque jour le théâtre des
plus grands attentats, et le gouvernement gardait à
cet égard un coupable silence. Les plaintes nombreuses qui s'élevèrent à ce sujet pendant le 15.ᵉ
siècle et durant le 16.ᵉ, les édits de nos rois et les
fréquentes doléances des états prouvent combien la
Grande-Bretagne apportait peu de soin à réprimer de
pareils abus. Il est en effet surprenant de voir dans
la même période une puissance continentale s'appliquer à la police de la navigation, tandis que ses voisins, essentiellement adonnés aux opérations nautiques, restent indifférents sur la violation des principes.

Ce n'est que dans le 16.ᵉ siècle que l'Angleterre sentit
toute l'importance de la marine, et nous la voyons
dès ce moment marcher à grand pas vers la prospérité
navale. N'ayant rien à donner aux autres, ayant besoin
de tout le monde, ses premières démarches tendirent au monopole. Malgré les embarras de Henri
VIII, on vit l'Angleterre, sous ce prince, exciter
déjà les plus vives réclamations. Liguée avec Charles-
Quint, elle commmença, dès cette époque, à fomenter les querelles continentales pour en profiter
au détriment de tous. Les divers traités que la Grande-
Bretagne conclut alors avec l'Empire, l'Espagne et
la France même, sont déjà tous plus ou moins destructifs des droits maritimes du reste de l'Europe.
Ce système continua sous le règne d'Édouard VI,
mais il se mitigea beaucoup sous celui de Marie.
On peut dire que cette princesse, vouée aux intérêts de l'Espagne dont elle avait épousé le souve-

rain, entièrement occupée du rétablissement de la religion catholique, négligea de poursuivre l'ouvrage de ses dévanciers. La France, en lui ravissant Calais, détruisit le plus honteux des liens imposés par l'Angleterre dans les derniers traités. Elizabeth, qui succéda à Marie reprit, avec activité, le plan du commerce universel, et jetta les fondements de la grandeur navale des Anglais ; adoptant le système des exclusions, des priviléges et des grandes colonies, elle commença à donner à ses sujets ce funeste besoin de vivre aux dépends des autres ; ses forces navales avaient déjà anéanti celles des nations voisines ; Elizabeth pouvait commander au nom de la violence tout ce que l'ambition était capable de lui suggérer. La France désolée par des troubles religieux, des règnes dilapidateurs et en proie aux fureurs de la ligue, ne comptait même plus au rang des puissances maritimes ; aussi Elizabeth ne négligea rien pour assurer sa domination des mers. Un des premiers actes de son despotisme fut cet édit qu'elle dicta à la Sublime Porte en faveur du commerce Anglais et de la compagnie dite de Turquie. Cet acte, qui est de 1580, est aussi ruineux pour les états du Grand Seigneur et le commerce des autres nations, qu'il est avantageux au trafic de la Grande-Bretagne. Elizabeth, employant ses forces et son influence pour proscrire en tous lieux les intérêts commerciaux et la navigation de l'Europe, alluma la colère de l'ambitieux Philippe II : la plus formidable expédition se prépara contre l'Angleterre. Les éléments détruisirent la fameuse *Armada*, mais cette querelle avec la monarchie Espagnole fit faire à la Grande-Bretagne un pas hardi ; elle mit l'Espagne et toutes ses possessions en état de blocus, et cette étrange résolution fut appuyée des mesures si vigoureuses que Sigismond lui-même, roi de Pologne, s'en plaignit à Elizabeth par une ambassade solennelle ; mais cette négociation n'eut aucun succès. Ce décret de blocus est, par le fait, la plus authentique déclaration que l'Angleterre ait pu donner de sa prise de possession des mers. Cette démarche, une fois consommée, ne pouvait plus rétrograder ; c'est sur cette base qu'elle fut forcément entraînée à établir sa jurisprudence maritime.

Les successeurs d'Elizabeth prouvèrent par leur conduite qu'ils en sentaient la nécessité. Trop faibles encore pour aller se mesurer dans les deux Indes avec les Espagnols, les Portugais et les Hollandais qui les avaient dévancés dans la carrière, accaparèrent, du moins en Europe, tout ce qui pouvait les conduire à ruiner plus tard la puissance de ces nations. Richelieu, sentant les conséquences de ce système, voulut donner à la France un commerce et une navigation capable de contre-balancer, au profit du continent, les rapides progrès de l'Angleterre vers le monopole ; mais ce grand homme ne vécut pas assez pour consommer cet ouvrage. Les Anglais se hâtèrent, d'ailleurs, de conclure à cette époque leurs principaux traités de commerce et de navigation. Le premier, qui se présente comme le plus avantageux, est celui du 29 novembre 1642, entre le Portugal et la Grande-Bretagne ; l'article le plus remarquable est le onzième. Les Anglais, qui sans doute méditaient à cette époque leurs établissements dans les Indes, s'y réservent le droit de porter des vivres et des munitions aux puissances en guerre avec le Portugal. Il est facile de concevoir les motifs et les suites d'une pareille clause ! Les traités conclus en 1667 avec l'Espagne et la Hollande, en 1666 avec la Suède, en 1660 et 1669 avec le Dannemark, sont tous des preuves que, d'un côté, l'on était bien loin de suivre les règles de l'impartialité et de s'attacher à l'esprit du droit des gens.

Charles II sacrifiant ses goûts les plus chers pour s'unir à Catherine de Bragance, donna à ses successeurs un exemple qui leur indiquait quelle marche il fallait suivre. Cette princesse lui apporta dans sa dot l'île de Bombay, dont les Anglais tirèrent, depuis, un si grand parti pour asservir les Indes : mais ses traités conclus entre l'Angleterre et le Portugal mettent, dans tout leur jour, les efforts que les Anglais firent anciennement pour parvenir à centraliser dans leurs mains le commerce et la navigation du monde ; ces actes contiennent l'aveu le plus formel de cette vaste ambition ; ils sont la plus belle conquête de la diplomatie. C'est sur le Portugal que la Grande-Bretagne commença à essayer les tentatives de la politique ; un peu d'énergie de la part de la cour de Lisbonne aurait peut-être déjoué ou retardé le développement de ce système, source de tant de calamités pour l'Europe et pour les Anglais eux-mêmes; mais les Portugais se montrèrent dociles et confiants, et ce premier pas, une fois fait, la Grande-Bretagne développa tous ses plans.

Le Portugal, par sa position et ses vastes colonies qui le livrent naturellement à l'exploitation des puissances qui ont une grande force navale, offrait à l'Angleterre les plus grandes facilités pour s'acheminer vers son but, et ses attaques ne furent point infructueuses. Déjà ce petit royaume n'était plus depuis long-temps qu'une colonie anglaise, lorsque le fameux traité du 27 décembre 1703 fit disparaître jusqu'aux moindres traces de son indépendance et le rendit, entre les mains des Anglais, l'instrument du monopole contre les autres nations. Ce traité, ouvrage de John Melhuen, est un chef-d'œuvre d'adresse et de déception; l'état de misère et d'oppression auquel il réduisit par la suite le Portugal, a trop frappé les yeux de l'Europe, pour que je m'arrête à en détailler les bases. La cour de Lisbonne, par un aveuglement inconcevable, rejetta long-temps, avec une espèce d'opiniâtreté, tous les moyens qui auraient pu adoucir un si honteux esclavage; elle dédaigna même l'alliance de la France qui, seule, pouvait, sous les rapports politiques, militaires et commerciaux, lui présenter des garanties et des avantages bien balancés (1). Observons même que dans l'état actuel des choses, les possessions européennes du roi de Brésil pourraient être dévolues à la France : cette assertion peut paraître extraordinaire, mais il ne serait pas difficile de prouver qu'une pareille cession serait un grand pas de fait vers cet équilibre commercial et maritime, objet des vœux de l'Europe, et par conséquent l'é-

---

(1) La concurrence des vins est le seul article qui pourrait inquiéter le Portugal; mais cet inconvénient, si c'en est un, existe aussi pour l'Espagne, l'Italie et même une partie de l'Allemagne. Cela n'a pas porté ces divers états à se livrer à l'exploitation destructive d'un monopole étranger; d'ailleurs les vins du Portugal, moins chers que les nôtres, trouveront toujours, par cette seule raison, leur place dans le commerce. Nos fabriques eussent entièrement rétabli la balance en consommant les cotons du Brésil; cette production manque dans nos colonies, et les Anglais qui en récoltent dans leurs possessions de l'Inde ne peuvent acheter qu'une faible partie des cotons Portugais.

vénement le plus heureux pour l'âge actuel de la postérité.

Avant de s'introduire chez les autres pour y établir sa domination maritime et commerciale, la Grande-Bretagne, avait déjà déclaré à quelles conditions les autres peuples pourrraient faire le trafic avec elle, ou plutôt venir chercher au foyer du commerce tout ce que l'Angleterre se proposait de concentrer dans ses ports : c'est ce qui donna lieu à cette loi célébre connue sous le nom d'acte de navigation. Ce bill, passé le 23 septembre 1660, ne fit pas à cette époque la même sensation qu'il a opéré depuis, ou plutôt ne produisit pas les mêmes effets ; on ne vit, dans cet acte, qu'une mesure législative que toute nation indépendante a le droit d'adopter ; cependant il fut aisé de juger de l'esprit ou des projets de la France et de l'Angleterre, en comparant cet acte de navigation aux ordonnances que Louis XIV fit par la suite au sujet du commerce et de la navigation. Dans le premier, tout y respire déjà un desir d'accaparement et d'exclusion : on y voit un peuple qui, commençant à peine à sentir sa force, brûle de s'en servir pour dominer.

Il ne faut point chercher dans l'acte de navigation les antiques et vénérables principes du droit maritime ; on n'y trouve même pas les convenances d'amitié et de bon voisinage qui provoquent les transactions commerciales, ou font naître la sécurité : tout y est sacrifié à l'intérêt national.

Dans les ordonnances de Louis XIV, au contraire, les Français et les étrangers y trouvent un code commun de modération et d'équité, et on peut les considérer comme le plus beau plaidoyer que la sagesse ait jamais fait en faveur de la liberté des mers et de l'équilibre du commerce.

On se convaincra facilement que la France, combattant avec des armes aussi inégales, devait éprouver bientôt les effets de la persévérance peu généreuse de l'Angleterre. D'autres causes, suites du système réciproquement adopté par les deux puissances, hâtèrent encore notre décadence. Louis XIV, harcelé de tous côtés sur le continent, ne pût s'occuper que très-tard de la marine; et quoique ses travaux en ce genre étonnent encore notre siècle, les Anglais, qui s'en étaient occupés plutôt et qui en sentaient mieux la nécessité, s'emparaient chaque jour militairement de la mer. La lutte qui s'établit alors entre les deux couronnes est une des plus mémorables que l'histoire puisse citer. Les flottes des deux peuples renfermaient les destins du monde; la somme totale de leurs victoires ou de leurs échecs devait décider, dans cette période, qui prévaudrait ou de la législation maritime des Anglais ou du code européen adopté par la France. Les troubles, les guerres et les dilapidations qui tourmentèrent la fin du règne de Louis XIV ont décidé le procès en faveur de la Grande-Bretagne : dès-lors la liberté des mers ne fut plus qu'une vérité métaphysique.

L'Angleterre, armée de son acte de navigation, de ses traités, de ses colonies, de ses nombreuses escadres, fut saluée reine des mers, et les nations apprirent que l'héritage laissé par l'Éternel en commun à tous ses enfants avait un maître impérieux et redoutable. Depuis cette époque, presque toutes les guerres que la France et les autres peuples eurent à soutenir contre les Anglais furent de véri-

*

tables blocus ; les conditions de la paix ne firent que prolonger cette situation en la modifiant plus ou moins. Les Hollandais furent chassés de l'Asie ; le Portugal livra à l'exploitation de l'Angleterre la plus belle portion de l'Amérique ; les piastres du Mexique et du Perou furent accaparées par les Anglais , et il n'en venait en France que ce qu'on ne pouvait se dispenser de nous payer pour la solde de notre compte avec l'Espagne , parce que notre change ne pouvait supporter la concurrence avec celui des Anglais.

La Turquie bloquée par les stations et les escadres de nos voisins , enchaînée par des traités ruineux , ne pouvait plus songer à cette utile et antique alliance qui l'unissait à nous , et abandonnait les échelles du levant aux spéculations de l'Angleterre. Prompts et habiles à saisir toutes les occasions, les Anglais se donnèrent à peine le temps d'attendre que la Russie se mit au rang des nations civilisées; et par un traité conclu avec cet empire le 2 décembre 1734, ils le placèrent dans leur sphère commerciale (1). Pendant qu'ils enlaçaient ainsi les peuples de l'Europe , ils nous faisaient une guerre active, parce que la France était le seul pays qui ne pouvait être subjugué par des traités , et qui était capable par son action politique de contrebalancer le commerce anglais et offrir un refuge aux autres nations contre un pareil système ; c'est pourquoi l'Europe privée presque toujours de

____

(1) Un acte du parlement passé en 1566 , avait déjà livré la Moscovie à l'exploitation d'une compagnie privilégiée ; et le traité de 1734 n'est qu'une prise de possession diplomatique des avantages dont les Anglais jouissaient en Russie depuis long-temps au préjudice des autres nations.

l'appui de la France tomba entièrement sous le joug politique et commercial de la Grande-Bretagne : nous finîmes aussi par subir le même sort au milieu du 18e siècle. La France après une lutte aussi longue qu'infructueuse avait vu, à plusieurs reprises, sa marine anéantie; et ses colonies, bloquées par les Anglais ou écrasées par leur concurrence, avaient eu à peine le temps de naître, et languissaient dans un funeste abandon.

A différentes époques, nos rois, pour encourager le commerce maritime et les progrès de la navigation, avaient autorisé des compagnies de négociants à faire le trafic d'outre-mer (1), et leur accordaient, en conséquence, certains priviléges. La plus ancienne est celle dite du Bastion de France, commencée en 1561, par des marchands de Marseille; elle prospéra jusqu'au commencement du 17.e siècle : mais la compagnie anglaise, dite du Levant, établie ou plutôt confirmée en 1606, s'éleva environnée de toute la puissance navale de la Grande-Bretagne et ruina la nôtre. En 1633 le Bastion de France n'existait plus.

Compagnies
de commerce.

Les Anglais furent les premiers à donner l'exemple de ces sortes d'associations, dont les intérêts et la cupidité prêtent un si grand secours au gouvernement, qui, lui-même, vise au commerce exclusif. Dès l'année 1406, époque à laquelle l'Europe ignorait encore les véritables bases du commerce, ils avaient créé la

---

(1) Je suis loin d'approuver le système des compagnies privilégiées, mais on ne peut nier que leur but n'ait été utile dans un siècle où peu de négociants possédaient les moyens ou avaient l'habitude de faire de ces grandes spéculations dont la moindre exige des capitaux considérables et qui dépendent de retours long et chanceux. Cette question ne pourrait même se décider aujourd'hui.

compagnie de Hambourg. Depuis ce temps ils eurent soin d'opposer une création de compagnie à chacune de celles établies chez leurs voisins. Ces compagnies anglaises ne furent autre chose, pour la Grande-Bretagne, que l'instrument de cette force navale toujours agissante, qui a fini par enchaîner les mers. Abandonner le commerce à la discrétion des particuliers, eut été une trop grande division des forces qui devaient concourir vers un point unique, au lieu qu'en réunissant le commerce entre les mains d'un petit nombre de négociants ou plutôt du gouvernement, il était aisé de l'entourer des moyens et même des prétextes les plus formidables, les plus actifs pour le conduire au but secret de l'ambition nationale.

On ne pourrait sans doute blâmer la Grande-Bretagne d'avoir établi chez elle des compagnies de commerce, mais ce que l'Europe déplore, c'est que que le gouvernement Anglais se soit toujours rendu partie intéressée dans ses associations, non pas précisément pour les faire prospérer sous le rapport du négoce, mais pour y asseoir, comme sur des bases solides, l'édifice de la domination des mers.

Nous voyons, en effet, les compagnies anglaises des Indes orientales commercer, en 1599, presqu'en même temps que la compagnie des Indes hollandaises. Toujours rivales, la première ne fut, entre les mains de la cour de Londres, que l'instrument de la ruine des Provinces-Unies. Nos compagnies des Indes orientales et occidentales créées en 1664, celles que nous instituâmes en 1673 pour l'Afrique, en 1684 pour le Mississipi, en 1670 pour le Levant, en 1698 pour Saint-Dominique; celle du Nord en 1669, celle de l'Assiente en 1702;

les compagnies que le Dannemark, la Suède, Gênes, l'Espagne, l'Autriche et le Portugal établirent depuis le commencement du 17.ᵉ siècle, furent presqu'aussitôt rivalisées par des semblables qui s'établirent en Angleterre, et qui, entre les mains du gouvernement Anglais, ruinèrent celles des autres nations.

Ainsi donc, un seul pays qui compte à peine 12 millions d'habitants adoptait en principe de pourchasser continuellement le commerce des autres et ne négligeait rien pour embrasser, à lui seul, concentrer, en lui seul, le système commercial du monde entier. Or, je le demande, est-il possible de fournir une preuve plus complète de ce plan d'usurpation maritime et de commerce exclusif long-temps suivi par la Grande-Bretagne ?

Ce système, appuyé de beaucoup de persévérance, de bonheur, et encore plus par nos désastres maritimes (1), nous avait fait subir le joug comme les autres. L'Europe, toujours aveuglée, l'Europe qui ne voulut jamais concevoir l'utilité, l'innocuité même de notre prépondérance maritime, qui nous abandonna sans cesse, l'Europe enfin, qui courut elle-même vers le joug en se liguant contre nous, récueillit enfin au 18.ᵉ siècle les fruits amers de cette conduite. On peut dire que depuis le traité d'Utrecht la Grande-Bretagne avait consommé le grand œuvre. Les droits maritimes et commerciaux du monde étaient anéantis ; l'intérêt et la navigation des Anglais en tenaient lieu. Le cardinal de Fleury fut témoin de cette décadence et de la nôtre particulièrement.

---

(1) Il faut se rappeler que les succès maritimes des Anglais sont dus aux guerres continentales qui absorbèrent toujours en même temps notre attention et nos ressources.

Avant la paix d'Utrecht notre commerce, soutenu par la vigueur de Louis XIV et la sagesse de ses édits, luttait encore avec avantage contre celui de l'Angleterre; la balance, entre ces deux royaumes, présentait annuellement un bénéfice considérable en faveur de la France (1). Les Anglais tiraient de la France pour 600,000 livres sterling de toiles de toute espèce, 30 mille livres sterling de papiers et 500,000 livres sterling de soie. Les vins et les eaux-de-vie étaient aussi dans une proportion considérable : cette dernière branche de négoce fut ruinée lorsque les Anglais parvinrent à s'emparer à vil prix des vins de Portugal; par cette opération les Portugais furent excessivement lésés; nous perdimes beaucoup, et les Anglais firent des profits immenses en vendant aux autres nations (sur-tout en temps de guerre), le vin de Portugal qu'ils taxèrent arbitrairement. C'est ainsi que chaque pas fait par la Grande-Bretagne nuisit au reste de l'Europe. En 1686, ils ne nous vendaient que pour 48,000 livres tournois de tabac, et après la guerre de sept ans, nous fumes obligés de leur en acheter pour plus de 4 millions, parce qu'à cette époque ils étaient parvenus à accaparer cette partie du commerce et à priver les Hollandais, les Espagnols et les Portugais des bénéfices qu'ils faisaient avec nous en contribuant à nous fournir de cet article. Le commerce du blé, dont la nature semble nous avoir accordé le privilége et que nous sommes en état de fournir aux autres à des conditions mutuellement avantageuses, avait été accaparé par les Anglais qui

(1) Voyez le manuel historique, geographique et politique des négocians. Lyon, 1762, tome 1.er page 10 et suivantes de la préface.

achetaient et revendaient , au détriment de leurs
voisins et à leur grand profit , le blé d'Amérique,
de l'Italie , de l'Allemagne et de l'Afrique. Avant
l'année 1700 , la balance de ce commerce était si
peu considérable en Angleterre , que dans les comptes
présentés au Parlement , elle n'y est comptée pour
rien ; mais le progrès des Anglais dans ce trafic
nous dépouilla depuis d'une partie des produits que
nous pouvions faire dans les autres branches du
commerce. Bientôt ils proscrivirent , non-seulement
chez eux , ce qui aurait pu être juste , mais encore
chez plusieurs nations , notre papier , nos étoffes de
soie, nos toiles à voile , nos cambrais et les autres
de toute espèce. Ainsi l'Europe , privée de la faculté de transaction directe avec nous , supportait ,
comme la France , les pertes et le poids onéreux
de ces déviation du commerce. L'Angleterre se consti-
tuait elle-même compagnie privilégiée pour le commerce
européen , et prenait pour type ces mêmes compagnies auxquelles son gouvernement accordait les
priviléges d'un genre de négoce quelconque : mais
ce qui augmentait la dureté de notre position vis-
à-vis des Anglais , c'est que , même en leur donnant notre argent, nous ne recevions les denrées
que par leurs propres vaisseaux , ce qui faisait ,
qu'outre les valeurs principales , ils recevaient encore le prix du fret ; il en était de même à l'é-
gard des autres nations et de l'Angleterre.

Depuis l'avénement de la maison de Bragance , le
commerce du Portugal avait été considérable pour
nous ; mais en 1703, les Anglais l'enlevèrent absolument , au point que bientôt il n'exista plus de
change entre Lisbonne et Paris , que nous étions
obligés de faire revenir le produit de quelques étoffes

que nous y vendions par l'Angleterre. Il est facile de sentir combien un tel état de choses devenait préjudiciable à la France et au Portugal.

Nous vendions pour des sommes considérables de morue, dans les ports d'Espagne et en Italie; mais les Anglais s'étant emparés d'une partie de la pêche des nations du Nord, se virent en état d'en livrer les produits à bas prix et nous expulsèrent, ainsi que les autres, de l'Espagne et de l'Italie. Ce monopole nous était si funeste, qu'en 1752 les armateurs de Saint-Malo, de Grandville, lassés de perdre chaque année, offraient à bas prix plus de 40 vaisseaux, ce qui laissa sans occupation plus de 4000 matelots qui se formaient pour la marine du roi dans la meilleure de toutes les écoles.

Le commerce de la mer Baltique et des mers du Nord nous était presqu'inconnu ou plutôt interdit. La Russie, la Suéde et le Dannemark ne pouvaient point profiter de l'utile concurrence que nous aurions formée contre l'Angleterre; nous avions entièrement perdu le commerce du Groenland et la pêche de la baleine : sous ce rapport l'Europe était encore à la discrétion des Anglais.

Nos sels, nos vins et nos eaux-de-vie étaient transportés, en partie, par les Anglais, dans le Nord; ils nous en rapportaient du bois et du chanvre. On peut présumer combien un pareil mode de transaction était défavorable au commerce de toutes les nations. Enfin jusqu'à la traite des laines par Bilbao nous était enlevée par les Anglais, et la manière dont ils se procuraient les articles d'échange pour la côte de Guinée, les mettaient à même d'accaparer le commerce des esclaves au détriment de toutes les nations qui se livraient à ce trafic.

Telle fut la triste situation où l'Europe se trouva réduite lorsque la France ayant perdu toute influence maritime et commerciale, abandonnait le monde à l'exploitation de l'Angleterre. La guerre de sept ans vint encore accroître la prospérité des Anglais. Les désastres de notre marine complétèrent l'usurpation de la Grande-Bretagne, et la mer sembla être définitivement dévolue à cette puissance : mais de l'excès du mal dérive souvent le remède ; et cette fois plusieurs causes politiques et morales amenèrent cette grande crise qui devait rétablir, momentanément, l'équilibre (1).

CHAPITRE QUATRIÈME.

Suites inattendues du Traité de 1763. — Nouvelles dispositions de l'Europe. — Conduite et motifs de la France pendant la guerre de 1778.

La violation manifeste et fréquente du droit des neutres, les actes multipliés et arbitraires de ce despotisme maritime qui ne daignait plus déguiser les véritables intentions, l'absorption presque totale de l'indus-

L'opinion publique favorise la France.

(1) Ce tableau de la situation commerciale de l'Europe avant 1763 et les réflexions qui l'accompagnent, ne se rapportent absolument qu'au temps dont il rappelle le souvenir. L'histoire ne doit dissimuler ni les faits ni leurs conséquences ; elle a déploré les erreurs du gouvernement Anglais au 18.ᵉ siècle autant qu'elle exaltera un jour la conduite héroïque et vraiment généreuse de ce même gouvernement au 19.ᵉ siècle.

trie et du commerce de l'Europe , par le monopole des compagnies anglaises , rendirent enfin le joug intolérable : les divers gouvernements songèrent à s'en affranchir et se rapprochèrent successivement de la France ; l'Espagne, la première, en donna l'exemple.

Le traité de famille conclu le 15 août 1761 entre toutes les branches de la maison de Bourbon , fut la base de cette ligue que les puissances de l'Europe firent en notre faveur, soit en restant neutres , soit en nous secourant dans la guerre maritime de 1778. Cependant ce secours arrivait un peu tard ; le traité de 1763 en est la preuve. Par cet acte , l'Angleterre mit le comble à notre humiliation. Désormais inutile à l'Europe, la France semblait être condamnée à ne plus jouer que le rôle secondaire des autres nations asservies au joug maritime des Anglais ; mais ce même joug provoquait aussi la plus juste indignation, et de toutes parts la résistance s'organisait.

On sentit enfin quelle faute on avait faite de laisser violer impunément les principes du droit maritime. La triste situation où la France était réduite inspirait de sérieuses réflexions à tous les gouvernements, qui sentirent enfin combien son action maritime était utile aux intérêts communs de l'Europe. L'on résolut de combler ce vuide immense en reprenant plus de confiance dans la cour de Versailles, et sur-tout en ne la troublant plus , par des attaques continentales , dans ses querelles maritimes avec les Anglais. Ce système politique des nations de l'Europe équivalait à l'alliance la plus étroite qu'elles auraient pu faire avec nous. La suite des événements prouva que ces dispositions étaient réelles et sincères.

Déjà , comme nous venons de le dire , les rois et princes de la maison de Bourbon avaient pris leur parti ;

Ils faisaient corps avec la France, et les intérêts de la Grande-Bretagne déclinèrent sensiblement dans leurs états. Un coup bien plus sensible ne tarda pas à être porté à l'Angleterre. Le Portugal, jusqu'alors esclave soumis de la cour de Windsor ; le Portugal, qui ne semblait exister que pour l'Angleterre, et qui, docile à la voix de son maître n'avait jamais manqué, malgré sa faiblesse, de lever sur nous une main hostile, commença à parler d'indépendance. L'habile marquis de Pombal, qui gouvernait cette monarchie, entreprit d'affranchir son pays d'un joug honteux, d'y ranimer les arts et l'industrie. Il sentit que si l'Angleterre parvenait à compléter la ruine de la France, s'en était fait de l'indépendance de l'Europe, et à plus forte raison de celle du Portugal. Dès-lors la cour de Lisbonne prit un air de fermeté ; le ministre portugais osa gêner les transactions commerciales des Anglais sur les vins, adopta même des mesures prohibitives sur d'autres articles ; établit et encouragea des manufactures nationales au détriment des fabriques anglaises, et contracta des traités sans la participation de l'Angleterre. Le cabinet de Windsor n'eut pas manqué de châtier cette audace inouie, mais des circonstances pressantes dont nous allons parler l'obligèrent à différer sa vengeance.

Le duc de Choiseul, qui dirigeait les affaires de la France, profita avec adresse des dispositions de l'Europe ; tous ses soins eurent pour but de prouver aux divers gouvernements que la France, renonçant à toute ambition continentale, n'avait d'autre but que de se mettre en état de s'affranchir, avec l'Europe, du joug maritime de l'Angleterre. L'indifférence avec laquelle il souffrit les diverses tentatives de la Russie, de la Prusse et de l'Autriche contre la sûreté de l'indépendance de la Pologne, prouve assez que le minis-

tre français, absorbé par l'impérieuse nécessité d'é-
chapper à l'ambition des Anglais, ne trouvait pas de
sacrifices assez grands pour s'assurer de la neutralité
ou de la coopération des autres puissances.

Si nous avions voulu, en effet, intervenir dans les
troubles de la Pologne, nous nous serions embarqués
dans une série de guerres continentales ; et alors, comment aurions-nous pu, déjà écrasés par des charges
énormes, profiter de l'insurrection de l'Amérique,
pousser avec activité une guerre navale, dont le résultat fut de nous faire reprendre notre rang maritime, et de rétablir l'équilibre du commerce en Europe ? la politique et la nécessité nous commandaient
donc le sacrifice de la Pologne (1).

____

(1) La France donna même, depuis 1763, un exemple de
condescendance, qui, peu important par lui-même, se rattache
à une particularité du droit maritime. M. de Bougainville, en
1764, s'était cru permis de former une espèce d'etablissement
sur les îles Malouines ; l'Espagne s'en formalisa et prétendit que
ces pays ayant été découverts primitivement par des Espagnols,
appartenaient au roi catholique. Louis XV s'empressa de faire
droit à ces réclamations.

Cette circonstance nous donne occasion de nous arrêter un
instant sur ce prétendu droit de découverte. Nous n'en trouvons
que peu d'exemples chez les peuples navigateurs de l'antiquité.
Ils fondaient, il est vrai, des colonies, mais ils en prenaient
possession à titre de conquête. Je ne puis mieux éclaicir cette
question, qu'en citant les expressions du célèbre Vattel :

« Tous les hommes, dit ce publiciste, liv. I, chap. XVIII,
« ont un droit égal aux choses qui ne sont point encore tom-
« bées dans la propriété de quelqu'un ; et ces choses-là appar-
« tiennent au premier occupant. Lors donc qu'une nation trou-
« ve un pays inhabité et sans maître, elle peut légitimement
« s'en emparer ; et après qu'elle a suffisamment marqué sa vo-
« lonté à cet égard, un autre ne peut l'en dépouiller. C'est
« ainsi que des navigateurs, allant à la découverte, munis
« d'une commission de leur souverain, et rencontrant des îles

Le cabinet de Versailles s'attacha alors, de plus en plus, à ranimer ses relations commerciales. Ses efforts, commandés par les dispositions favorables des autres nations, parvinrent à donner un cours avantageux à nos transactions ; et la meilleure preuve qu'on puisse en donner, est cette marine formidable qui fut alors créée dans nos ports sous les yeux des Anglais.

« ou d'autres terres désertes, en ont pris possession au nom
« de leur nation : et communément ce titre a été respecté,
« pourvu qu'une possession réelle l'ait suivi de près. »

« Mais c'est une question de savoir si une nation peut s'ap-
« proprier ainsi, par une simple prise de possession, des pays
« qu'elle n'occupe pas réellement, et s'en réserver de cette
« manière beaucoup plus qu'elle n'est capable de peupler et de
« cultiver. Il n'est pas difficile de décider qu'une pareille pré-
« tention serait absolument contraire au droit naturel et opposée
« aux vues de la nature qui, destinant toute la terre aux besoins
« des hommes en général, ne donne à chaque peuple le droit
« de s'approprier un pays que pour les usages qu'il en tire, et
« non pour empêcher que d'autres en profitent. Le droit des
« gens ne reconnaîtra la *propriété* et la *souveraineté* d'une na-
« tion, que sur les pays vuides qu'elle aura occupé réellement
« et de fait, dans lesquels elle aura formé un établissement,
« ou dont elle tirera un usage actuel. En effet, lorsque des
« navigateurs ont rencontré des pays déserts, dans lesquels
« ceux des autres nations avaient dressé en passant quelque
« monument pour marquer leur prise de possession, ils ne se
« sont pas plus mis en peine de cette vaine cérémonie, que de
« la disposition des papes, qui partagèrent une grande partie
« du monde entre les couronnes de Castille et de Portugal. »

Je ne doute point que cette explication, aussi sage que lumineuse, ne soit goûtée par tous les navigateurs instruits ; et s'il m'est permis d'y ajouter quelque chose, j'observerai que le droit de possession et même d'établissement peut s'appliquer sans doute aux vastes territoires de l'Amérique dont parle Vattel ; mais il devient une injustice évidente lorsqu'on veut l'étendre à ces petites îles de la mer du Sud, déjà bien peuplées par leurs habitants indigènes. Si la terre déserte est au premier occupant,

Nos voisins, en facilitant de tous côtés l'exportation et l'achat des matières et munitions nécessaires à notre marine, semblaient la considérer comme le futur palladium de la liberté des mers, et s'empressaient de contribuer à sa formation. C'est ainsi que l'arrêt de ruine et d'humiliation prononcé contre nous, dans le traité de 1763, fut cassé au tribunal des intérêts communs de l'Europe.

L'Angleterre voyait avec anxiété cette étonnante révolution, et ne s'en dissimulait pas les conséquences. La guerre de sept ans avait été pour elle le moment de son plus grand triomphe ; et après le traité de 1763, elle croyait pouvoir se préparer à consolider à jamais sa domination maritime, en détruisant enfin la puissance navale de la maison de Bourbon. C'est ainsi que privant l'Europe de tout appui et de contre-poids, la Grande-Bretagne aurait régné paisi-

---

il n'y a nul doute que ces indigènes ne soient légitimes souverains, par priorité de l'île qu'ils remplissent exactement. Les cérémonies par lesquelles un navigateur prétend s'emparer, au nom de son Roi, de ces îles habitées, sont donc des sacriléges ; et la seule nation européenne qui obtiendra jamais un droit réel d'y former des établissements, sera celle qui la première contractera des traités positifs avec les chefs de ces sauvages. Quant aux îles et terres absolument désertes, je pense aussi que l'on peut en faire une prise de possession ; et pour concilier tous les intérêts, il faudrait convenir d'un temps limité quelconque, cinquante ans, par exemple, et si dans cet espace vous n'avez formé aucun établissement sur vos découvertes, elles deviendront biens communs. Il est juste sans doute qu'un gouvernement qui équipe à grands frais des vaisseaux pour reculer les bornes de la géographie, jouisse des fruits de ses découvertes ; mais il est absurde aussi que l'on prétende encore après 300 ans, à la possession d'une île dont on n'a jamais tiré aucun parti, et que l'on défende à des voisins industrieux de l'utiliser au profit du genre humain.

blèment sur les mers et absorbé en totalité le commerce du monde.

Ce projet, avoué par Chatam, hautement annoncé depuis par Pitt son fils (1), était le plan favori et secret du cabinet britannique (2). Les moyens d'exécution que Georges III adopta avec opiniâtreté et contre l'avis de son conseil (3), joints à l'opposition morale de l'Europe, amenèrent une multitude d'embarras qui firent échouer ce grand dessein. Bientôt Georges III se trouva non-seulement dans l'impossibilité de le poursuivre, mais aussi hors d'état de réprimer cette espèce d'insurrection qui se faisait en Europe contre la puissance de l'Angleterre et en faveur de la France. Cette situation provenait encore de cette excessive ambition qui avait porté la Grande-

______

(1) « La véritable cause de l'animosité que le roi d'Angle-
» terre a manifestée et qu'il a communiquée à son parlement,
» n'est autre que de n'avoir pu rallier à sa couronne les Amé-
» ricains pour les armer contre la France. Le grand projet
» de l'Angleterre était de réunir les colonies pour les armer
» contre la maison de Bourbon. » (Exposé de la conduite du roi T. C., Paris, 1779). » Le lord Chatam se traîna au » parlement pour y expirer en criant : la paix avec l'Amé-
» rique et la guerre contre la maison de Bourbon. » (Observations sur le mémoire justificatif de la cour de Londres. Paris, 1780.)

(2) Voyez mon essai comparatif entre le cardinal de Richelieu et Williams Pitt. (Chez Déterville, libraire-éditeur, rue Hautefeuille à Paris).

(3) Lord Bute, et quelquefois lord North ont long-temps formé, avec Georges III, un conseil secret où se préparaient et se décidaient les principales opérations du gouvernement. Le véritable conseil privé n'était souvent que l'exécuteur légal et aveugle des mesures adoptées par cet autre conseil qui, lui-même, n'avait d'impulsion que les systèmes et la volonté personnelle du roi.

Bretagne à enchaîner les mers et le commerce du monde. Pour parvenir à ce haut point d'élévation, le cabinet de Saint-James avait été obligé de s'élancer bien au delà de sa sphère, de créer un monument de grandeur totalement disproportionné avec sa base ; de pareils efforts épuisaient presque toutes les ressources réelles et fictives des Anglais ; ils avaient donné naissance à des colonies, à des établissements devenus aussi forts que la métropole ; enfin la Grande-Bretagne, à force d'acquérir, ne pouvait surveiller toutes les branches de sa vaste domination que par l'entretien d'une force navale et militaire immense. Cette situation exagérée avait accumulé chez les Anglais une infinité de causes de misère. Ce peuple dominateur luttait contre un fardeau accablant de taxes, de dettes et de pénurie ; il était lui-même la proie du monopole d'une partie de ses concitoyens ; et pour comble de malheur, l'Europe et jusqu'à ses plus précieux établissements d'outre-mer, se révoltaient contre son joug maritime et s'affranchissaient de leurs devoirs. Tel sera toujours le sort d'un peuple qui se laissera éblouir par la trompeuse amorce de la domination des mers ; la modération, les principes éternels du droit des gens, seront à jamais les plus sûrs garants de la prospérité commune des nations et de la paix publique.

Il n'y a point de doute que si la Grande-Bretagne se fût toujours restreinte dans les bornes de la justice, elle se fût épargnée, ainsi qu'au monde entier, beaucoup de calamités.

A peine le traité de 1763 fut-il conclu, que les Anglais trouvèrent dans les éléments même de leur puissance, d'invincibles obstacles à parvenir au dernier but de leur ambition. Leurs colonies d'Amérique,

à force d'acquérir de l'accroissement et de la population, se trouvèrent enfin élevées au rang des nations ; dès-lors leurs intérêts commerciaux et politiques s'identifièrent avec ceux des autres nations, et
par conséquent devinrent opposés à ceux de la Grande-
Bretagne. Non-seulement il ne suffisait pas à l'Amérique de ne plus être une simple colonie de l'Angleterre, mais il était même devenu impossible qu'elle
continua à en être tributaire ; cette colonie trouvait ce besoin dans le sentiment de sa force, dans
l'immense développement de son industrie, de son
agriculture, et enfin dans sa position géographi-
que. Elle ne pouvait donc plus rester soumise à sa
mère patrie sans s'exposer à voir arrêter et même
retrograder le cours de sa prospérité. L'esclavage commercial et politique pouvait s'appesantir en Europe
sur le Portugal, l'Italie, la Hollande, etc., parce
que ces peuples, usés par le temps et la corruption des mœurs, avaient déjà joué leur rôle sur la
scène du monde et parcouru le cercle des vicissitudes politiques ; mais un pareil sort était incom-
patible avec les Américains : ce peuple n'était point
vieilli, son patriotisme était d'autant plus ardent
qu'il se déployait pour la première fois. Cette nation
était parvenue à cet âge de virilité où toutes les
sensations prennent leur source dans la vigueur et
l'énergie. C'est lorsque les Américains se trouvaient
dans cette disposition, que Georges III crut devoir
s'en servir pour coopérer avec ses autres forces à
l'affermissement de son empire maritime.

Le sentiment d'indépendance qui agitait déjà les
colonies anglaises leur fit pressentir qu'elles allaient
se forger à elles-mêmes de nouvelles chaînes, et
que comptant déjà dans la balance des nations, c'eu

était fait de tous leurs intérêts si la Grande-Bretagne venait à bout de détruire l'équilibre du commerce et de la navigation. Cette seule présomption,
quoique vague et confuse, indisposa les esprits en
Amérique contre les projets de la métropole ; bientôt les mesures mal-adroites du cabinet de Windsor
revélèrent aux colonies leur véritable position ; le danger que courait leur prospérité, leur apprit enfin
que cette fermentation, qui se manifestait dans leur
sein n'était autre chose que le besoin de l'indépendance.

Georges III crut que pour s'assurer de la coopération des colonies il fallait pouvoir en disposer ;
que pour en disposer, il fallait les enchaîner et ne
plus se conduire envers elles avec les égards, les
attentions paternelles dont il avait usé jusqu'à ce
moment. Il pensa que la nouvelle lutte qui allait
s'engager augmenterait encore de beaucoup les taxes
et la dette qui pesaient sur les Anglais. Ces éléments de misère s'étaient beaucoup accrus pendant
la guerre de sept ans, et le roi voulut que les colonies en payassent une partie. Il ne refléchit pas que
ces pays, qui déjà comptaient parmi les nations, produisaient beaucoup à l'Angleterre en restant colonies,
c'est-à-dire, en ne travaillant et ne récoltant que
pour elle. Il eut donc été d'une sage politique de
ne pas leur apprendre le secret de leurs forces ;
mais le pouvoir souverain, habitué à voir tout plier
devant lui, ne raisonne pas toujours ses démarches :
Georges III leva son sceptre sur l'Amérique, et l'Amérique le brisa entre ses mains.

Deux ans s'étaient à peine écoulés depuis le traité
de 1763, que l'Angleterre vit arborer en Amérique
l'étendard de la révolte. Une guerre terrible s'al-

lanra entre les deux contrées et renversa tous les projets du ministère anglais. Dès-lors l'Angleterre, occupée chez elle d'affaires sérieuses, fut obligée, non-seulement de suspendre ses mesures contre l'Europe et la maison de Bourbon, mais encore de laisser impunies les nombreuses insultes que la France faisait à son orgueil, en créant une marine et en invitant les autres peuples à seconder ses efforts contre le joug maritime de l'Angleterre. Le cabinet de Versailles ne manqua pas non plus de fomenter la révolte des Américains et il le devait. Les desseins de l'Angleterre étaient évidents, ils avaient été solennellement annoncés au monde entier ; l'abaissement de la maison de Bourbon, l'esclavage de la mer et du commerce, telles étaient les prétentions avouées du gouvernement anglais. Le cabinet de Saint-James pouvait réaliser ses superbes menaces ; la France eut donc manqué à ce qu'elle se devait à elle-même et au monde entier si elle n'eût pas profité de la diversion que la providence ou plutôt le cours naturel d'une ambition excessive apportait aux desseins de l'Angleterre. Le ministère français, assuré de la neutralité du continent, fort de l'alliance offensive et défensive des principales puissances maritimes, entreprit avec confiance cette guerre dont le résultat devait sauver la maison de Bourbon d'une ruine presque certaine, et arracher des mains de sa rivale le trident de Neptune. Jamais nation n'entreprit une guerre plus juste, et le ciel devait la favoriser.

Nous remarquerons à l'appui de ce que nous avons déjà dit plus haut, qu'à cette époque du 18.e siècle, la Grande-Bretagne était parvenue au dernier dégré de puissance : cette élévation l'éblouit et l'engagea à prétendre à un plus grand pouvoir. C'est là qu'elle fut arrêtée par une de ces crises qui prenait sa source dans les éléments de sa grandeur même. Observons que ces mêmes analogies se reproduisent dans les diverses périodes de prospérité des nations maritimes tant anciennes que modernes ; il est présumable qu'elles se reproduiront toujours et qu'elles sont l'ouvrage de cette puissance immuable et sage qui ne souffre l'injustice qu'autant que son cours est nécessaire à ses desseins impénétrables, mais qui ne permet jamais son triomphe absolu. C'est cette même puissance qui dit, quand il lui plaît, aux hommes comme aux flots courroucés de la mer : *non ibis amplius*, tu n'iras pas plus loin.

Guerre de 1778. La guerre de 1778, fertile en événements militaires, ne présenta aucune innovation remarquable dans le droit maritime ; la plupart des principes en avaient été violés dès le commencement de la guerre de la succession. Le traité d'Utrecht n'avait pu les rétablir parce qu'une des deux parties contractantes était encore trop puissante pour être juste. Le traité d'Aix-la-Chapelle n'avait pas produit plus d'effet, et celui de 1765 avait aboli toute espèce d'équilibre maritime. L'opinion de l'Europe tendit presqu'aussitôt à le rétablir ; mais lors de la guerre de 1778 cette opinion n'était pas encore assez prononcée, l'influence de l'Angleterre était trop prépondérante pour rompre sur-le-champ l'ancien joug. D'ailleurs l'issue de la guerre devait décider le sort de la jurisprudence maritime ; les chances et le résultat de cette lutte étaient trop incertains pour rétablir au milieu du fracas des armes les bases du droit des gens. Ils varièrent donc beaucoup pendant les hostilités, et chacun les respecta ou les modifia suivant les circonstances. Nous allons donc nous occuper d'analyser rapidement ces diverses fluctuations, afin de passer le plutôt possible aux traités de 1683 et 1786 qui sont, à proprement parler, les conséquences principales de cette guerre, et qui rétablirent les vrais principes du droit maritime.

Un des premiers monuments que nous rencontrons est le traité d'amitié et de commerce passé entre la France et les États-Unis. L'article 12 consacre d'une manière formelle les visites dont les navires neutres ou alliés sont passibles, à la mer, par les vaisseaux des puissances belligérantes. Ces visites ont pour objet de s'assurer que le neutre ou l'allié ne porte point aux ennemis des marchandises prohibées et de contrebande; l'article 13 détermine le sort réservé aux navires trouvés en contravention; c'est la confiscation ou la relâche forcée : cependant quelques modifications adoucissent encore la rigueur de cette mesure.

Ce droit de visite a donné lieu depuis à de longues et graves discussions ; il a été la source ou le prétexte des plus grands abus, des plus injustes violences. Nous pouvons observer que si la bonne foi avait été la règle de ceux qui, d'un côté, s'indignaient de ce qu'on osât *dénationaliser* un vaisseau en le visitant, et de ceux qui prétendaient reprendre ou presser partout où ils supposaient en avoir le motif, si la bonne foi, dis-je, avait présidé à ces dicussions, on aurait suivit les principes qui ont formé les articles 23, 24, 25 et 27 du traité dont nous parlons. L'article 23 proclame le droit des neutres en permettant aux sujets des deux nations le commerce avec toutes les puissances, même celles en guerre avec l'une des deux parties contractantes;

cette faculté , cependant, n'autorise pas le transport
chez un ennemi de marchandises prohibées; ces sortes
de matières sont définies dans l'article 24 ; ce sont les
armes et munitions de guerre seulement, tout le reste
peut être librement importé ou exporté. L'article 25
indique la manière dont on constatera les perquisi-
tions consenties par l'article 12 : elle consiste dans
l'exhibition de passe-ports ou factures, enfin l'article
27 détermine de sages précautions pour que le vaisseau visiteur ne puisse envahir le navire visité.

Telles sont les stipulations des articles que nous venons de citer; on ne peut s'empêcher de convenir
qu'elles ne blessent point les principes du droit maritime. La visite d'un navire à la mer paraît , il est
vrai, au premier coup-d'œil, une violation manifeste
de l'indépendance et même de la dignité des peuples;
en droit c'en est une; mais en examinant la chose avec
plus de soin , on verra facilement que dans l'état actuel
des sociétés , la visite à la mer est au nombre de ces
modifications que l'impérieuse loi de la sûreté et d'une
légitime défense a dû appliquer au droit maritime, c'est
une barrière insurmontable contre les efforts de la
cupidité et les intrigues d'une diplomatie ténébreuse
qui, même au sein de la paix, sous le masque de
l'alliance et de la neutralité , attaque sourdement les
amis ou les neutres. D'ailleurs, presque tous les peuples sont liés antérieurement aux événements de la
guerre par des traités de commerce et de navigation,
dans lesquels ils s'accordent réciproquement certains
avantages : il est donc juste que dans le cas où une
des parties contractantes est en guerre avec un tiers,
le neutre ou l'allié ne puisse profiter des facultés dont
il conserve la jouissance au détriment du belligérant.
Deux exemples célèbres viennent appuyer cette asser-

tion. Depuis 1765 jusqu'en 1778, la France, l'Espagne, etc., encore amies de l'Angleterre, ne cessèrent de porter des secours aux Américains insurgés. Depuis la révolte de la population noire de Saint-Domingue contre la France, des puissances neutres et amies ont approvisionné nos esclaves rebelles d'armes et de poudre. Puisque les gouvernements en sont venu au point de respecter aussi peu les droits de la paix et de la neutralité, il est donc nécessaire d'établir en principe des mesures répressives. La jurisprudence des nations doit suivre pas à pas les progrès de la société vers le mal ou vers le bien.

En reconnaissant indispensable le droit de visite à la mer, les puissances du premier ordre ne devraient pas le réserver exclusivement pour elles, mais proclamer qu'il appartient à tous les peuples belligérants. Cependant, par une contradiction aussi injuste que choquante, si la France ou la Grande-Bretagne était en guerre, par exemple, chacune d'elle exigerait impérieusement la visite à la mer de tous les neutres ou alliés; mais si le Dannemark et la Suède, ou toute autre puissance du second ordre se déclaraient la guerre, la France, l'Angleterre, la Russie ne souffriraient certainement pas que les vaisseaux danois ou suédois visitassent les navires français, anglais, etc. : cependant la sûreté de la Suède et du Dannemark exigerait cette mesure autant que la sûreté des autres la commande. Il n'y a donc plus de proportion, et, disons-le, de justice.

La plupart de nos institutions maritimes n'ont aucune stabilité lorsqu'elles ne conviennent pas au plus puissant ou au plus riche. Les principes les plus exacts de l'équité ne sont plus alors que les instruments de l'injustice, le droit de visite n'est plus que celui du plus fort ; mais le droit du plus fort n'en est pas un, ce n'est que l'exercice de la violence. A quelle époque les nations reconnaîtront-elles donc les saintes maximes de leur égalité devant le droit des gens ? On devrait attendre cet effort généreux des peuples qui ont le bonheur d'être chrétiens (1).

Pendant tout le temps de la guerre, les intérêts de

____

(1) Plusieurs nations ont fait difficulté de se soumettre à la *visite*, et la France contesta long-temps ce droit à ses voisins. Après la paix de Vervins, la reine Élisabeth pria le roi de France de permettre qu'elle fît visiter les vaisseaux français qui allaient en Espagne, pour savoir s'ils ne portaient pas de munitions de guerre cachées : mais on le refusa, par raison que ce serait une occasion de favoriser le pillage et de troubler le commerce (Grotius lib. 15). « Un vaisseau neutre, *dit Vattel*, qui refu-
« serait de souffrir la visite, se ferait condamner par cela seul
« comme étant de bonne prise : mais pour éviter les inconvé-
« nients, les vexations et tout abus, on règle dans les traités de
« commerce et de navigation, la manière dont la visite doit se
« faire. Il est reçu aujourd'hui que l'on doit ajouter foi aux certi-
« ficats, lettres de mer, etc., que présente le maître du navire,
« à moins qu'il n'y paraisse de la fraude, ou qu'on ait de bonnes
« raisons d'en soupçonner.

« Si l'on trouve sur un vaisseau neutre des effets appartenants
« aux ennemis, on s'en saisit par le droit de la guerre ; mais
« naturellement on doit payer le frêt au maître du vaisseau,
« qui ne peut souffrir de cette saisie.

« Les effets des peuples neutres, trouvés sur un vaisseau en-
« nemi, doivent être rendus aux propriétaires, sur qui on n'a
« aucun droit de les confisquer, mais sans indemnités pour retard,
« dépérissement, etc. La perte que les propriétaires neutres
« souffrent en cette occasion est un accident auquel ils se sont
« exposés en chargeant sur un vaisseau ennemi ; et celui qui
« prend ce vaisseau, en usant du droit de la guerre, n'est point
« responsable des accidents qui peuvent en résulter, non plus que
« si son canon tue sur un bord ennemi un passager neutre, qui
« s'y rencontre pour son malheur.

la France et de l'Amérique se trouvant étroitement liés , les clauses du traité d'alliance furent bien observées , sur-tout de la part du congrès.

L'année 1778 vit renouveller le scandale dont on avait déjà eu plusieurs exemples , et qui s'est renouvellé plusieurs fois depuis. Une lettre du ministre de la marine , en date du 19 mars , ordonna d'arrêter tous les bâtiments anglais qui se trouvaient ou arrivaient dans nos ports. Cette démarche tient à la cruelle méthode de faire peser le fléau de la guerre autant sur la masse que sur les individus d'une nation. Une telle mesure est inutile à la sûreté d'une puissance belligérante , car si on la base sur la nécessité de cacher aux ennemis les préparatifs de la guerre , il faudrait alors mettre un embargo général sur les neutres ou alliés : elle ne peut donc avoir pour but que d'affaiblir les ressources d'un gouvernement , en ruinant quelques-uns de ses sujets ; or , un tel genre d'attaque est trop borné pour produire de grands effets , il est indigne d'un grand peuple , parce qu'il se rapproche trop des exactions de la piraterie , il est absurde en ce qu'il compromet les intérêts d'une infinité de consignataires , de négociants nationaux engagés dans la cargaison du navire arrêté ou confisqué , enfin une semblable saisie est inique aux yeux de l'humanité et au droit des gens , parce que le négociant ou le marin qui n'est point initié dans les discussions secrettes de la diplomatie qui précèdent toujours une rupture , ne peut connaître la guerre , et par conséquent s'exposer à en courir les chances qu'autant que la déclaration en est solennellement notifiée , et que même il ait pu la savoir , suivant la distance et la position où il se trouve ; jusqu'à ce moment , il est encore sous la sauvegarde des traités et de la foi jurée : ce principe s'applique également au navire rencontré à la mer.

L'ordonnance du 28 mars 1778, la déclaration du 24 juin suivant encouragèrent la funeste faculté d'armer en course. Il faudrait, pour apprécier le mérite de ces deux actes législatifs, concéder, d'abord, la légitimité de ces sortes d'armements. Or, la saine raison et l'humanité les réprouvent.

L'histoire remarque avec satisfaction que la France, au commencement de toutes ses guerres maritimes, a réglé d'avance, par des mesures authentiques, les principes qu'elle adoptait à l'égard des neutres, de ses alliés et même de ses ennemis. Quoique ces dispositions législatives, à cet égard, n'aient pas toujours été conformes à la stricte équité, du moins il faut avouer que cette méthode est loyale et digne sur-tout d'un roi très-chrétien. Il vaut mieux déclarer d'avance le mal ou le bien que l'on prétend faire, que de réserver, par un silence ambigu ou des manifestes remplis de double sens, le droit d'abuser de la force et des circonstances. Le cabinet de Versailles suivit, en 1778, sa marche ordinaire ; et dans son réglement du 26 juillet, il avertit les neutres et les alliés des précautions qu'il prenait à leur égard : ce réglement consacre à peu près les principes de neutralité adoptés dans le traité de navigation avec les États-Unis et l'ordonnance de 1681. Cependant diverses clauses prouvent que la cour de France regardait le droit maritime comme détruit par la conduite antérieure de l'Angleterre. Elle semblait annoncer que combattant pour rétablir les bases de cette jurisprudence, elle considerait le droit public des nations maritimes comme en litige, jusqu'à ce que le sort des armes eut décidé ce grand procès. Malgré cette supposition, qui n'était que trop fondée, les mesures ordonnées par le réglement du 26 juillet sont encore marquées au coin de cette modération qui fut toujours le caractère distinctif de notre législation maritime Le roi de France annonce seulement qu'il ne respectera les droits et la navigation des neutres, qu'autant que l'Angleterre ne les violera pas de son côté : cette clause dénotait clairement l'intention du cabinet de Versailles d'affranchir les mers à jamais. Depuis les prospérités de Louis XIV, la France ne s'était jamais exprimée avec tant de fermeté ; elle prouva bientôt que cette résolution était invariable, et qu'en même temps la plus exacte justice présidait à toutes ses démarches.

La Grande-Bretagne ayant porté atteinte à la neutralité des Provinces-Unies, et les états généraux ayant souffert cet outrage ou même s'en étant accomodé, tous les avantages accordés par la France aux puissances neutres furent révoqués à l'égard des Provinces-Unies ; et la France adopta, pour règle de conduite envers cette république, celle que l'Angleterre suivait. Les villes de Harlem et d'Amsterdam furent seules exceptées de cette mesure, parce qu'il fût prouvé que ces deux cités avaient fait tout ce qui leur avait été possible pour maintenir leur indépendance. (*Arrêt du Conseil du* 14 *janvier* 1779 ; *lettre du Roi à M. l'Amiral, en date du* 25 *février suivant*).

Quelque temps après, le roi de France conclut un traité de commerce et de navigation avec le duc de Mecklembourg. Il semble que le cabinet de Versailles, en négociant avec ce petit souverain, ait voulu saisir une occasion de montrer à quel point la France desirait rétablir les principes du droit maritime et l'équilibre du commerce. Le roi puissant qui règne sur des Français paraît affecter, en traitant avec un des plus faibles princes de l'Europe, de faire pressentir à tous les peuples, que les intérêts de la France sont trop bien liés avec les leurs, pour qu'elle puisse jamais abuser de sa supériorité, et qu'enfin la France est la nation qui présente aux autres de véritables garanties maritimes et un appui perpétuel contre le monopole commercial.

Il faut convenir que le roi de France, au moment où il combattait pour l'indépendance des mers, ne pouvait adopter un mode plus sûr et plus généreux, qu'en engageant dans sa cause tous les peuples commerçants et navigateurs. Le traité conclu avec le duc de Mecklembourg est donc basé sur les plus stricts principes du droit des gens. La France même, en établissant les droits de neutralité de ce prince, lui fait remarquer dans l'article 21, qu'elle abolit en sa faveur cette vieille sentence énoncée dans les anciennes ordonnances, qui porte : *que la robe ennemie confisque la marchandise et le vaisseau ami*, maxime qui fut ressuscitée de nos jours avec tant de scandale (1). On regrette de voir dans l'article 31 la clause humiliante pour les vaisseaux mecklembourgeois, d'abattre le pavillon devant les vaisseaux de guerre ou corsaires français qui les visiteraient. De pareils hommages sont d'autant plus indignes d'un grand prince, qu'ils ne peuvent être basés que sur le droit affreux de la force, et par conséquent ils violent celui des gens dont le premier principe est l'indépendance des nations.

Échange
des prisonniers
de guerre. L'année 1780 vit conclure une transaction qui intéresse également la politique et l'humanité, et qui tient aux points les plus délicats du droit des gens. Le 12 mai, des plénipotentiaires anglais et français signèrent, au nom de leurs souverains respectifs, un cartel d'échange pour les prisonniers de guerre.

Au milieu du débordement des fausses doctrines qui pervertirent en Europe les plus saines notions

---

(1) Ce traité est du 18 septembre 1779.

de la morale et de l'équité, la jurisprudence relative aux prisonniers de guerre était celle qui avait le moins souffert d'atteintes et même qui s'était améliorée. Le droit de faire et de garder des prisonniers est, sinon fondé sur la justice, du moins fort ancien, et se rattache en quelque sorte aux mesures légitimes de sûreté et de défense.

Il ne s'agit plus de déterminer ce qui peut constituer un individu prisonnier de guerre, jusqu'où s'étendent sur sa personne les droits du capteur et le mode de sa détention. Dans l'origine des sociétés le captif était l'esclave et la propriété de celui qui le prenait ou l'enlevait ; sa détention n'avait d'autre terme que la mort ou le caprice de son maître. Le christianisme, le génie chevaleresque et l'enthousiasme de l'honneur modifièrent, successivement, cette législation barbare.

Le 18.e siècle avait vu cette partie du droit des gens réglée de manière à satisfaire tous les vœux d'une philosophie bienfaisante. On était à peu près d'accord que les combattants seuls étaient susceptibles de devenir prisonniers de guerre ; le passager, le marchand, le voyageur ou le domicilié dans le pays ennemi, étaient généralement reconnus ne pas devoir être passibles de la détention : cependant on avait continué de part et d'autre à retenir comme prisonniers les matelots pris sur des bâtiments de commerce ; quelques menaces d'affreuses représailles avaient eu lieu en Amérique, et le traitement fait à divers prisonniers concordait mal avec les lumières du siècle. Ces attentats au droit des gens avaient souvent affligé l'humanité ; mais on était d'accord sur les vrais principes, et ils furent solennellement consacrés par le cartel d'échange qui eut lieu à Versailles le 12 mars 1780. Cet acte peut être considéré comme un monument du droit des gens, et plût à Dieu qu'il eût depuis servi de règle ! On regrette cependant de ne pas y voir posé en principe que les matelots pris sur des bâtiments marchands ne peuvent être retenus prisonniers ; la capture d'un navire de commerce, même au temps de guerre, est un acte de violence aussi injuste qu'inutile : cela rend encore plus affreux le droit que l'on s'arroge d'en faire l'équipage prisonnier. Ce cartel établit cependant un principe aussi équitable qu'humain : les naufragés sur une côte ennemie ne seront plus captifs, à moins que leur but en approchant la terre n'ait été de commettre quelques déprédations ou hostilités. On ne saurait trop louer l'esprit de justice qui a dicté l'abolition de cet usage infâme, qui rappelle les mœurs sauvages et barbares de certains peuples anciens et du moyen âge.

La cour de France, par suite de son système qui tendait à prouver à tous les peuples combien ses intentions étaient droites en combattant pour la liberté des mers, ne tarda pas à se désister des mesures de rigueur qu'elle avait employées à l'égard des Provinces-Unies ; par un arrêt du conseil en date du 22 avril 1780 elle s'en désista, et proclama de nouveau en faveur de cette république les véritables principes de la neutralité. La France fit même en cette occasion plus que l'on ne devait attendre, car elle accorda au commerce hollandais la remise de toutes les sommes perçues en vertu des arrêts précédents. Cette condescendance ne fut pas, de la part de Louis le Martyr, un acte de faiblesse et d'irrésolution. Les Provinces-Unies avaient fait respecter leur indépendance par l'Angleterre ; cette démarche parut au ministère français une véritable réparation, et de plus une tendance

de la Hollande à rompre ouvertement avec l'Angleterre pour s'allier avec la France dans la cause des
intérêts européens : la dignité de la couronne et la
politique commandaient donc l'indulgence et une réciprocité de bons procédés.

C'est cette politique , à la fois équitable et bien- Développement des principes de la France.
veillante , qui dicte les dispositions contenues dans
la lettre du ministre de la marine aux commandants
des ports et escadres du Roi. Comme cette pièce est
une preuve de tout ce que j'ai avancé relativement
au plan adopté par la France et aux intentions des
diverses cours de l'Europe , je vais la citer dans tout
son contenu :

Du 8 mai 1780.

» Vous savez, Messieurs, que la guerre dans la-
» quelle le Roi se trouve engagé, n'a d'autre objet
» que l'attachement de Sa Majesté au principe de
» la liberté des mers, et elle n'a pu voir qu'avec
» une vraie satisfaction, que la plupart des puis-
» sances du Nord adoptent ce même principe et
» se montrent résolues à le soutenir. Sa Majesté a
» déjà fait connaître aux commandants de ses esca-
» dres, par des réglements rendus à cet effet, quelles
» sont ses intentions relativement aux ménagements
» que les commandants de ses vaisseaux et autres
» bâtiments doivent avoir pour les navires appar-
» tenant aux sujets des puissances neutres, qu'ils
» peuvent rencontrer à la mer.

» Sa Majesté me charge de réitérer les ordres qu'elle
» a donnés à cet égard, et vous ordonne d'enjoin-
» dre à ses capitaines et autres officiers de se con-
» former avec plus d'attention que jamais aux régle-
» ments concernant les navires neutres, et parti-
» culièrement à l'égard des bâtiments Russes. Sa

7

» Majesté prescrit en conséquence aux commandants
» de ses escadres, vaisseaux et autres bâtiments,
» d'user de la plus grande circonspection envers tous
» les neutres, et de leur donner, suivant les cir-
» constances, les secours qui pourront dépendre d'eux;
» de n'apporter aucun trouble à leur navigation,
» quoique la destination de leur chargement soit pour
» des ports ennemis, et de n'arrêter les bâtiments
» que dans le cas où les commandants des vaisseaux
» du roi, auraient les plus fortes raisons de croire
» que ce seraient des navires appartenant à des sujets
» du roi d'Angleterre, qui masqueraient leur pavillon
» et arboreraient celui de quelque puissance neutre,
» dans l'espérance de se soustraire aux recherches;
» ou dans le cas où les bâtiments porteraient à l'en-
» nemi des marchandises de contrebande, telles que
» armes, de quelque espèce que ce soit, et munitions
» de guerre.

» L'intention du roi est que vous donniez une
» copie de la présente dépêche à tous ses capitaines
» ou autres officiers commandant un bâtiment que
» vous serez dans le cas d'expédier, et qu'ils se
» conforment avec la plus grande exactitude à ce
» qui leur est prescrit à l'égard des navires neutres,
» et particulièrement envers les bâtiments Russes.

» Je suis, Messieurs, etc. Signé DE SARTINE. »

Je peux aussi considérer comme un monument
du système de la France, la pièce suivante :

Lettre du Roi à M.ʳ l'Amiral, concernant la navigation des bâtiments appartenant aux sujets des puissances neutres.

Du 23 mai 1780.

» Mon cousin, la guerre dans laquelle je me trou-
» ve engagé, n'ayant d'autre objet que mon atta-

» chement au principe de la liberté des mers, je n'ai
» pu voir qu'avec une vraie satisfaction, que la plu-
» part des puissances du Nord ont adopté ce même
» principe, et se montrent résolues à le mainte-
» nir. J'avais déjà fait connaître aux commandants
» de mes escadres, par des réglements rendus à
» cet effet, quelles étaient mes intentions relative-
» ment aux ménagements que les commandants de
» mes vaisseaux et autres bâtiments doivent avoir
» pour les navires appartenants aux sujets des puis-
» sances neutres, qu'ils peuvent rencontrer à la mer.
» Je viens encore réitérer les ordres que j'avais don-
» nés à cet égard, et de prescrire aux commandants
» de mes escadres, vaisseaux et autres bâtiments,
» d'user de la plus grande circonspection envers tous
» les neutres, particulièrement les bâtiments Russes,
» et de leur donner, suivant les circonstances, tous
» les secours qui pourront dépendre d'eux ; de n'ap-
» porter aucun trouble à leur navigation, quoique
» la destination de leur chargement soit pour des
» ports ennemis ; et de n'arrêter les bâtiments que
» dans le cas où il y aurait les plus fortes raisons
» de croire que ce seraient des navires appartenant
» à des sujets du roi d'Angleterre, qui masqueraient
» leur pavillon et arboreraient celui de quelque puis-
» sance neutre, dans l'espérance de se soustraire aux
» recherches ; ou dans le cas où les bâtiments por-
» teraient à l'ennemi des marchandises de contre-
» bande, telles que des armes de quelque espèce
» que ce soit, ou munitions de guerre. Je vous
» écrit cette lettre pour que ces principes soient
» exactement suivis par les commissaires du conseil
» des prises, dans les affaires qui intéresseraient les
» navires neutres et particulièrement les bâtiments

» russes ; et je desire que pour l'entière exécution
» de ma volonté à cet égard, vous la fassiez savoir
» dans tous mes ports, de manière que les capi-
» taines-corsaires en soient instruits et s'y confor-
» ment, ainsi que les officiers des amirautés. Et la
» présente n'étant à autre fin, je prie Dieu qu'il
» vous ait, mon cousin, en sa sainte et digne garde.
» Écrit à la Muette, le 25 mai 1780. Signé LOUIS.
» Et plus bas, DE SARTINE.

Les démarches de la cour de France furent conformes à des engagements aussi solennellement pris.
Les registres de nos cours d'amirauté et du conseil
des prises en fournissent des preuves nombreuses ;
et le Roi, dans sa lettre à l'Amiral, annonce ouvertement son intention de ne point s'écarter des bases
du droit maritime, et déclare que *les puissances du
Nord ont adopté ce principe et se montrent résolues à le maintenir.* C'est donc la France qui commença cette grande révolution qui devait affranchir
les mers d'un esclavage qui durait depuis plus d'un
siècle, car à cette époque toutes les puissances du
Midi (1) étaient déjà liguées avec Louis le Martyr
pour cette cause sacrée.

Cette conduite de la France, ses succès militaires
sur divers points du théâtre de la guerre avaient
enfin déterminé l'Europe à se déclarer ; la persévérance de la Grande-Bretagne, même au sein des revers, à soutenir ses droits à la souveraineté de l'Océan,
l'insulte faite au pavillon hollandais dans une ren-

---

(1) Le Portugal seul persistait dans l'alliance de l'Angleterre ;
mais la conduite de la cour de Lisbonne, depuis 1777, époque
de la disgrace du marquis de Pombal, fut marquée par tant
d'erreurs, que le Portugal méritait à peine le nom de puissance en 1780.

contre avec l'escadre anglaise commandée par Fiel
·ding (1), tous ces motifs enfin hâtèrent l'insurrection contre le monopole maritime et les puissances
du Nord, c'est-à-dire, celles qui n'étaient pas déjà
liguées avec Louis le Martyr, conclurent entr'elles,
par l'instigation de la France, le fameux traité de
la *neutralité armée* : cette ligue eut pour chef Catherine II, impératrice de Russie. Les bases de cette
alliance étaient que les vaisseaux neutres peuvent
naviguer librement d'un port à un autre et même
sur les côtes des puissances belligérantes ; que tout
effet appartenant à l'une de ces puissances devient
libre dès qu'il est à bord d'un vaisseau neutre, sauf
les objets qui par un traité antérieur auraient été
déterminés de contrebande (2) ; que pour spécifier
quels sont les ports qui doivent être censés bloqués,
il sera convenu qu'on ne regardera comme tels que
ceux en vue et dans le voisinage desquels sera stationné un nombre de vaisseaux ennemis capables
d'en rendre l'entrée périlleuse. Un autre article attri

______

(1) Les Anglais avaient long-temps négocié avec la Hollande
pour obliger cette république à subordonner sa neutralité à
leurs intérêts ; le cabinet de Saint-James n'ayant pas réussi,
prit, avec les Provinces-Unies, un ton de hauteur peu convenable. De pareils ordres ayant été méconnus, la Grande-
Bretagne se décida à traiter la Hollande comme un vassal
rebelle ; elle s'empara sans notification préalable des îles S.t-
Eustache, de S.t-Martin et de Saba : elle fit courir ses croiseurs sur le commerce hollandais et tenta de lui fermer la
Baltique : ces insultes donnèrent lieu à diverses affaires navales dans lesquelles les marins hollandais soutinrent avec
bravoure l'indépendance de leur pavillon.

(2) Les armes et munitions de guerre, et nous avons déjà
observé que ces réserves étaient les seules que la France
dans ses traités faisait aux neutres, tel que celui conclu avec
les États-Unis.

buait seulement à l'état intéressé ou à ses alliés, le droit de juger de la nature des cargaisons relativement à la contrebande : cette décision paraissait exclure le droit de visite réclamé par l'Angleterre ; et quoique l'on ne s'exprime qu'en termes généraux, il était évident que c'était contre cette puissance qu'était dirigé tout cet appareil de confédération. Les cours qui la composaient ajoutèrent à cet acte la manifestation des sentiments les plus généreux ; elles déclaraient qu'elles étaient armées pour la défense des droits de la nature et des nations, pour la liberté du genre humain et pour la prospérité de l'Europe en particulier. En effet, les peuples de cette partie du monde, à l'exception des Anglais, firent paraître une extrême satisfaction de ce nouveau plan des puissances du Nord ; la sagesse, la magnanimité de Catherine II devinrent l'objet des louanges universelles, tant était violente la haine inspirée par l'ambition et les succès de l'Angleterre.

Les articles de la neutralité armée furent communiqués à tous les états européens, spécialement à la France, à l'Espagne, à la Hollande, à l'Angleterre et au Portugal, avec invitation d'y accéder. Les cours de Versailles et de Madrid, jalouses de profiter de la circonstance pour jeter des sémences de division entre la Grande-Bretagne et les neutres, s'empressèrent d'adresser leurs félicitations à l'impératrice de Russie, et eurent soin de se prévaloir des ordres qu'elles avaient déjà donnés à leurs amirautés, de respecter l'indépendance et la neutralité des peuples.

Le but de la guerre pouvait être considéré comme rempli par l'heureuse révolution qui venait de s'opérer dans la jurisprudence maritime. C'était le plus beau résultat que l'Europe pouvait attendre des lumières du siècle et des efforts de la France : mais ce triomphe n'eut été que passager, l'existence même de l'indépendance commerciale de la maison de Bourbon aurait été compromise, si l'Amérique eut succombé et rentré dans la masse des forces que la Grande-Bretagne avait annoncé vouloir employer pour nous accabler. Ce fut donc vers cette dernière fin de la guerre, que la France dirigea tous ses moyens ; dès ce moment, les opérations militaires occupent presque seules la scène politique, tout semble s'y rattacher et peu de choses commandent l'attention du publiciste. Il faut observer cependant que les principes de la neutralité armée furent aussi bien suivis par la France que par le reste de l'Europe, à l'exception cependant du Portugal. Cette puissance, après la disgrace du marquis de Pombal, était retombée dans l'abyme d'où ce grand ministre avait essayé de la tirer ; un gouvernement faible et pusillanime avait remplacé les démarches sages et patriotiques de Pombal : la cour de Lisbonne, replongée dans l'apathie, suivait d'un pas incertain la noble impulsion de l'Europe, et le monopole anglais commençait à dévorer de nouveau le sol, l'industrie et le commerce des Portugais. La Hollande, aussi faible, mais plus éclairée que le Portugal, avait eu le courage de secouer le joug de la Grande-Bretagne et d'unir ses forces aux nôtres contre les souverains de la mer. Cette heureuse audace avait fait reprendre aux Provinces-Unies le rang et la considération qu'elles avaient perdu.

Tandis que la France appelait à son secours toutes les forces morales et physiques de l'Europe, l'Angleterre prouvait par sa conduite que la maison de Bourbon était fondée à proclamer que cette guerre était la lutte des principes du droit maritime contre le monopole. La Grande-Bretagne, en effet, dans ses manifestes, dans les actes de son gouvernement, se plaignait sans cesse que chaque jour les puissances de l'Europe violaient les traités d'alliance, de commerce et de navigation qui les unissaient à l'Empire britannique : or, j'ai déjà montré que tous ces traités n'étaient autre chose que des actes favorables seulement à l'Angleterre, destructifs de tout équilibre commercial, et qui avaient été arrachés à la faiblesse ou surpris à la mal-adresse, dans un temps où les Anglais complettaient chaque jour l'asservissement de la mer et du commerce. La révendication de ces actes ou plutôt de ces priviléges était en elle-même une provocation d'autant plus outrageante, qu'elle rappelait aux nations leurs fautes, leurs malheurs et leur humiliation. Cette démarche annonçait de la part des Anglais le dessein de persévérer dans le même système, prétention très mal-adroite dans une circonstance où le prestige avait cessé, autant par la position critique où se trouvait l'Angleterre, que par les lumières du siècle dont l'éclat avait ranimé chez tous les peuples le sentiment de l'indépendance et des véritables intérêts communs.

La Grande-Bretagne, en affectant de persévérer à maintenir le vieil échaffaudage de sa domination maritime, s'attirait autant de haine et de ridicule que des insensés qui voudraient aujourd'hui ressusciter les us et coutumes des siècles gothiques et barbares. On ne remarque d'ailleurs dans les détails de la conduite du cabinet de Saint-James aucun amendement vers la justice. De tous côtés, pendant la durée de cette guerre, on entendit s'élever des plaintes contre des saisies, des rançons, des captures, des spoliations, des confiscations faites par les Anglais contre les neutres et même contre leurs alliés. Tous ces griefs sont amplement détaillés dans les manifestes du temps ; ils produisirent en Europe un soulèvement général contre la Grande-Bretagne , ils furent le motif de l'acte de neutralité armée des puissances du Nord ; ils entraînèrent la Hollande à se liguer avec nous, et enfin ils contribuèrent beaucoup aux triomphes de la France et de l'Amérique. La maison de Bourbon en suivant une conduite toute opposée, acquérait chaque jour autant de force que sa rivale en perdait.

La France en adoptant cette marche offrait un contraste qui lui était d'autant plus favorable , qu'elle aurait pu, dès le commencement de la guerre , se créer de son côté une jurisprudence maritime adaptée à sa convenance , puisque, comme je l'ai observé plus haut , les bases du droit n'existaient plus ou étaient devenues problématiques depuis près d'un siècle. La maison de Bourbon, en ne profitant pas de cette circonstance , et rétablissant dès l'origine d'une guerre dont le résultat était douteux , les vrais principes de l'équité , acquérait le plus beau droit à la confiance de ses voisins, et prouvait, par cette seule démarche , que la France était la plus solide garantie que les nations pouvaient se choisir pour conserver leurs droits maritimes.

C'est à l'aide de cette réunion de moyens moraux et militaires que Louis le Martyr termina cette querelle mémorable et glorieuse , qui aboutit au traité de 1783.

CHAPITRE CINQUIÈME.

Traité de 1783. — Ses suites. — Contre-révolution dans le droit maritime.

Les Anglais battus en Amérique, effrayés de la ligue européenne qui se formait contre eux, surchargés de 5 milliars 404 millions 249 mille 85 livres tournois de dettes, pour laquelle ils payaient un intérêt de 225 millions 971 mille 577 livres tournois (1), les Anglais, dis-je, furent obligés de se soumettre à la nécessité, et conclurent avec les puissances belligérantes le traité de 1783. Chacun rentra dans le *statu quò antè bellum*, à l'exception de l'Angleterre, qui perdit en Amérique le plus beau fleuron de sa couronne, l'île de Tabago, l'établissement du Sénégal, et céda à la France une augmentation de territoire autour de Pondichéry et des pêcheries au banc de Terre-Neuve. Toutes les conditions humiliantes du traité de 1763 furent également abrogées.

Telle fut la crise dont le résultat fit perdre à l'Angleterre une partie de cette puissance réelle et d'opinion qui depuis long-temps lui servait à dominer les mers : l'abus qu'elle voulut faire de sa force éveilla la résistance et lui enleva sa prépondérance. Tel est le point où la nature des choses humaines amenera

____

(1) En 1776 leur dette était de 123,964,508 livres sterlings; pendant la guerre, elle s'augmenta de plus de 110 millions sterlings; aujourd'hui elle est presque incalculable. (Voyez l'ouvrage intitulé : *Décadence de l'Angleterre par* Schaltès.

toujours l'ambition ; cette marche est invariable et rien, jusqu'à présent, ne peut nous induire à changer d'opinion.

Cette révolution dans le droit maritime avait jeté des racines trop profondes pour être arrêtée dans son essor ; le charme était rompu ; l'Europe en réclamant ses droits paraissait décidée à les soutenir : nos voisins acquirent alors une preuve bien évidente de notre éloignement à tendre au monopole. C'est alors que chacun fut à même de se convaincre que notre existence était purement continentale , c'est-à-dire , que nos intérêts étaient aussi intimement liés à l'équilibre commercial que ceux de la plus petite puissance. La France pouvant disposer de ses vaisseaux , de ceux de l'Espagne et de la Hollande , ce qui formait un corps de marine bien supérieur à celui des Anglais , la France , dis-je , loin de profiter de cette force pour gêner les autres , ne pensa qu'à identifier ses intérêts avec ceux du monde entier. Il est vrai qu'un système d'oppression eut été infiniment nuisible à la France elle-même , car faisant corps avec tout le continent par sa position , ses ressources et ses produits , elle ne pouvait arrêter le mouvement commercial d'un état, qu'en s'exposant à ressentir un contre-coup fâcheux.

Par l'article 18 du traité de paix , les parties contractantes s'engageaient à régler définitivement leurs rapports maritimes et commerciaux. C'est dans ce dernier traité que l'on devait revêtir des formes légales de la diplomatie la restauration de la liberté des mers déjà consommée par le fait. Cette convention était donc destinée à représenter l'opinion , les espérances et la volonté de l'Europe, ou, pour me servir d'une expression plus figurée , le traité de commerce devait être écrit sous la dictée de l'opinion publique. Il semble en apparence que rien n'était plus facile qu'un tel travail et que toutes les subtilités diplomatiques ne pouvaient l'obscurcir, puisqu'il ne s'agissait que d'exprimer ce que tout le monde faisait ou voulait faire. Il nous reste à examiner si l'événement a justifié cette attente.

Aussitôt le traité de paix conclu, il fut aisé de s'apercevoir combien l'influence de l'Angleterre était diminuée. Le cabinet de Saint-James n'affectait plus dans ses relations diplomatiques avec les autres cours ce ton d'assurance et d'autorité qu'il employait autrefois ; l'Europe et les Anglais même semblaient rivaliser pour rétablir l'empire de l'équité et les principes du droit maritime : ce moment fut peut-être le plus beau du 18.e siècle. L'assurance d'un avenir heureux s'ouvrait devant les nations et les plus salutaires conceptions d'une philosophie bienfaisante paraissaient devoir se réaliser ; les lumières et la raison dissipaient enfin les ténèbres amoncelées sur le droit des gens par l'orgueil et la cupidité ; l'état social civilisé marchait à grands pas vers son entière perfection. Mais hélas ! au moment même ou l'aurore du bonheur frappait les yeux de l'Europe, l'égoïsme et la haine prenaient déjà leurs mesures pour ensanglanter la fin de cette période d'espérance ; les vœux de la philantropie ne furent qu'une courte illusion, et la paix ne servit qu'à préparer les complots d'une criminelle ambition ; des mains parricides en profitaient pour creuser cet effroyable abîme où vinrent s'engloutir les droits, les richesses et le sang de tous les peuples, cet abîme enfin qui ne put être fermé qu'à force d'être comblé de victimes (1) !

____

(1) Voyez mon essai comparatif entre Pitt et Richelieu.

Louis le Martyr ayant pacifié le monde et reconquis les droits maritimes des peuples, ne s'occupa
plus qu'à faire jouir les hommes, et ses sujets en
particulier, des grands avantages qu'il venait d'obtenir. Ce prince, le plus honnête homme de son siècle,
et le meilleur des rois, avait trop de vertu pour
joindre à sa politique ces ténébreuses arrière-pensées
d'une diplomatie perfide ; toutes ses démarches furent
aussi pures que son cœur. La première preuve qu'il
donna à l'Europe qu'en combattant pour la liberté des
mers il n'avait pas songé à lui seul, fut l'arrêt du
conseil du 24 août 1784 : pendant la dernière guerre,
le commerce français n'avait pu approvisionner suffisamment nos colonies ; il en était résulté de graves
inconvénients, entr'autres d'affreuses famines qui
avaient causé la mort d'une multitude de Nègres. Le
cabinet de Versailles aurait pu prolonger cet état de
souffrance, en persévérant dans un système soutenu
d'exclusion pour les étrangers et de monopole pour
la mère patrie, mais sa conduite fut plus généreuse,
et il permit aux étrangers d'approvisionner nos colonies. Les États-Unis furent ceux qui profitèrent le
plus de cette condescendance, et trouvèrent ainsi
dans notre alliance la première occasion de jouir des
droits d'un peuple indépendant.

Quoique les détails de la législation intérieure n'entrent pas dans mon plan, je ne puis m'empêcher
d'observer que l'on pourrait citer comme une suite du
rétablissement du droit maritime les ordonnances des 51
octobre 1784 et 1.er janvier 1786. La première est relative aux classes des gens de mer ; on sait que cette
partie est la base de la prospérité maritime et commerciale d'un peuple : la législation des classes se
rattache à tout ce qu'il y a de plus délicat dans

l'économie générale de la société. Le gouvernement le plus sage pourrait présenter comme un titre de gloire l'édit de Louis le Martyr ; et certes on est loin d'avoir fait mieux depuis. Il en est de même de l'ordonnance de 1786 sur l'organisation de la marine. Le célébre Lapeyrousse, qui peut à tant de titres être appelé le navigateur philosophe, écrivait, en parlant de cette ordonnance, qu'il voulait qu'on la considéra comme l'Arche sainte, à laquelle il n'était pas permis de toucher. Cette organisation est en effet si parfaite, qu'elle a traversé notre désastreuse révolution, et qu'aujourd'hui elle est la base de notre législation navale.

C'est ainsi que Louis le Martyr mettait en harmonie avec le systême maritime européen qu'il avait recréé, jusqu'aux moindres détails de l'administration de ses états, et cette conduite seule devait lui concilier l'estime et l'admiration de ses voisins : presque tous concoururent avec lui à cette grande régénération; et la Prusse même, dans un traité conclu le 10 septembre 1785 avec les États-Unis, proclama de son côté tous les principes qui avaïent été rétablis dans la dernière guerre. La France enfin les consacra solennellement elle-même dans le traité de commerce et de navigation conclu avec l'Angleterre le 26 septembre 1786. On peut considérer cet acte célébre comme une notification authentique du droit maritime reconquis sur l'ambition.

Jamais la France ne traita plus également avec l'Angleterre que dans ce pacte. On accusa cependant le ministère français d'avoir été trop favorable à la Grande-Bretagne ; mais cette prévention est injuste, car si la France avait voulu profiter de tous ses avantages à cette époque, elle serait tombée dans les erreurs reprochées à l'An-

gleterre, elle eut donné un démenti formel à toutes
ses protestations relatives à la liberté des mers ;
cette conduite n'eut pas manqué d'inspirer de la méfiance à nos voisins, et aurait peut-être fait retrograder cette impulsion qui portait l'Europe à rétablir
l'équilibre commercial et maritime dans lequel la
France trouve sa sauvegarde et la garantie de sa prospérité. Je pourrais analyser les divers articles de ce
traité de navigation, mais un pareil détail s'écarterait
trop du plan resserré de cet ouvrage : il m'a suffi
de présenter au lecteur les causes qui avaient amené
cette révolution dans le droit maritime et de prouver
qu'elles seront toujours une conséquence immédiate
du monopole : je crois donc avoir démontré à tout
homme impartial que l'ambition d'enchaîner les mers
est encore plus funeste dans ses résultats au peuple
qui la conçoit, qu'à ses voisins qui en souffrent.
Tôt ou tard, comme on le voit, ces derniers s'en
dédommagent ou s'en vengent amplement.

Le laps de temps qui s'écoula depuis le traité de
1786 jusqu'à nos troubles révolutionnaires, est une
des plus belles périodes du droit maritime ; l'histoire et la philosophie en consacrent le souvenir avec
d'autant plus de satisfaction, que les seuls principes
de la justice paraissent avoir été le lien qui unissait
alors, à cet égard, les nations de l'Europe. En
effet, l'Angleterre encore forte et puissante, humiliée,
mais loin d'être abattue, s'était loyalement désistée
de prétentions devenues odieuses dans un siècle éminemment éclairé. La France resplendissante de gloire,
possédant une marine formidable et pouvant exercer
une influence prépondérante sur l'Amérique, l'Espagne, l'Italie et la Hollande, rejetait les conseils de
l'égoïsme à la voix de l'équité. La Russie, déjà

reconnue pour chef de la ligue maritime des puissances du Nord , persévérait avec scrupule dans
les principes qu'elle avait déjà proclamés par l'acte
de neutralité armée ; on ne pouvait donc qu'admirer cette tendance de tous les monarques vers les
premières bases de la prospérité des peuples :
pourquoi craindrions-nous de l'avouer ? faisons-nous
au contraire un devoir de le dire hautement. Cette
sainte alliance des rois du 18.e siècle , dont on ne
retrouve aucun exemple parmi leurs dévanciers ,
avait pour nœud les lumières de cette philosophie
sublime qui venait de dissiper les dernières ténèbres de la barbarie , de cette philosophie qui avait
ramené à son culte les princes de la terre , et
qui aurait voué au mépris de la postérité le monarque assez absurde pour être injuste. Envain l'ac-
cuse-t-on des crimes et des troubles qui ont depuis
épouvanté le monde : ridicules déclamations de l'igno-
rance et de l'orgueil ! Les sages qui proscrivaient
la cruauté , l'égoïsme , le désordre , qui ne commandaient que la tolérance , les vertus et l'union ,
n'ont pas plus conseillé le meurtre , le brigandage
et l'impiété que l'évangile , qui renferme tous les
principes de cette philosophie que l'on qualifie de moderne n'a ordonné le massacre des Péruviens et
les assassinats de la Saint-Barthelemy. Le crime a
sa source dans la perversité humaine ; la faiblesse
seule lui donne de l'audace , quels que soient d'ailleurs les prétextes sacrés ou profanes dont il ose
couvrir ses détestables égaremens.

portrait de Louis
le Martyr.

Mais si nous devons rendre grâce aux lumières
philosophiques de cet heureux retour au principe du
droit des gens, nous ne devons pas oublier non
plus que leur action fut puissamment secondée par

les efforts et la sagesse de Louis le Martyr. Ce prince, pour qui la postérité commence, a été jugé bien différemment par ses contemporains et par nous; les uns n'ont vu en lui qu'un honnête homme, d'autres qu'un prince rempli de bonnes intentions, mais incapable de les réaliser; le plus grand nombre a mis Louis le Martyr au rang de ces monarques imprévoyans et faibles que la providence place toujours sur les trônes qu'elle se propose de renverser. Tous ces jugements me paraissent peu concluants, et Louis le Martyr se présente au tribunal de l'histoire avec des titres de gloire plus brillants encore peut-être que ses hautes qualités morales et le sublime héroïsme qu'il déploya lorsque Dieu le choisit pour montrer à la terre le spectacle de la vertu luttant contre le crime et triomphante au sein des plus grands périls, de la captivité et de la mort. Louis le Martyr était dévoré de la soif de la justice et d'un ardent amour pour les Français; cette passion dirigea toujours sa conduite, et l'aveugla à la fin de son règne. Tant que Louis le Martyr n'eut à vaincre que les obstacles immenses, mais ordinaires qui s'opposaient au développement de sa politique aussi saine qu'équitable, il prouva que s'il savait bien concevoir il s'entendait pareillement à exécuter. Dans la guerre, pendant la paix, par ses traités, ses alliances, son plan d'administration, Louis le Martyr prouva qu'il était un des plus grands princes de l'Europe; l'énergie qu'il déploya dans la guerre d'Amérique sauva la maison de Bourbon d'un précipice creusé depuis long-temps et où ses ennemis voulaient l'engloutir; la loyauté de son caractère pendant cette lutte mémorable, ses démarches prudentes envers les neutres et les alliés, préparèrent à sa sagesse les plus doux triomphes ; la liberté des mers fut reconquise par des traités, non pour la France exclusivement, mais pour le monde entier. Louis le Martyr fut peut-être le premier de nos rois qui sentit et qui fit entendre à ses voisins que la marine française était le palladium du commerce et de la navigation des Européens ; il en créa une aussi formidable par le nombre et la force des vaisseaux que par les talents distingués des officiers auxquels il en confia la direction : ce seul monument de son règne suffirait pour illustrer la mémoire du plus grand prince ; mais Louis le Martyr ne se contenta pas d'être le créateur d'une marine puissante, il fit plus encore, il en fut le législateur. Il n'existe pas de peuple qui ne présentât avec orgueil le code organique de Louis le Martyr ; c'est l'œuvre de la sagesse et de l'expérience, la plus sûre garantie de la prospérité navale de la France. Louis le Martyr, restaurateur de la liberté des mers, fondateur d'une marine forte et nombreuse, arbitre équitable du droit maritime et commercial des nations, joua vraiment le rôle d'un roi de France, c'est-à-dire, celui de conservateur de la paix publique et de protecteur de la navigation. Telle fut la conduite de Louis le Martyr tant qu'il a été roi ; tels sont les titres qu'il offre à la postérité pour être mis au rang des plus grands princes : en est-il beaucoup qui puissent dire comme lui à l'inexorable histoire : je fus vertueux au sein des grandeurs, juste et modéré dans la victoire, et je n'employai ma puissance navale que pour faire respecter les principes sacrés du droit des gens.

C'est cette stoïque équité, ce caractère bien connu qui ne laissait point douter que Louis le Martyr

persévérerait dans sa conduite, qui armèrent contre lui les intérêts personnels. Trop fort pour qu'on
osa l'attaquer ouvertement, Louis le Martyr fut
dès-lors en bute aux coups de cette conspiration
sourde et ténébreuse qui finit par renverser son trône.
Ce prince trop généreux ne sut jamais connaître ni
prévoir les motifs et la fin de ce nouveau genre
de guerre ; il en fut victime, et il entraîna dans
sa chûte l'édifice du droit maritime qu'il avait glo-
rieusement établi.

Quelque temps après la conclusion du traité de
1786, une tentative eut lieu pour troubler la paix
maritime et réclamer d'odieuses prétentions. Louis
le Martyr, fidèle au plan qu'il avait adopté et aux
engagements qu'il avait contractés avec l'Europe,
déconcerta ce mouvement du monopole par un de
ces armements formidables, qui, cette fois, était
dirigé vers le foyer du mal ; les premiers symptômes
d'une mesure aussi énergique suffirent pour dissiper
ce nuage, et nos voisins acquirent encore une preuve
de l'utilité de notre prépondérance navale.

Le grand motif de s'acquitter des fonctions de conservateur de l'équilibre maritime et commercial engagèrent aussi le roi de France à favoriser les efforts
de Tippoo-Saëb, sultan de Myssoure. Je n'entre-
prendrai pas d'établir jusqu'à quel point la guerre que
ce prince Indien fit aux Anglais était juste et fondée,
quels auraient été même les véritables résultats pour
le commerce européen, des triomphes de Tippoo (1) ;

____

(1) Je suis convaincu que Tippoo victorieux aurait chassé de
l'Inde tous les Européens, mais comme il n'aurait jamais eu une
forte marine militaire, il eut été facile aux puissances de
l'Europe de s'entendre, pour que ce prince réglat le commerce maritime d'une manière équitable pour l'intérêt de cha-

mais il est de fait que Louis le Martyr, en accueillant les propositions d'alliances de ce prince, ne stipula et n'obtint aucun avantage particulier pour les
Français. Le Roi, comme souverain de quelques dis-
tricts de l'Indostan, se conduisit avec Tippoo d'a-
près le plan qu'il avait adopté avec ses voisins en
Europe; c'est-à-dire, que sacrifiant ou négligeant ses
intérêts personnels, il parut n'avoir d'autre but que
de rétablir l'indépendance partout où il y avait oppression, et la liberté du commerce là où le monopole l'attaquait.

Traités
de commerce.

Louis le Martyr constamment occupé du soin d'accroître la prospérité maritime de la France, conclut,
le 11 janvier 1787, un traité de commerce et de navigation avec la Russie. On retrouve dans cet acte
les principes énoncés par la Russie elle-même dans
le manifeste de sa neutralité armée. Cette puissance
s'affranchit, en s'unissant avec la France, des clauses
onéreuses stipulées en 1754 dans son traité avec
l'Angleterre, et cette démarche était, de la part des
deux parties contractantes, une conséquence de l'heureuse révolution qui avait rétabli les bases du droit
maritime. Les intérêts de la Grande-Bretagne n'y sont
pourtant pas plus lésés que ceux des autres nations, mais la Russie y trouve l'avantage de faire

---

cune d'elles. Louis le Martyr, qui possédait l'île de France,
avait assez de force pour aider l'Europe dans ce dessein; mais
cette colonie était trop faible par elle-même, pour devenir
entre ses mains l'instrument du monopole du commerce de
l'Inde : c'était encore une garantie de plus que présentait la
France pour la protection et le maintient des droits maritimes
de l'Europe sans en excepter ceux mêmes de l'Angleterre, qui
peut-être ne prévoit pas encore l'influence qu'exercera l'action
naturelle des corps politiques sur le puissant empire qu'elle a
fondé dans l'Inde.

un commerce direct avec nous, et la France de grandes facilités pour approvisionner sa marine des productions du Nord, au lieu qu'anciennement les relations commerciales de ces deux nations avaient presque toujours lieu par l'intermédiaire onéreux d'un tiers.

Dans la même année, la Russie et le Portugal conclurent aussi un traité de commerce et de navigation
assez avantageux à ce dernier; mais il est à présumer, d'après l'influence absolue que les Anglais exer-
çaient sur le Portugal, que tous les bénéfices de ce
traité furent reportés à la Grande-Bretagne, et que
ce même traité ne fut que la contre-partie de celui
fait par la France, à peu près à la même époque.

Ces transactions furent les derniers monuments du
droit maritime pendant le règne de Louis le Martyr:
la conspiration des intérêts anti sociaux commença
à tourmenter sa vie et à détourner son attention des
soins qu'il prenait du maintien de la justice. Il fut
aisé de s'apercevoir dès-lors de l'absence de ce bras
tout-puissant qui conservait l'équilibre maritime; on
vit même des nations, qui avaient naguère senti l'influence bienfaisante de la France et s'étaient ralliées
à sa cause, commencer à se séparer de Louis le
Martyr; soit que les troubles qui bouleversaient
notre patrie eussent fait penser aux gouvernements
étrangers que nous n'étions plus en état de veiller
à la liberté des mers, soit qu'alors le sentiment de
la faiblesse ou des suggestions adroites et des machinations habiles, dénaturassent les plus saines notions de la politique; on vit nos voisins reprendre
des habitudes et des engagements qui avaient amené
jadis l'usurpation des mers par un seul. Les principaux souverains de l'Allemagne, la Hollande, la
Prusse et d'autres puissances, renouèrent avec la

Grande-Bretagne en 1788, leurs anciens traités d'alliance, de subsides et de navigation. Je m'abstiens d'examiner si cet événement est une conséquence des efforts secrets et ostensibles que l'on ne cessa de diriger contre la France depuis 1783, pour amener une contre-révolution dans le droit maritime, pour renverser enfin la constitution européenne consentie par tous les peuples, mais qui blessait trop ouvertement quelques intérêts pour ne pas être odieuse à quelques-uns des contractans. Je ne rechercherai pas non plus quels motifs ou plutôt quelles insinuations engagèrent nos voisins à faire un pas aussi évidemment retrograde et même imprudent : ces sortes de considérations ne sont pas du ressort de l'histoire contemporaine. J'observerai seulement que le spectacle de la France désorganisée ne pouvait autoriser une pareille ligue, puisque si l'on croyait cette puissance incapable de protéger, elle l'était encore plus d'attaquer. Cette démarche laissait planer sur ceux qui la faisaient le soupçon de vouloir profiter de nos troubles pour accaparer les lambeaux de notre malheureuse patrie déchirée par ses enfants. La révolution opérée dans le droit maritime en 1783, avait trop bien rétabli l'équilibre commercial et accoutumé les nations à l'indépendance, pour croire que le monopole put jamais recommencer son règne, à moins qu'on ne voulut bien se remettre sous son joug par de nouveau traités ; enfin s'il était nécessaire à l'Europe qu'une puissance, par son existence seule ou sa force navale, maintint l'équilibre maritime, la maison de Bourbon était encore assez formidable en Espagne, et la Russie avait trop bien reconnu les vrais principes, pour qu'on put concevoir de vaines frayeurs et se laisser entraîner par de per-

fides suggestions à recourir à des secours trop intéressés pour n'être pas dangereux. L'histoire appré-
ciera et développera un jour ces réflexions ; il me
suffit de les indiquer.

L'assemblée nationale qui succéda à Louis le Martyr est loin de mériter le reproche d'avoir fait rétrograder la jurisprudence maritime ou violé le droit
des gens. Ce gouvernement accumula en administration comme en économie politique de funestes et
nombreuses erreurs ; il fraya le chemin du crime,
mais il respecta religieusement les principes adoptés en 1785 et 1786 sur la liberté des mers et l'indépendance des peuples. L'assemblée nationale mani-
festa sur ce sujet les plus louables sentiments, les
principes les plus purs, mais si elle prouva son intention de s'en tenir aux bases de la justice, elle ne
put empêcher les autres de les enfreindres. Nos modernes législateurs, si formidables à leurs concitoyens,
n'inspiraient aux étrangers ni confiance ni crainte ;
ils envahirent tous les pouvoirs du souverain des
français, mais ils ne purent se placer au rang que
le roi de France occupait en Europe. L'action maritime de l'assemblée nationale était bien loin de res-
sembler à cette énergie, à cette précision, à cet
ensemble qui pendant quelques années furent la sauvegarde d'une partie de l'Europe et un frein indomp-
table pour le monopole. L'assemblée nationale, quoique possédant le même nombre de vaisseaux, de
ports, de marins et de colonies, était incapable d'employer habilement ces ressources précieuses ; son im-
puissance amena le désordre et par suite la perte
totale de cet équilibre maritime, chef-d'œuvre de
Louis le Martyr. Pendant que l'assemblée nationale
proclamait les plus sages opinions sur la liberté des

Principes
de l'assemblée
nationale.

mers, notre marine qui pouvait, **seule**, appuyer de si belles résolutions, se désorganisait. Les mesures impolitiques adoptées par cette assemblée sur les colonies y allumèrent un incendie qui n'est pas encore éteint; les nations maritimes qui possédaient de semblables établissements furent alors sérieusement allarmées des opérations d'un gouvernement qui, tout en publiant les meilleurs principes, ne savait organiser ni conserver rien, qui chaque jour donnait de nouvelles preuves de sa faiblesse et de son peu de consistance par le tourbillon volcanique qui s'élevait autour de lui à chaque pas qu'il voulait faire ; la France fut alors considérée non pas comme en révolution, mais comme en dissolution; les puissances qui jusqu'à cette époque avaient joui par son action de l'indépendance maritime, furent non-seulement privées de ce salutaire appui, mais encore s'éloignèrent totalement de la France pour éviter l'horrible contagion qui détruisait nos lois, notre force, notre dignité même, et toutes nos institutions sociales. Les peuples qui au contraire s'étaient cru lésés par le rétablissement du droit maritime, profitèrent de cette stupeur, de ce découragement que nos troubles inspiraient aux autres pour jeter de nouveau les fondements du monopole. La marche gigantesque de notre révolution seconda rapidement ce projet ; la liberté des mers fut encore anéantie, et cette usurpation devint le nœud de la série de calamités qui pendant vingt-cinq ans ont livré l'Europe et le monde entier à tous les fléaux de la guerre, de l'immoralité et de la tyrannie *inde mali labes.*

Conduite de l'assemblée nationale.

Cette contre-révolution dans le droit maritime ne s'effectua cependant pas de suite. Après le règne de Louis le Martyr (1), l'assemblée nationale, loin de donner des prétextes d'infraction aux traités, affectait au contraire de les respecter religieusement. Notre force navale, notre armée, les immenses provisions qui garnissaient nos ports et nos arsenaux existaient encore. C'était à l'aide de ces ressources, dont on avait bien apprécié la valeur, que dans la guerre de 1778 nous avions conquis l'indépendance des mers et éclairé à cet égard l'esprit des peuples. Tant que ces forces restaient intactes, il n'eut pas été prudent d'afficher la prétention de revenir sur le passé ; la meilleure politique était d'attendre que le cours de notre révolution détruisit successivement l'édifice de notre puissance maritime et continentale, et nous aliénat en même temps l'opinion de nos voisins : cette expectative ne pouvait être longue, vu la tournure que prenaient les affaires ; les résultats en étaient certains, l'esclavage de la mer devait en être la suite, et alors on se serait trouvé replacé dans une position semblable à celle qui existait sous les règnes précédents : on s'attendait bien que tôt ou tard cela occasionnerait une nouvelle lutte ; mais l'expérience promettait que ce conflit serait long et chanceux, et assurait au moins encore quelques siècles de jouissance. Telle fut la marche adoptée, et les faits nous prouvent qu'elle a été suivie ; elle devint plus active et plus opiniâtre à mesure qu'il s'y mêla de justes sujets de crainte sur les progrès de nos principes révolutionnaires, et une aversion universelle et légitime contre les coupables excès de nos démagogues et de nos tyrans.

En suivant le cours du droit maritime pendant le règne des assemblées nationales et constituantes jus-

____

(1) Louis le Martyr cessa de régner le jour où la minorité des états généraux se déclara assemblée nationale.

qu'à celui de la convention , nous pouvons observer d'avance que tous les actes et procédés de ces gouvernements, relatifs à la jurisprudence de la navigation , n'obtinrent de nos voisins qu'une réciprocité graduelle, c'est-à-dire , que la bonne foi, la modération , le respect dus aux traités et à l'indépendance des mers et des peuples diminuèrent au fur et à mesure que nous perdîmes notre marine , nos ressources administratives et toutes nos institutions civiles et morales : on s'affranchît de tout scrupule lorsqu'il ne nous resta plus , au lieu de notre antique prépondérance, qu'une affreuse anarchie : il en résulta une violation illimitée du droit des gens ; nous finîmes par adopter sans réserve une telle conduite et même par perdre toute espèce de pudeur sous Buonaparte : tel est l'abyme où l'oubli des principes conduit toujours les peuples et les individus !

L'assemblée nationale, en décrétant le 3 avril 1790 que le commerce de l'Inde au delà du cap de Bonne Espérance était libre pour tous les Français , avait suivi son système de l'abolition des priviléges , et détruit par conséquent ceux de la compagnie française des Indes. Ce principe n'avait rien que de juste en soi , mais le décret de l'assemblée rendait aux chances hasardeuses et timides du commerce individuel l'exploitation de produits qui , chez nos voisins , était une source de richesses , parce qu'elle était confiée aux soins d'une association riche et nombreuse qui supportait les pertes à elle seule , et qui reversait tous ses bénéfices sur la masse de la nation. L'assemblée , en voulant donc être juste pour quelques-uns ne le fut pas envers la France en général. Il est vrai qu'à cette époque la compagnie des Indes donnait peu d'espoir , mais du moins on aurait dû conserver le type d'une institution qui par la suite aurait pu rivaliser celles de nos voisins. La même imprévoyance s'observe dans les décrets relatifs aux colonies et à la marine. Partout cette funeste manie de généraliser, de niveler renverse les plus sages institutions, porte le désordre et la ruine : cependant chaque colonie que nous rendions presque indépendante, chaque vaisseau dont l'équipage se désorganisait était un surcroît de force que nous donnions à nos voisins. Il paraît qu'ils voulurent profiter trop tôt de cette dislocation, ou bien jugèrent mal ses progrès, puisque dès le 4 mai 1790, le ministre des affaires étrangères fit part à l'assemblée des armemens préparés en Angleterre contre l'Espagne. Sur-le-champ la France mit son escadre en état de guerre, et ces dispositions furent assez promptement prises pour faire sentir qu'il n'était pas encore temps d'agir : c'est à cette même époque que l'assemblée rendit son décret du 22 mai 1790, où elle définit le droit de la paix et de la guerre : on ne peut qu'applaudir à l'esprit qui a dirigé cette déclaration ; mais il est probable qu'elle ne fit pas varier les projets de nos voisins. Il en fut de même de ce décret en date du 4 juillet, par lequel l'assemblée ordonne qu'il sera fait par la France des réparations aux gouvernemens de Naples et d'Alger, pour quelques infractions au droit des gens, et qui ordonne que les auteurs de ces délits soient punis. Ce décret prescrit aussi aux tribunaux d'apporter à l'avenir le plus grand soin pour rechercher et punir de semblables crimes. On ne peut sans doute pousser plus loin l'observance des traités ; mais tandis que l'assemblée se prononçait aussi loyalement, elle se dépouillait chaque jour de tous moyens de contraindre les autres à agir de même envers la France. Déjà, au commencement de 1790, le ministère français, en réglant avec les Etats-Unis les attributions et immunités des consuls et vice-consuls des deux nations, avait établi sur cette jurisprudence les plus saines

notions de l'équité, sans que cette démarche eut produit grand effet, parce qu'alors l'on prévoyait que
nous allions perdre notre rang maritime.

L'assemblée nationale, voulant mettre autant de *li-
béralité* dans sa diplomatie que dans l'économie administrative de la France créa, le 29 juillet 1790, un
comité chargé de prendre connaissance des traités entre
la France et les puissances étrangères ; il n'y a nul
doute que nos *constituans* n'aient eu dès-lors l'idée de
créer une constitution diplomatique à l'usage de l'Europe, comme ils en avaient créé une de gouvernement
en France. Ce nouvel *œuvre* eut été marqué au coin
de la démocratie et de l'égalité la plus absolue ; or, l'é-
galité n'existe pas plus entre les nations qu'elle n'a lieu
entre les individus ; mille causes qui intéressent
même la prospérité générale s'y opposent : le plan
diplomatique de l'assemblée nationale eut donc été une
chimère aussi ridicule que toutes celles dont nous fumes victimes sous ce gouvernement ; cette constitution politique eut livré nos législateurs à la risée de
tous les hommes d'état de l'Europe et encourager d'autant plus la confiance et l'espoir de nos rivaux. Il était
d'ailleurs bien extravagant qu'une assemblée qui luttait
elle-même contre les factions, qui ne pouvait parvenir à asseoir son autorité, et dont chaque démarche
était une erreur capitale, prétendit encore créer une
diplomatie sur des principes que l'expérience démon-
trait journellement faux ! Quoiqu'il en soit, ce comité, sans expliquer ouvertement ses vues ultérieures,
se borna à examiner le corps de notre droit public ;
et ses recherches produisirent peu de bien et beaucoup de mal.

Au milieu de ses occupations diplomatiques, l'assemblée nationale s'aperçut cependant que la liberté des

thers devait reposer sur d'autres bases que des décrets et des comités ; elle vit avec effroi que des armements avaient lieu chez différentes nations, et que tandis qu'elle délibérait sur l'indépendance de la navigation et du commerce, on pouvait ravir à la France ce précieux avantage ; elle prit des mesures pour armer 45 vaisseaux ; mais l'insuffisance de ses moyens, les difficultés que l'on éprouva étaient de nature à faire comprendre que notre règne finissait. Heureusement que cette fois les affaires s'arrangèrent encore.

Mais pendant que d'heureuses négociations soutenues d'un faible reste de considération pour Louis le Martyr, ajournaient de quelques jours notre décadence navale et par conséquent la ruine de la liberté des mers, les projets qui devaient conduire à cette grande catastrophe se poursuivaient avec activité. Le grand obstacle pour les désorganisateurs et les ennemis de la France, consistait dans notre marine ; tant que ce puissant auxiliaire nous restait il n'y avait presque rien à faire, et le monopole ne pouvait se flatter de jouir paisiblement de ses nouvelles usurpations. Ce n'était pas précisément le nombre et la force de nos vaisseaux, la situation respectable de nos ports et arsenaux qui inquiétaient nos adversaires, mais plutôt le corps d'officiers qui composaient à cette époque la marine royale ; presque tous avaient combattu pour l'indépendance des mers et acquis des talens et de la réputation dans la mémorable guerre de 1778. Depuis les amiraux jusqu'aux derniers grades, on citait peu de gens médiocres, et l'on remarquait une foule d'officiers célèbres par leurs exploits et éminemment recommandables par leur instruction ; la masse des équipages était aussi composée d'excellents matelots exercés dans les combats et endurcis aux travaux

Désorganisation de la marine française.

de la mer. Il était facile de prévoir que si une telle armée navale voulait s'isoler de la révolution française et rester passivement obéissante , elle pouvait encore devenir tôt ou tard la plus solide garantie des droits maritimes de la France et de l'Europe ; c'est donc vers notre marine que furent dirigés les efforts de ceux qui voulaient détruire ces droits ; ils se servirent avec fruit de cette assemblée nationale qui , peut-être avec des bonnes intentions , concourait si bien avec les désorganisateurs à renverser de fond en comble l'édifice de notre prospérité. Déjà l'incendie révolutionnaire consumait nos colonies , et nous ne pouvions plus compter sur ces établissements pour soutenir l'équilibre maritime : bientôt des décrets , des codes , des proclamations suggérées à l'assemblée nationale par ses comités , portèrent le trouble , la confusion et l'anarchie dans l'armée navale. On força les marins à prendre part à la révolution , tandis qu'il était bien facile de les en isoler , en les laissant sous la main du pouvoir exécutif : la marine se serait d'autant mieux accomodée de cette position , qu'éloignée , autant par esprit que par les localités , de toute dissention politique , les institutions démocratiques ne sont point dans ses mœurs et ne seront jamais applicables à sa législation ; mais il n'était pas question d'organiser la marine , les lois faites à cet égard n'étaient que des prétextes qui cachaient les brandons de la discorde ; le grand but , le secret intime de la politique révolutionnaire , était de forcer les officiers à émigrer et les matelots à déserter. Une fois les vaisseaux vuides , on s'inquiétait peu par qui et comment on les réarmerait ; on savait par expérience qu'il était impossible de remplacer parfaitement un corps de marine tel que celui que nous possédions en 1790. L'on ne se dissimulait pas que nous étions parvenus à cette époque au plus haut point de perfection, et l'on se promettait de détruire facilement tous les moyens qui seraient employés pour suppléer à la perte que l'on se proposait de nous causer. Cet espoir ne tarda pas à se réaliser. Les opérations de l'assemblée, puissamment secondées par les anarchistes, bouleversèrent à bord de nos vaisseaux toute espèce de discipline et remplirent l'administration de nos ports de désordres et de dilapidations ; tous les pouvoirs furent intervertis ; le civil, le militaire, les autorités départementales et maritimes s'engagèrent dans des conflits interminables. On vit des municipalités, des maires de villages disposer des forces navales, arrêter ou accélérer le départ d'expéditions méditées par le ministère, enfin pour comble de malheur, l'insurrection se mit à bord des vaisseaux, et l'on commença à demander hautement que les officiers du corps royal quittassent leurs postes : c'était là où l'on en voulait venir ; c'était dans cette grande désorganisation que l'on plaçait le terme de notre prépondérance navale.

En traçant le tableau historique du droit maritime, je ne me suis pas simplement imposé la tâche de ne relater que des traités, mais de présenter un précis des erreurs, des événements généraux et particuliers qui ont pu le modifier, le détruire ou le rétablir : ses principes remis en vigueur en 1783 ont été évidemment violés depuis. Pour rendre compte de cette vicissitude, j'ai cru devoir l'attribuer à notre révolution, à moins cependant que l'on ne pense que j'aie pris ici la cause pour l'effet, et peut-être serais-je de cet avis, mais du moins les résultats en ont été les mêmes pour l'indépendance maritime des peuples. J'ai cru et je persiste à croire, qu'un des grands moyens d'opérer cette réaction a été la ruine de cette marine formidable dont Louis le Martyr s'était servi pour affranchir le commerce et les mers. Quoique de pareils détails ne semblent pas d'abord intimement liés avec le point de droit public qui est l'objet de cet ouvrage, j'ai pensé que le lecteur judicieux ne serait pas de cet avis ; en effet, l'historien de la jurisprudence ne pourrait s'empêcher de s'arrêter à ces effroyables invasions des barbares, qui en détruisant l'empire romain ensevelirent sous des monceaux de ruines et de cadavres l'édifice des lois qui régissaient l'Europe ; je devais donc aussi ne pas passer sous silence l'événement qui, selon moi, rendit nuls les efforts de la France et les dispositions de l'Europe avant notre révolution ; vicissitude déplorable qui nous a conduits à cet état de misère et de stagnation commerciale qui affligent actuellement tous les peuples sans exception ; erreur funeste qui a livré à la confusion et à l'arbitraire les droits et l'indépendance maritime de tous sans que personne se trouve plus riche ou plus heureux !

Je ne puis mieux donner une idée des causes de la désorganisation de notre marine, qu'en relatant la pièce suivante. On y verra bien annoncé ce plan d'expulser de nos vaisseaux ceux qui naguère avaient préparé les bases de l'équilibre maritime.

Copie de la lettre écrite par MM. les officiers de la marine réunis à Brest, à M. de la Luzerne (1).

A Brest, le 18 septembre 1790.

» Monsieur, au moment où tout porte à croire » que la guerre est inévitable, au moment où la

____

(1) Alors ministre de la marine.

» gloire de l'état et la prospérité publique peuvent
» dépendre de l'action de nos forces navales, il n'est
» point de bons citoyens qui ne doivent frémir en
» voyant l'anarchie et l'esprit d'insubordination qui
» règnent parmi les équipages de nos vaisseaux. Les
» officiers qui les commandent n'ont aucun moyen
» de faire respecter les lois ; le commandant en chef
» lui-même est désobéi publiquement ; on ose l'in-
» sulter jusque sur le vaisseau où son pavillon est
» arboré. Vainement les officiers ont espéré que la
» nouvelle loi pénale y ramènerait l'ordre ; cette loi
» n'a paru que pour être méprisée avec les signes
» les plus outrageants ; et le crime de ce mépris,
» qui n'est pas celui de tous les individus, est à
» peu près celui de tous les équipages.

» C'est dans cet état de choses que les officiers
» employés ou qui vont l'être sur les vaisseaux de
» guerre, considérant que la confiance dont ils s'é-
» taient flattés que la nation les honorait, se trouve
» visiblement démentie par l'insurrection générale des
» équipages, pensent qu'il est de leur devoir de
» mettre sous les yeux du Roi et de l'assemblée
» nationale, les vives inquiétudes dont ils ne peu-
» vent se défendre, et ils vous prient, Monsieur,
» d'être leur interprète. Ces inquiétudes ne portent
» pas sur leur sûreté personnelle ; mais à la veille,
» peut-être, de combattre l'ennemi, pourront-ils ne
» pas craindre de voir leur honneur et celui du
» pavillon compromis ? Si les écarts criminels que se
» permettent leurs subordonnés sont le fruit des me-
» nées des ennemis de l'état et du bien public, il
» est instant d'en arrêter le cours ; mais si la véri-
» table cause de la désobéissance des équipages était
» un manque de confiance dans leurs chefs, ces chefs,

9

» et tous les officiers sous leurs ordres, verraient,
» non sans douleurs, mais avec soumission, passer
» dans d'autres mains les moyens d'honneur et de
» gloire auxquels l'espoir de se rendre utile à la
» patrie les tient fortement attachés ; ils ajouteraient
» ce pénible sacrifice à la multitude de ceux qu'ils
» ont déjà faits à la tranquillité publique, et ils se
» borneraient à former des vœux ardents pour que
» leurs successeurs obtinssent des équipages une
» obéissance sans laquelle on ne peut espérer aucun
» succès dans les opérations de la guerre.

» L'entière confiance que nous avons dans M. de
» Grandchain, chargé de vous présenter notre vœu,
» nous ferait vivement desirer, non-seulement qu'il
» pût personnellement rendre au Roi quantité de
» détails peu susceptibles d'être rendus par écrit,
» mais encore que vous puissiez lui obtenir de Sa
» Majesté la permission d'exposer les mêmes détails
» aux représentans de la nation. »

D'autres attentats dévoilèrent encore à Brest les
projets des factieux, et l'affaire de M. de Marigny,
major général de la marine, prouve que les désorganisateurs avaient entièrement levé le masque.
On répandit le bruit que M. de Marigny assurait
dans des lettres interceptées que si on l'envoyait
à Saint-Domingue avec deux vaisseaux il saurait bien
remettre l'ordre dans cette colonie, en châtiant avec
sévérité les instigateurs des troubles et les partisans
de la révolution. Ce bruit se répandit parmi le peuple et l'on y joignit tous les accessoires propres à
émeuter la canaille : l'on parvint ainsi à produire une
insurrection. La populace fut chercher la potence
dans le lieu où on la mettait ordinairement ; cet instrument de mort et d'infamie fut planté devant la

porte de M. de Marigny : il n'était pas chez lui.
Lorsque ce brave officier apprit l'outrage qui lui avait
été fait, il quitta aussitôt son uniforme, demanda sa
démission et protesta qu'il ne reprendrait du service
qu'après avoir reçu toutes les réparations qui lui
étaient dues, autant pour lui personnellement que
dans l'intérêt de l'ordre public. On vit aussi dans
les autres ports des scènes non moins déplorables ;
les officiers du corps de la marine, ne reçurent par-
tout, pour prix de leurs exploits, de leurs généreux efforts dans la dernière guerre, que des insultes
atroces et sans nombre. Une main invisible, mais
puissante, semblait animer contr'eux la lie du peuple ;
mille voix injurieuses leur criaient chaque jour et
sans cesse de quitter le poste où ils s'étaient hono-
rablement maintenus dans toutes les circonstances ;
les traitements les plus barbares se joignaient à de
telles provocations ; les officiers de la marine harcelés
de toutes parts, en proie à la rage des factieux,
étaient abreuvés des plus cruelles humiliations ou
expiraient sous le fer des assassins. Le malheureux comte de Flotte, commandant la marine à
Toulon, est arraché de son hôtel par une horde de
forcenés, traîné devant la porte de l'arsenal, il est
pendu et inhumainement coupé en morceaux au milieu d'une populace en fureur. Ces exemples et beaucoup d'autres plus ou moins affreux que je pourrais
citer, prouvent à quel point les prétendus novateurs
tenaient à ruiner les forces navales de la France ;
il fallait que leurs mesures fussent bien prises pour
être parvenus à rendre odieux au peuple un corps
militaire, qui par état avait peu de rapports avec
la masse de la nation, et qui d'ailleurs offrait à la
reconnaissance publique de glorieux et utiles services.

*

Telle est la situation déplorable où de perfides machinations avaient réduit notre marine. On y découvre facilement le but où tendaient les agents secrets et connus de ces désordres. L'assemblée toujours mal instruite fit des décrets pour réprimer les premiers symptômes de ces malheurs; elle envoya dans les ports des commissaires qui la trompèrent et la désorganisation ne cessa d'avoir son cours. Les colonies ne présentaient pas un sepectacle moins affligeant; Saint-Domingue était livré à l'anarchie, nos autres établissements étaient bouleversés, et les mesures repressives employées par le gouvernement étaient fausses ou venaient à contre-temps. Le ministère faible et arrêté de toutes parts se débattait péniblement au milieu de ce tourbillon volcanique, et tous ses actes de rigueur pour rétablir l'ordre dans les colonies et les ports ressemblaient trop à l'effet de cet inutile javelot lancé contre Pyrrhus par les mains débiles du vieux Priam.

Cet état de choses ne fit qu'empirer de jour en jour. La France déchirée intérieurement n'inspira plus bientôt ni crainte ni respect à ses voisins; envain une foule de lois et de décrets vinrent-ils au secours du gouvernement. Ces mesures ne firent que rendre plus évidentes notre triste situation, sans apporter aucun soulagement à nos maux. La guerre continentale se déclara enfin, et cette première tentative était un grand pas de fait vers l'anéantissement de notre prépondérance navale. Dès-lors le commerce français fut vexé sur tous les points du globe, et celui des puissances dont nous protégions l'indépendance maritime se ressentit de notre faiblesse. Le corps des officiers de marine abreuvé des dégoûts, exposé à la rage des factieux, émigra presqu'en entier et laissa dans nos ports un matériel immense qui devait être bientôt exposé au maniement destructeur de l'inexpérience (1). Envain l'assemblée

---

(1) En relatant la pièce suivante, je suis bien éloigné d'approuver les principes et les insultes qu'elle renferme ; mais j'ai pensé qu'à travers les déclamations dont elle est semée, le lecteur y découvrirait la véritable situation des choses et les désordres qui forçaient les officiers de marine à quitter les ports. Cette pièce, comparée à la lettre du 8 septembre 1790 que nous venons de rapporter, peut donner une idée de ce qui se passait alors.

Message de l'assemblée nationale au Roi.

Du 8 mars 1792.

» Sire, le cri de l'opinion s'est élevé contre le ministre de la marine ; ce cri universel, si impérieux dans tous les temps, irrésistible dans un moment où tant d'intérêts maritimes sont liés à notre situation intérieure, réveille les inquiétudes diverses, et commande toute l'attention des représentants du peuple français. »

» L'assemblée nationale, résolue de vous présenter des observations sur la conduite du ministre, les réduits à trois griefs principaux. »

PREMIER GRIEF.

» Il a laissé ignorer au corps législatif l'état d'abandon où se trouve le port de Brest, par la défection des officiers de la marine ; défection dont l'assemblée nationale n'aurait eu aucune connaissance, sans la vigilance des corps administratifs de cette ville.

DEUXIÈME GRIEF.

» Il a publié, le 14 novembre dernier, qu'aucun officier de marine n'avait quitté son poste, tandis qu'il est notoire qu'à cette époque un grand nombre de ces officiers avaient passé, sans permission, en pays étrangers. »

» Dans une lettre que vous avez adressé aux commandants des ports sur l'émigration des officiers de la marine, vous disiez ces mots : *quel est donc votre devoir à tous ? de rester fidèlement à votre poste* ; et un mois après on a vu le ministre affirmer à la France, par la voie d'un journal, qu'il n'y

législative s'efforçait-elle de prendre les plus minu-
tieuses précautions pour ôter tous prétextes à la
violation des droits maritimes ; elle fut méprisée parce

---

avait pas un seul officier de la marine qui eut quitté son poste.
Il a cherché depuis à se justifier, en alléguant que le mot
poste ne devait s'entendre que du service, et qu'alors aucun
de ceux qui étaient employés, soit à la mer, soit dans les
ports, n'avait encore abandonné son service : mais en admettant même cette équivoque, que peut répondre le ministre,
quand on lui prouve qu'à l'époque dont il parle, le nombre
d'officiers nécessaires au service, et prescrit par la loi ne se
trouvait pas dans les ports, et que si l'on compare les revues
passées à Brest le 1.er octobre et le 20 novembre derniers,
avec le texte formel de l'ordonnance de 1786, il en résulte
qu'il manquait, notamment à Brest et à Rochefort, plus de la
moitié des officiers dont la présence était indispensable ? »

» Le ministre s'efforce de borner à la formation des armements les postes actifs des arsenaux de marine ; mais peut-il
omettre les détails des escadres et les divisions des canonniers,
matelots, les commissions du conseil de marine dans les ports,
la garde, la conservation et la visite des vaisseaux, la garde
journalière de l'amiral et de l'avant-garde, et les dispositions
à faire en cas d'incendie ; services cependant qu'il suffit d'é-
noncer pour en faire sentir toute l'importance ? »

» Enfin, il suppose que l'ancienne ordonnance peut être re-
gardée comme n'étant plus en vigueur ; mais personne n'ignore
qu'une loi subsiste tant qu'elle n'est pas abrogée, tant que
celle qui la remplace n'est pas exécutée. »

» Les officiers de la marine devaient d'autant moins, dans
cet intervalle, être absents de leur département, qu'ils avaient
tous reçu l'ordre formel de rejoindre le 15 septembre au plus
tard, pour la revue de la nouvelle formation. »

» Au surplus, obligés ou non de se trouver à leur département, il n'était pas permis à aucun d'entr'eux d'abandonner
sa patrie quand elle est ménacée. Abandonner sa patrie ! tout
l'on s'indigne à cette idée. Se peut-il qu'un ministre n'ait
pas craint de nier, de démentir une aussi coupable désertion ?

» Il a voulu ensuite la pallier. Tantôt il a allégué que les

qu'en affectant d'être juste elle n'avait plus assez de force pour se faire craindre ; enfin les dangers que couraient notre commerce et notre marine furent

---

officiers qui n'avaient pas quitté le royaume, pouvaient être retenus par l'exemple de leurs camarades, comme si leur émigration eut pu rester ignorée ; tantôt il a prétexté que les puissances voisines qui auraient eu des intentions hostiles contre la France, auraient été contenues par le bon état de notre marine, comme si ces puissances n'eussent pas elles-mêmes reçu les émigrés dans leurs états ; tantôt enfin il a prétendu qu'il s'était flatté que beaucoup d'émigrés s'empresseraient de revenir. C'est ainsi que sous les dehors de la prudence et d'un sentiment généreux, était caché le moyen de conserver à la tête de nos armées navales des officiers rebelles ou au moins suspects ; c'est ainsi qu'en paraissant servir son pays, il a enfreint les lois de son pays, car la loi du 18 décembre 1790 déclare déchus de leurs grades et emplois, tous Français fonctionnaires qui ne seront pas présents ou résidants dans le royaume et n'auront pas prêté le serment civique. La loi du 25 juillet 1791 prononce que les officiers qui ont abandonnés leurs corps, seront poursuivis comme transfuges ; et la loi de l'amnistie, ne s'appliquant qu'aux faits antérieurs au 14 septembre 1791, n'accorde aux gens de guerre que la remise des peines, sans leur rendre aucun droit sur les places qu'ils avaient abandonnées. »

» Sire, le ministre qui a trahi une fois la vérité et la loi, ne peut-il pas être soupçonné de les trahir toujours ? et quel succès espérer désormais d'opérations exécutées au milieu de cette juste méfiance ? »

TROISIÈME GRIEF.

» Il accorde un nombre excessif de congés sans cause légitime dans un temps d'émigration et à la veille d'une nouvelle formation «.

» Le Ministre a vainement cherché à se justifier du grand nombre de congés qu'il a fait expédier à des officiers et à des élèves de la marine, dans des circonstances où il ne doit en être délivré à personne, lors même que son prédécesseur les avait absolument suspendus dès le 15 août, et qu'il avait donné

si évidents, qu'ils réveillèrent l'attention de nos imprudents législateurs. Le 21 juin, l'assemblée nationale décréta les dispositions d'une guerre maritime.

des ordres pour rappeler dans leur département tous les officiers dont les congés étaient expirés. Plusieurs de ces congés ne sont pas suffisamment motivés; il en est d'autres qu'on ne peut voir s'en étonnement. Tel est, par exemple, celui accordé à un inspecteur général, qui doit toujours être en tournée ou résider à Paris, et qui a obtenu la permission de se retirer en Hollande, sous le prétexte ridicule que la vie de Paris était trop coûteuse; tels sont encore les congés accordés à trois lieutenants pour faire leurs caravanes; et par une condescendance que le patriotisme, au défaut de la loi, eût interdit à un ministre vraiment citoyen, on a vu de ces officiers conserver leurs appointements, au moment même où ils allaient au sein d'un ordre uniquement fondé sur des distinctions que la constitution réprouve, faire l'abdication absolue du titre de citoyen français. »

« Voilà, Sire, quelle a été la conduite du ministre de la marine : l'assemblée devait à la nation de vous présenter ce tableau, dans le temps où le gouvernement ne peut ramener l'ordre qu'en se montrant dévoué au maintient de la constitution.

« Sire, il ne peut exister pour vous de grandeur véritable que dans la détermination invariable et solennelle de seconder le vœu du peuple par tous les moyens de puissance qu'il a mis entre vos mains.

Le repos même dont vous avez plus d'une fois éprouvé et exprime le besoin, vous n'en jouirez que le jour où les ministres entreront dans vos sentiments; et en rejetant loin d'eux, avec loyauté, les subterfuges, sources éternelles d'une défiance qui entrave tous les ressorts de l'administration, ils feront en quelque sorte la conquête de la confiance nationale. »

Réponse du Roi aux observations ci-dessus.

« Messieurs, j'ai examiné les observations que le zèle et la sollicitude de l'assemblée nationale l'ont portée à m'adresser sur la conduite du ministre de la marine; je recevrai toujours avec plaisir les communications qu'elle croira utiles d'entretenir avec moi. Les observations qui m'ont été remises de la part de l'assemblée, me paraissent absolument conformes aux dénon-

La France ne pouvait éviter une agression de ce genre, car à cette époque nous étions parvenus au point desiré pour nous rayer de la liste des peuples navigateurs et commerçants. Nous ne possédions plus les éléments de notre force navale ; tout était détruit, désorganisé ; nos ports, nos arsenaux étaient au pillage ; il ne s'agissait plus que de pousser nos vaisseaux à la mer sans pilotes et sans matelots, car le personnel de la marine avait été dispersé et les officiers de ce corps s'étaient déjà ralliés sous la bannière des Lys loin d'une patrie en démence. La marche rapide de nos révolutionnaires dans la carrière du crime excita bientôt un cri d'horreur chez toutes les nations ; les prétendus représentants de la France mettant le comble à tous leurs forfaits eurent l'audace de porter une main impie sur l'auguste chef de la tige de Saint-Louis, et de consommer le plus exécrable des parricides. La stupeur de l'effroi s'empara alors de tous les peuples ; la haine du genre humain s'alluma contre la tourbe de cannibales qui venait de donner au monde l'épouvantable spectacle du régicide. L'Europe par un con-

---

ciations sur lesquelles elle avait déclaré n'y avoir lieu à délibérer. Je m'étais fait rendre compte alors des réponses que M. Bertrand avait présentées contre ces différents griefs, et j'avais porté le même jugement que l'assemblée. Depuis, aucune plainte fondée ne s'est fait entendre relativement aux différentes parties de son administration ; et tout ce qui me revient de la part des colons, du commerce et des gens de mer, me présente des témoignages de son zèle et de l'utilité de ses services. Enfin, aucune violation de la loi ne lui étant reprochée, je croirais manquer à la justice de lui retirer ma confiance : au reste, les ministres savent bien qne le seul moyen de l'obtenir et de la conserver, est de faire exécuter les lois avec énergie et avec fidélité. *Signé* LOUIS.

cert unanime et spontané se ligua contre la France, et peut-être qu'alors le sentiment de l'indignation absorba toutes les arrières pensées de la politique. Chacun mettant à part le souvenir de sa conduite précédente, ses espérances sur les chances et l'issue de cette nouvelle guerre, oublia ce qu'il avait pu faire ou desirer pour amener les causes de cette catastrophe que ses calculs n'avaient point prévus et dont tous les peuples voulaient tirer vengeance. Tels seront toujours les mécomptes de la politique des hommes, lorsque pour amener un résultat quelconque ils calculeront sur l'effet des passions violentes ; ils pourront souvent les émouvoirs, mais presque jamais les arrêter. Qui aurait dit aux novateurs de 1789, lorsqu'ils voulaient quelques réformes d'abus, que l'édifice social s'écroulerait sous leurs mains égarées et les ensevelirait sous ses ruines. Ceux qui se croyaient lésés par cette prépondérance maritime dont Louis le Martyr se servait pour conserver l'indépendance de tous les peuples, auraient-ils pu prévoir que leurs sourdes tentatives pour entraver les équitables efforts de ce monarque produiraient les plus affreuses convulsions, entraîneraient l'Europe vers un abyme immense où ils ont failli de s'engloutir eux-mêmes ! Que les fausses lumières de l'égoïsme et de la cupidité sont donc funestes ! Combien elles sont tôt ou tard fatales à ceux qu'elles séduisent ! Qu'une politique uniquement dirigée par l'ambition prépare de désastres et de misère aux peuples mêmes qui sont assez aveugles pour l'adopter ! Puisse du moins cette terrible leçon que l'histoire transmet aux races futures, n'être pas perdue pour l'humanité !

———

CHAPITRE SIXIÈME.

Règne de la convention. — Anarchie et désordre dans le droit maritime. — Principes proclamés.

L_A convention prétendue nationale , tout en marchant avec frénésie dans la carrière du crime , ne se dissimulait pas qu'elle avait besoin de ressources pour tenir tête à toute l'Europe liguée contr'elle , et les embarras d'une guerre maritime qui allait priver la France de tout commerce et peut-être de sa marine, lui donnaient de sérieuses inquiétudes L'Angleterre bien décidée à punir les attentats de nos démagogues , ne voulait pas non plus manquer cette occasion de reprendre toute sa prépondérance sur les mers. Certaine de triompher , la Grande-Bretagne ne garda plus de ménagements et prodigua les outrages à notre pavillon ; son double but était de paralyser notre commerce le plus long-temps possible , sans exposer de forces navales et enfin de nous provoquer à une rupture déclarée. Les navires chargés de grains pour le compte de la France furent arrêtés , notre navigation gênée de toutes parts et nos ports bloqués ; tant d'insultes ne lassaient pas la patience du gouvernement révolutionnaire , il négociait à force et n'obtenait en échange que le mépris et l'horreur qu'il méritait, mais dont la France ressentait les déplorables suites. Enfin la convention n'ayant pu réussir à faire recevoir son ambassadeur , voulut bien se contenter de n'avoir près du roi d'Angleterre qu'un simple agent (1). Ce nouvel envoyé n'eût pas plus de succès que ses commettants, sa mission fut aussi courte qu'infructueuse.

La convention, par une suite de ce système d'inconséquences et d'erreurs qui la dirigèrent toujours, adoptait une conduite qui seule devait rendre nuls tous ses efforts pour maintenir la paix maritime. Par un décret elle avait eu la criminelle audace de promettre secours et protection à tous les peuples qui se révolteraient contre leurs souverains légitimes, et par un autre elle ouvrait aux Belges indépendants la navigation de l'Escaut : cette dernière démarche surtout était aussi absurde qu'injuste (2), et fournissait à l'An-

---

(1) Le sieur Maret, depuis duc de Bassano.

(2) Je suis loin d'être partisan du système des exclusions, mais je pense que la fermeture de l'Escaut était une prohibition sagement entendue avant le traité de 1814. La nature sans doute a créé ce fleuve pour la navigation, mais la division politique des états s'opposait à ce qu'il fût libre. Que serait devenu en effet l'équilibre commercial et politique de l'Europe, si l'Autriche avait joint aux immenses avantages qu'elle possède sur le continent, tous ceux du commerce maritime ? Il est facile de concevoir jusqu'à quel point un tel accroissement aurait compromis les intérêts de toute l'Europe. La nature n'a donné d'ailleurs à la Hollande que la mer et le génie de ses habitants, elle lui a refusé du reste toute autre ressource, même la nourriture. La Belgique au contraire a reçu en profusion tous les dons de la fertilité du sol ; l'ouverture du port d'Anvers lui eût procuré de grandes richesses dont elle peut se passer, tandis que par cette mesure la Hollande eût été ruinée sans aucune compensation : il était donc d'une politique sage et bienfaisante de répartir également entre tous les peuples les avantages dont ils avaient le plus de besoin. On voit par cet exemple que pour être juste il faut quelquefois contrarier la nature même, mais ces exceptions doivent être infini-

gleterre les plus spécieux prétextes de nous attaquer lors même qu'elle n'y aurait pas été décidée. La convention voyant qu'elle ne pouvait pas éviter la guerre, songea à organiser sa marine, et les dispositions qu'elle prit à cet égard pouvaient d'avance faire prévoir l'issue de toutes nos expéditions : les officiers de l'ancien corps ayant été tous forcés de quitter la France, furent remplacés par des personnes qui donnèrent toujours de grandes preuves de bravoure, qui formèrent par la suite d'excellents officiers, mais qui à cette époque étaient presque tous étrangers au service et à la tactique de la marine militaire : cet inconvénient fut cause des désastres qui marquèrent le cours de cette nouvelle lutte et qui ensevelirent les droits maritimes de la France et de l'Europe sous les débris de nos escadres. La convention après avoir décrété de nouveaux encouragements pour la course (1), se déclara enfin en état de guerre avec la Grande-

---

ment rares ; l'on ne peut y recourir que dans une nécessité aussi évidente que celle-ci, et l'ambition ne devrait jamais les créer. Depuis la réunion de la Belgique et des Pays-Bas, la clôture de l'Escaut devient superflue. Je me suis dispensé de traiter cette question dans le cours de cet ouvrage, parce qu'elle a été solennellement discutée par nos plus grands publicistes.

(1) « La France, dans le commencement de la révolution actuelle, sans s'être encore déclarée république, avant l'explosion de la guerre maritime, s'annonça par un esprit d'humanité que toute l'Europe aurait dû adopter ; elle fit proposer aux puissances commerçantes de s'interdire réciproquement la prise des navires marchands, dans le cas où la guerre maritime viendrait à s'allumer. Cette proposition de la France, soit en haine de la nation qui la faisait, soit par le manège de sa rivale (l'Angleterre), ne fut acceptée par aucune puissance, et resta ensevelie dans le tourbillon de la terrible guerre qui embrasa bientôt toute l'Europe. Fasse le ciel que la France ne se désiste pas

Bretagne. Voici les principaux articles de ce manifeste.
Du 1.ᵉʳ février 1793.

« La convention nationale, après avoir entendu le rapport de son comité de défense générale sur la conduite du gouvernement anglais envers la France ; »

« Considérant que le le roi d'Angleterre 'n'a cessé, principalement depuis la révolution du 10 août 1792, de donner à la nation française des preuves de sa malveillance et de son attachement à la coalition des têtes couronnées ; »

« Qu'à cette époque il a ordonné à son ambassadeur à Paris de se retirer, parce qu'il ne voulait pas reconnaître le conseil exécutif provisoire créé par l'assemblée législative ; »

« Que le cabinet de Saint-James a discontinué, à la même époque, sa correspondance avec l'ambassadeur de France à Londres, sous prétexte de la suspension du ci-devant roi des Français ; »

« Que depuis l'ouverture de la convention nationale, il n'a pas voulu reprendre sa correspondance accoutumée, ni reconnaître les pouvoirs de cette convention ; »

« Qu'il a refusé de reconnaître l'ambassadeur de la république française, quoique muni de lettres de créances en son nom ; »

---

d'un principe aussi important pour le bien général du commerce et qu'elle puisse l'établir bientôt par ses traités. Je prévois qu'il sera difficile aux puissances animées des solides principes du bien général du commerce, de determiner ce qu'on doit comprendre sous le nom de marchandises de contrebande de guerre ; l'animosité qui a régné au commencement de la présente guerre, en a tellement etendu le nombre, que l'Europe aura à s'en repentir dans toutes les guerres maritimes, si elle n'y remédie à temps par une sage restriction bien refléchie et unanime. On doit tout espérer dans ce siècle eclairé et commerçant, après une si fatale expérience. Tels sont mes vœux. » *Azuni, tome 2.*

« Qu'il a cherché à traverser les divers achats de grains , armes et autres marchandises commandées en Angleterre soit par des citoyens français , soit par des agents de la république française ; »

« Qu'il a fait arrêter plusieurs bateaux et vaisseaux chargés de grains pour la France tandis que , contre la teneur du traité de 1786 , l'exportation en continuait pour d'autres pays étrangers ; »

« Que pour traverser encore plus efficacement les opérations commerciales de la république en Angleterre , il a fait prohiber , par un acte du parlement, la circulation des assignats ; »

» Qu'en violation de l'art. 4 du traité de 1786 , il a fait rendre par le même parlement , dans le cours du mois de janvier dernier , un acte qui assujettit tous les citoyens français allant ou résidant en Angleterre , aux formes les plus inquisitoriales , les plus vexatoires et les plus dangereuses pour leur sûreté ; »

« Que dans le même temps , contre la teneur de l'art. 1.er du traité de paix de 1783 , il a accordé une protection ouverte , des secours d'argent aux émigrés et même aux chefs des rebelles qui ont déjà combattu contre la France ; qu'il entretient avec eux une correspondance journalière et évidemment dirigée contre la révolution française ; qu'il accueille pareillement les chefs des rebelles des colonies françaises occidentales ; »

« Que dans le même esprit, sans qu'aucune provocation y ait donné lieu , et lorsque toutes les puissances maritimes sont en paix avec l'Angleterre , le cabinet de Saint-James a ordonné un armement considérable par mer, et une augmentation à ses forces de terre ; »

« Que cet armement a été ordonné au moment où

le ministre anglais persécutait avec acharnement ceux qui soutenaient en Angleterre les principes de la révolution française, et employait tous les moyens possibles, soit au parlement, soit au dehors, pour couvrir d'ignominie la république française, et pour attirer sur elle l'exécration de la nation anglaise et de l'Europe entière; »

« Que le but de cet armement, destiné contre la France, n'a pas même été déguisé dans le parlement d'Angleterre; »

« Que, quoique le conseil exécutif provisoire de France ait employé tous les moyens pour conserver la paix et la fraternité avec la nation anglaise, et n'ait répondu aux calomnies et aux violations des traités que par des réclamations fondées sur des principes de la justice, et exprimées avec la dignité d'hommes libres, le ministère anglais a persévéré dans son système de malveillance et d'hostilité, continué les armements, et envoyé une escadre vers l'Escaut pour troubler les opérations de la France dans la Belgique; »

« Qu'à la nouvelle de l'exécution de Louis, il a porté l'outrage envers la république française au point de donner l'ordre à l'ambassadeur de France de quitter, sous huit jours, le territoire de la Grande-Bretagne; »

« Que sa coalition secrète avec les ennemis de la France, et notamment avec l'Empereur et la Prusse, vient d'être confirmée par un traité passé avec le premier dans le mois de janvier dernier; »

« Qu'il a entraîné dans la même coalition le stathouder des Provinces-Unies; que ce prince, dont le dévouement servile aux ordres des cabinets de Saint-James et de Berlin n'est que trop notoire, a, dans le cours de la révolution française, et malgré la neutralité dont il proteste, traité avec mépris les agents de la France, accueilli les émigrés, vexé les patriotes français, traversé leurs opérations, relâcher, malgré les usages reçus et malgré la demande du ministère français, des fabricateurs de faux assignats ; que dans les derniers temps, pour concourir aux desseins hostiles de la cour de Londres, il a ordonné un armement par mer, nommé un amiral, ordonné à des vaisseaux hollandais de joindre l'escadre anglaise, ouvert un emprunt pour subvenir aux frais de la guerre, empêché les exportations pour la France, tandis qu'il favorisait les approvisionnements des magasins prussiens et autrichiens ; »

« Considérant enfin que toutes ces circonstances ne laissent plus à la république française d'espoir d'obtenir, par la voie des négociations amicales, les redressements de ces griefs, et que tous les actes de la cour britannique et du stathouder sont des actes d'hostilité, et équivalent à une déclaration, »

« La convention nationale décrète ce qui suit : »

« Art. I.er La convention nationale déclare, au nom de la nation française, qu'attendu tous ces actes d'hostilité et d'agression, la république française est en guerre avec le roi d'Angleterre et le stathouder des Provinces-Unies. »

« II. La convention nationale charge le conseil exécutif provisoire de déployer les forces qui lui paraîtront nécessaires pour repousser leurs agressions, et pour soutenir l'indépendance, la dignité, les intérêts de la république française. »

« III. La convention nationale autorise le conseil exécutif provisoire à disposer des forces navales de la république ainsi que le salut de l'état paraîtra l'exiger, et elle révoque toutes les dispositions particulières ordonnées à cet égard par les précédents décrets. »

La plupart des griefs articulés dans cette pièce sout infiniment honorables pour la cour de Londres, et attestent l'horreur qu'inspiraient les crimes de nos démaguogues.

Nous voici parvenus à cette époque d'où découle le torrent de calamité qui a bouleversé l'univers. L'historien comme le publiciste ne voit dans les premières années de cette malheureuse période que des ruines et des actes effrayants d'iniquité : qui pourrait se flatter de retrouver les moindres traces du droit public sur cette arène sanglante ? On ne peut que se traîner sur les pas du crime, pour en signaler la marche à l'indignation de la postérité. Nous remarquerons cependant que la Grande-Bretagne, tout en faisant une guerre légitime au plus atroce des gouvernements, ne se laissa jamais assez égarer par le juste sentiment d'horreur que lui inspirait nos démagogues, pour ne pas profiter en même temps de toutes les chances de ses triomphes ; on peut l'accuser avec raison de n'avoir pas séparé la France des tyrans qui l'opprimaient, et d'avoir saisi toutes les occasions de rétablir, au détriment de tous les peuples, son despotisme et son monopole maritimes. En cherchant à détruire le foyer révolutionnaire de Paris, elle se conduisit comme une puissance qui attendait depuis long-temps l'occasion d'enlever à l'Europe notre salutaire prépondérance : c'est une question que l'histoire jugera sans doute avec plus de liberté qu'il ne nous est permis de le faire à présent.

Jurisprudence du gouvernement révolutionnaire. La convention étant en guerre avec presque toutes les nations, les diverses dispositions des traités au sujet des neutres ou alliés devenaient nulles ; les seuls principes du droit des gens existaient encore, mais aux yeux des Robespierre et des Danton, ces bases sacrées devaient disparaitre, comme nous le verrons dans peu. Le conseil exécutif, cependant, pour se donner l'air d'une *puissance*, adressa le 2 février 1793, aux chefs des forces navales, un mémoire en forme d'instruction, sur la conduite à tenir à la mer avec les *neutres* et ennemis. Cette instruction renferme, il est vrai, les plus saines notions sur cette partie, mais il était excessivement ridicule de voir ces principes proclamés par un gouvernement qui avait violé les maximes les plus sacrées et qui chaque jour foulait aux pieds tous les droits de la nature et des nations. Nous ne pouvons cependant nous dispenser de citer les décrets des 5, 7, 11 et 13 février 1793; ils autorisent la libre circulation des smogleurs; ils permettent la sortie de plusieurs navires de commerce anglais et hollandais arrêtés par suite de l'embargo mis sur tous les bâtiments à la déclaration de guerre; ils accordent la même faculté aux navires hambourgeois et bremois; ils donnent au commerce français la plus grande latitude, en permettant à chacun de naviguer sous pavillon étranger; enfin ils accordent des sauf-conduits aux bâtiments étrangers retenus dans nos ports par l'embargo et la crainte de devenir la proie de quelques corsaires français. Quoique ces mesures fussent motivées en grande partie sur ce que la plupart des bâtiments favorisés avaient apporté des chargements de grains et de munitions de guerre dont la France manquait alors, il faut pourtant convenir que de telles dispositions étaient justes et généreuses; cette manière d'agir est bien différente de l'exemple donné antérieurement de retenir et confisquer à la déclaration de guerre les navires et propriétés du commerce ; cet abus de la force est aussi contraire, comme nous l'avons déjà observé, aux principes du droit, qu'aux intérêts des peuples. Il est fâcheux que le gouvernement le plus immoral qui fut jamais, ait cependant donné une leçon de modération et d'équité que l'on a toujours depuis dédaigné de suivre. Si la France sous ses rois ou sous tout autre gouvernement régulier, avait assez écouté le sentiment de sa dignité pour s'abstenir d'un pareil brigandage, il n'y a pas de doute que cet exemple n'eut fait coutume pour les autres, et ce point important du droit maritime ne serait plus dans le vague : il est bien à desirer que si jamais la guerre maritime se rallume, les souverains ne se permettent plus de si odieuses spoliations ; il n'y a nul doute que s'ils entendent bien leurs propres intérêts, abstraction faite de toute autre considération, ce scandale n'aura plus lieu : leurs ports ne seront plus considérés comme des piéges dangereux et leurs traités comme des guet-apens pour le négociant paisible auquel les secrets de la diplomatie ne sont pas divulgués, et qui peut compter sur le pacte de la foi jurée tant que des démarches solennelles et publiques ne lui ont pas appris qu'il était rompu. C'est alors que la philosophie félicitera de nouveau les princes de la terre d'être assez éclairés pour être justes.

La Grande-Bretagne fut bien éloignée à l'époque dont nous parlons d'avoir la même indulgence ; les navires français furent pris, arrêtés, confisqués ou détruits tant à la mer que dans les ports, pendant que l'on negociait encore le maintien de la paix ; quels que fussent les crimes et l'extravagance de la convention nationale, rien ne pouvait autoriser un gouvernement légitime à ruiner des individus, la plupart innocents des torts de la révolution (1).

La convention crut devoir se mettre en règle, et par un décret du 1.er mars elle fit savoir que les traités de commerce passés entre la France et les puissances avec lesquelles elle est en guerre sont annullés. L'article 8 de ce décret est remarquable en ce qu'il consacre d'une manière positive les droits de la neutralité ; en voici la teneur : « La convention nationale, jalouse de ne laisser aucun doute sur les intentions et la loyauté de la nation française, dé-clare qu'elle autorise tous chargements d'objets non prohibés faits sur navires neutres dans les ports de la république ; ordonne en conséquence qu'il sera fait mention du présent article dans les passe-ports qui leur seront délivrés , pour les mettre à l'abri de toutes insultes de la part des navires français armés en course. »

Rien de plus équitable sans doute qu'une semblable notification , et l'on ne peut que louer les principes

Droits
du commerce
et
de la neutralité.

Ils sont violés
par le fait.

---

(1) « Le souverain qui déclare la guerre ne peut retenir les sujets de l'ennemi qui se trouvent dans ses états au moment de la déclaration , non plus que leurs effets. Ils sont venus chez lui sur la foi publique , en leur permettant d'entrer dans ses terres et d'y séjourner ; il leur a promis tacitement toute liberté et toute sûreté pour le retour. Il doit donc leur mar-quer un temps convenable pour se retirer avec leurs effets , et s'ils restent au-delà du terme prescrit, il est en droit de les traiter en ennemis , toutefois en ennemis désarmés. Mais s'ils sont retenus par un empéchement insurmontable , par une maladie, il faut nécessairement et par les mêmes raisons, leur accorder un juste délai. Loin de manquer à ce devoir aujour-d'hui , on donne plus encore à l'humanité , et très-souvent on accorde aux étrangers , sujets de l'état auquel on déclare la guerre , tout le temps de mettre ordre à leurs affaires. Cela se pratique surtout envers les négociants , et l'on a soin d'y pour-voir dans les traités de commerce. » *Vattel , droit des gens.*

qui l'ont dictée. Il est bien singulier de trouver, à chaque instant, dans cette période d'anarchie et de crime, des monuments nombreux du droit maritime; on serait encore plus surpris si les effets avaient répondu à ces actes si justes en apparence; mais pour l'honneur de l'humanité, les brigands qui nous gouvernaient alors n'ont pas été capables de tant de vertu; ils parlaient jurisprudence et droit des gens, de la même manière qu'ils proclamaient la morale, l'humanité et la religion, c'est-à-dire, que tout se réduisait à des mots, à des décrets. Ce pompeux étalage n'empêchait pas que sur mer et sur terre le drapeau de la république ne fut le signal de la terreur, de la spoliation des neutres, des excès les plus criminels; les prisons de Paris étaient pleines de sujets de ces mêmes puissances dont on affectait de respecter la neutralité; les corsaires pillaient, à la mer, indistinctement tous les pavillons; les représentants dans les ports et sur les côtes guillotinaient les marins étrangers, confisquaient ou rançonnaient leurs navires et cargaisons. Les autres puissances belligérantes ne se conduisaient pas avec beaucoup plus de mesures envers les pavillons neutres ou alliés, pour peu qu'ils fussent soupçonnés de couvrir des propriétés françaises, nos marins étaient même enlevés et faits prisonniers à bord des neutres, n'importe en quel lieu du continent on pouvait les trouver : de part et d'autre on accumulait les outrages au droit des gens et jamais la scène politique n'offrit un spectacle plus scandaleux.

 Au milieu de ce bouleversement général des principes, la Grande-Bretagne poursuivait avec vigueur la partie militaire de la guerre; elle détruisait nos escadres, brûlait nos ports et enlevait à toute l'Europe l'espoir de jouir encore de notre prépondérance maritime, lorsque la fin de notre révolution nous aurait rendu le calme et notre rang politique. Nos voisins, encore dans la première fougue de leur indignation contre la France, ne firent pas d'abord attention à cette conduite de l'Angleterre ; ils devaient la connaître dans ses résultats. La puissance navale de la Grande-Bretagne pendant la première année de notre révolution s'accrut de toutes nos pertes, c'est-à-dire, qu'elle fit des pas de géant; il est facile d'en inférer que la balance du commerce fut totalement rompue et que les droits maritimes des peuples vinrent encore se modifier sous les mains de ceux qui tenaient le sceptre des mers. L'on pouvait encore se plaindre de l'abus que l'Angleterre faisait de ses triomphes, mais non pas des motifs de son agression contre nous, car ils étaient communs à toute l'Europe. Quoiqu'il en soit, les suites n'en furent pas moins fâcheuses au commerce européen. Les Anglais se donnèrent à peine le temps de consommer des triomphes dont ils étaient certains, et ils commencèrent à agir comme si l'équilibre maritime était déjà totalement détruit; ils déclarèrent assez nettement qu'ils ne souffriraient pas long-temps de neutres, c'est-à-dire, qu'ils mettraient la France en état de blocus; ils soutinrent cette prétention autant par leurs victoires navales que par l'énorme quantité d'or avec lequel ils soudoyèrent nos ennemis ou s'attachèrent des alliés. Ce genre d'attaque et de corruption déjà bien connu fut porté au plus haut point de perfection par Pitt, et finit même par être excessivement onéreux à l'Angleterre, parce que les événements trompèrent souvent les calculs et les sacrifices de la politique. L'Angleterre ne souffrit pas que l'Espagne et les villes Anséatiques qui tergiversaient encore pour rester neutres se séparassent de sa querelle, et nous fumes en guerre avec ces puissances ; il en fut bientôt de même des autres nations ; et la Grande-Bretagne usurpa depuis si complettement l'empire des mers, que jamais aucune puissance ne fit impunément la paix avec nous ; c'est ce que les événements ont prouvé.

Immunités
bateaux pêcheurs

Dans la subversion générale qui signala l'époque dont nous parlons, on doit bien moins s'attacher aux effets des monuments du droit maritime qu'à l'esprit de leur rédaction. Nous ne considérerons les diverses dispositions législatives qui de part et d'autre ont consacré des principes que comme des aveux dont il faut prendre acte dans l'intérêt de l'humanité et contre la violation desquelles ont doit, par conséquent, protester. Les *aveux* dont nous parlons paraissent avoir d'autant plus de prix, qu'ils ont été faits au milieu de l'explosion des passions les plus violentes par des hommes criminels ou par des gouvernements justement irrités ; nous pouvons donc les considérer comme le cri de la conscience : un état quelconque pourrait-il donc être injuste désormais sans s'exposer à la confusion de subir une comparaison aussi désagréable qu'humiliante ! Cette réflexion me conduit à m'arrêter à un événement bien peu important sans doute aux yeux de beaucoup de diplomates, mais qui intéressera toujours un gouvernement paternel, parce que cette circonstance se rattache à un point délicat du droit maritime et à l'existence d'une classe de marins aussi utile que laborieuse.

La pêche, de tout temps, fut la ressource d'une population nombreuse, elle concourt plutôt à soutenir l'existence de ceux qui la font, qu'à enrichir l'état en général. Les nations chrétiennes, qui pendant leurs guerres doivent chercher à affaiblir l'état ennemi et non pas à ruiner quelques individus insignifiants, ne devraient donc jamais se permettre d'inquiéter ou de prendre les bateaux qui font la pêche sur leurs côtes respectives : une pareille violence a quelque chose de lâche et d'ignoble en soi, parce qu'elle ne rapporte que de chétifs produits et qu'elle s'exerce sur des malheureux trop faibles pour résister, trop indigents pour satisfaire la cupidité, et la plupart inutiles à l'état auquel ils appartiennent. Cette assertion deviendra encore plus sensible si l'on fait réflexion que chez presque tous les peuples de l'Europe, et surtout chez les Français, les gens qui se livrent à la pêche en temps de guerre, sont des marins invalides réformés du service, presque tous pères de nombreuses familles, et dont les faibles ressources consistent dans ce filet et ce petit bateau que l'on a la barbarie de leur enlever. L'humanité réclame donc que ces malheureux soient considérés comme neutres et les principes du droit maritime le prescrivent. » Il est manifeste, dit Vattel, que l'usage de la pleine mer, dans la pêche, est innocent et inépuisable, c'est-à-dire, que celui qui navigue ou qui pêche en pleine mer, ne nuit à personne, et que la mer, à ces deux égards, peut fournir aux besoins de tous les hommes. Or, la nature ne donne point aux hommes le droit de s'approprier les choses dont l'usage est innocent, inépuisable et suffisant à tous, puisque chacun pouvant y trouver, dans leur état de communion, de quoi satisfaire à ses besoins, entreprendre de s'en rendre seul maître et d'en exclure les autres, ce serait vouloir les priver sans raison des bienfaits de la nature. La terre ne fournissant plus sans culture toutes les choses nécessaires ou utiles au genre humain extrêmement multiplié, il devint convenable d'introduire le droit de propriété, afin que chacun pût s'appliquer avec plus de succès à cultiver ce qui lui était échu en partage, et à multiplier par son travail les diverses choses utiles à la vie. Voilà pourquoi la loi naturelle approuve les droits de domaine et de propriété, qui ont mis fin à la communion primitive. Mais cette raison ne peut avoir lieu à l'égard des choses dont l'usage est inépuisable, ni par conséquent devenir un juste sujet de se les approprier. Si le libre et commun usage d'une chose de cette nature était nuisible ou dangereux à une nation, le soin de sa propre sûreté l'autoriserait à soumettre, si elle le pouvait, cette chose-là à sa domination, afin de n'en permettre l'usage qu'avec les précautions que lui dicterait la prudence; mais ce n'est point le cas de la pleine mer, dans laquelle ont peut naviguer et pêcher sans porter de préjudice à qui que ce soit et sans mettre personne en péril; aucune nation n'a donc le droit de s'emparer de la pleine mer, ou de s'en attribuer l'usage, à l'exception des autres. »

Si l'on pouvait ajouter quelque chose à l'autorité du célèbre publiciste que je viens de citer, nous observerions que l'opinion des plus fameux jurisconsultes et même celle de plusieurs militaires renommés, est que les opérations de la guerre ne doivent être dirigées, en général, que sur le *combattant*; cette maxime pouvait être contestée dans l'origine des sociétés, parce qu'alors les motifs de la guerre étaient communs à tous et que la masse d'un peuple se jetait sur la totalité d'une autre nation : mais dans l'état de civilisation, le peuple partage bien rarement les griefs de son souverain, les mésintelligences de la politique sont toujours funestes à son repos et à son industrie ; il ne dépend que du prince d'arrêter les fléaux de la guerre ou de donner satisfaction aux ennemis ; ce sont les armées soudoyées qui causent tous les maux ou les offenses dont peuvent être irrités les belligérants ; mais le peuple, le laboureur, le navigateur sont étrangers à ces grands corps de troupes et n'ont de commun avec eux que les énormes tributs qu'ils payent pour les entretenir. Il y a donc une barbarie révoltante à faire peser sur ce pauvre peuple les calamités de la guerre, à détruire ses propriétés, à piller les produits de son industrie et de son labeur ; les trophées que le guerrier ose élever à la victoire sur les ruines d'une ville qu'il vient de réduire en cendre, sur une côte où il a ravagé les moissons et arraché à l'indigence sa dernière ressource, de tels trophées, dis-je, ne sont que les monuments de l'infâmie, et flétrissent à jamais la mémoire du féroce guerrier qui est assez lâche pour tirer vanité de victoires aussi odieuses que faciles : *faites-vous redouter de vos ennemis*, disait Bertrand du Guesclin, *et bénir du pauvre peuple* ; paroles touchantes et sublimes dans la bouche de ce chef des preux ! Il se plaisait à les répéter souvent à ses frères d'arme ; elles précédèrent d'un instant son dernier soupir. Je pourrais encore rappeler à ce sujet les sentiments de Bayard, qui sera toujours le héros des véritables soldats français, mais la conduite du chevalier sans reproche est trop connue. Je ne puis cependant me dispenser d'invoquer le témoignage de

Turenne ; j'éprouve une vive satisfaction à m'appuyer de l'autorité de ce grand homme, de ce guerrier savant et chrétien. Il pensait aussi que rien ne pouvait excuser un général qui faisait peser les fléaux de la guerre sur ceux qui ne portaient pas les armes ; forcé par les ordres précis de la cour de brûler les champs du palatinat, il employa presque toute sa fortune à réparer les malheurs qu'il était obligé de causer.

Ne pourrait-on pas considérer sous le même point de vue le siége d'une ville ; il ne devrait être permis d'y employer l'arme terrible de la bombe que dans le cas où les habitants défendraient eux-mêmes leurs remparts ; mais s'ils étaient au pouvoir d'une garnison, l'attaque devrait uniquement se diriger sur les fortifications et tendre à la brêche : il est aisé de sentir en effet que dans une place de guerre où les magasins de munitions se trouvent à l'abri de la bombe, jamais le gouverneur ne se rendra tant que ses remparts seronts intacts, et qu'il chassera plutôt les habitants si leurs maisons s'écroulent ou brûlent sous les bombes de l'ennemi ; il y a donc de l'atrocité à se servir de pareils moyens.

Tous ces principes relatifs au respect dû à l'homme désarmé s'appliquent directement à la classe des marins dont nous nous occupons. Il n'est pas plus permis d'abuser du droit de la guerre pour voler l'homme qui pêche que pour dépouiller l'agriculteur qui fertilise les champs. Une grande objection que l'on peut faire contre les immunités réclamées pour les pêcheurs est, qu'en temps de guerre, ils peuvent devenir espions ou contrebandiers, c'est-à-dire, que pour vous dispenser de prendre des précautions ou des mesures contre un abus que vous prévoyait , vous allez d'avance condamner à la misère ou à l'esclavage ceux que vous en présumez capables ; une telle logique est trop anti sociale pour faire impression sur un gouvernement qui se respecte : mais en supposant que malgré tous les moyens repressifs l'inconvénient que l'on redoute arrivât quelques fois, on sait, pour peu que l'on s'en rapporte à l'expérience, que les résultats en sont bien insignifiants pour la sûreté ou le commerce des états, et qu'ils ne peuvent jamais balancer le danger bien plus grave de réduire à la misère toute une population. Je suis fâché de trouver encore dans les actes du gouvernement de 1793 un modèle de législation sur la pêche en temps de guerre qui doit faire honte aux gouvernements qui depuis ont méconnu sur cet article les droits sacrés de l'humanité ; voici cette pièce :

Arrêté du conseil exécutif, qui autorise les officiers municipaux de Calais à entrer en négociation avec le commandant des Dunes, pour faire respecter les pêcheurs français.

Du 10 mars 1793.

» Les officiers municipaux de Calais ayant fait indirectement, auprès du commandant des Dunes, des démarches en faveur des pêcheurs français, on leur a fait espérer qu'ils seraient respectés, pourvu que l'on fît à cet égard un réglement qui porterait, »

» 1.° Défense d'armer en course des bateaux pêcheurs ; »

» 2.° Que les bateaux seraient tous enregistrés et numérotés, et que les certificats fairaient mention de leur grandeur ; »

» 3.° Que ces certificats seraient délivrés par les commissaires de la marine, visés par la municipa-

lité, et attesteraient que le bateau est uniquement destiné pour la pêche, et qu'il est sans armes; «

« 4.º Que le nom des bateaux serait peint , en
toutes lettres, sur chaque côté; »

« 5.º Que ces bateaux ne s'éloigneraient pas de
plus de trois lieues des côtes de France. »

« Les officiers municipaux demandent d'être autorisés à traiter directement à ce sujet avec le
commandant des Dunes. »

« Approuvé par le conseil. »

Cette espèce de capitulation fut mal négociée, encore plus mal exécutée, je ne la cite que pour faire
remarquer combien elle est juste en soi ; elle réunit
tout ce que peuvent exiger le droit des gens, la
sûreté réciproque des états et les égards dus à une
industrie innocente. Les articles 1 et 3 prévoient le cas
où les bateaux de pêche s'armeraient pour la course,
et l'on aurait pu y ajouter que ceux qui abuseraient
de la faculté qu'on leur accordait, seraient traités
et punis comme forbans; l'article cinq détermine
la distance des côtes mises en neutralité pour les
pêcheurs, elle est fixée à trois lieues, mais il est
facile de sentir que cette disposition est locale et
qu'elle serait susceptible de modification, si les
gouvernements devenaient assez généreux pour adopter le principe qui en est la base. Vattel (chap. 23.
§ 289.) dit qu'il n'est pas aisé de déterminer jusqu'à quelle distance une nation peut étendre ses
droits sur les mers qui l'environnent. Bodin prétend
(de la république. Liv. 1. Chap. X.) que la domination du prince s'étend jusqu'à trente lieues des côtes,
et Vattel resoud cette question, en disant que tout
l'espace de mer qui est à la portée du canon le long
des côtes, est regardé comme faisant partie du ter-

ritoire, et pour cette raison, un vaisseau pris sous le canon d'une forteresse neutre, n'est pas de bonne prise. Cette discussion ne pourrait servir qu'à déterminer l'étendue du territoire littoral d'un état, et rendre encore plus odieuses les violences particulières exercées contre les pêcheurs, puisqu'elles seraient alors des déprédations commises sur des individus voyageant ou résidant chez eux ; or, ces sortes d'hostilités privées, commises par des sujets d'une puissance ennemie, sont regardées comme brigandage ou espionnage et punis en conséquence (1).

Il serait bien à desirer qu'à l'avenir on adoptât ce principe pour la pêche, et les gouvernements qui

---

» (1) A ne considérer que le droit des gens en lui-même, dès que deux nations sont en guerre, tous les sujets de l'une peuvent agir hostilement contre l'autre, et lui faire tous les maux autorisés par l'état de guerre. Mais si deux nations se choquaient ainsi de toute la masse de leurs forces, la guerre deviendrait beaucoup plus cruelle et plus destructive ; il serait difficile qu'elle finit autrement que par la ruine entière de l'un des partis. Et l'exemple des guerres anciennes le prouve de reste. On peut se rappeler les premières guerres de Rome, contre les républiques populaires qui l'environnaient. C'est donc avec raison que l'usage contraire a passé en coutume chez les nations de l'Europe, au moins chez celles qui entretiennent des troupes réglées ou des milices sur pied. Les troupes seules font la guerre, le reste du peuple demeure en repos. La nécessité d'un ordre particulier est si bien établie, que lors même que la guerre est déclarée entre deux nations, si des paysans commettent d'eux-mêmes quelques hostilités, l'ennemi les traite sans ménagement, et les fait pendre comme il fairait des voleurs ou des brigands. Il en est de même de ceux qui vont en course sur mer : une commission de leur prince, ou de l'amiral, peut seule les assurer, s'ils sont pris, d'être traités comme des prisonniers faits dans une guerre eu forme. » *Vattel, droit des gens.*

seraient assez justes pour le respecter, acquéreraient un beau titre de gloire.

J'ai cru devoir donner un peu d'étendue à mes réflexions en faveur des marins qui se livrent à la pêche : cette classe d'homme est en général trop pauvre pour fixer l'attention des gouvernements, trouve peu d'appui, et parvient rarement à faire entendre ses plaintes, lorsque la violence lui arrache les ressources d'une pénible industrie.

Smogleurs et contrebandiers.

Les tentatives pour assurer le sort des pêcheurs furent sans effet, parce que le gouvernement français d'alors était trop méprisable pour inspirer la moindre confiance, et que d'un autre côté les Anglais commençaient à devenir trop puissants pour s'astreindre à des égards. Cette position des deux pays influa beaucoup sur les mesures prises à l'égard des smogleurs, qui jusqu'à cette époque avaient eu la permission de faire un commerce interlope de France en Angleterre. La convention, par une loi du 9 mai 1795, déclara ennemis les navires de ces fraudeurs.

La tolérance réciproque accordée en temps de guerre aux contrebandiers, connus sous le nom de smogleurs, est une preuve bien évidente de la fausseté du principe qui permet la capture des bâtiments de commerce, c'est en même temps un moyen honteux de s'indemniser des inconvénients qui en résultent. Depuis que le monde est affligé du fléau de la guerre maritime, les intérêts bien entendus des nations belligérantes, d'accord avec la philosophie, réclament contre ces odieux abus de la force qui autorise à prendre sur mer les propriétés des individus et du commerce. Tout homme qui a le moindre sentiment des convenances, s'afflige en réfléchissant sur l'immoralité de la *course*. On ne peut s'empêcher d'être indigné en voyant des souverains instituer par des actes authentiques et couvrir de leurs bannières un brigandage infâme, qui quoique exercé sur un autre élément, n'en est pas moins semblable en tout aux déprédations commises sur des grands chemins. La *course* n'est dans le fond qu'une piraterie privilégiée : et les princes peuvent-ils donner un plus grand scandale que celui d'abuser du pouvoir que Dieu leur confie, en autorisant un crime ? Cette vérité deviendrait encore plus palpable, si je voulais entrer dans le détail de toutes les atrocités qui suivent ordinairement les exploits des corsaires et des mœurs dissolues des gens qui se livrent à cet affreux métier ; comment un gouvernement peut-il sans honte se déclarer protecteur d'une pareille milice ? La France et l'Angleterre n'ayant pas voulu jusqu'à présent calculer assez bien leurs intérêts mutuels pour se convaincre de l'importance de neutraliser le commerce, croyaient se donner un faible dédommagement en fermant les yeux sur la circulation des smogleurs ; cette espèce de fraudeur ne fait autre chose que de transporter d'un pays à l'autre des marchandises qui y sont respectivement prohibées. La France croit s'indemniser du tort que peuvent lui faire l'introduction de produits Anglais par le dommage que cause à l'Angleterre l'importation de produits français et *vice versa*. Il est impossible de rien imaginer de plus bas, de plus indigne d'une nation qu'un pareil genre de commerce et d'attaque ; de tels procédés sont d'autant plus honteux, que les bénéfices d'une semblable contrebande sont en général médiocres et sujets à beaucoup de chances hasardeuses ; il n'est rien d'ailleurs de plus vil que cette manière de se faire la guerre par la fraude, de protéger un genre de délit qui tend toujours à faire varier subitement et par secousses la balance du commerce, fluctuation qui ne peut enrichir que la plus méprisable partie des agioteurs, et qui ruine le négociant honnête dont les spéculations se basent sur les lois et la confiance que lui inspire le gouvernement chargé de les faire exécuter. Est-il permis à un prince quelconque d'employer contre son ennemi l'odieuse ressource de la contrebande flétrie de peines infâmantes chez tous les peuples ? Une semblable turpitude dégraderait le gouvernement le moins civilisé ; elle est une violation manifeste du droit des gens (1), et ses suites sont toujours funestes : nous ne l'avons que trop éprouvé nous-mêmes lorsque Buonaparte s'érigea, à l'aide de ses smogleurs et de ses licences, en contrebandier général de l'Europe : que de désastres cette basse cupidité ne fit-elle pas éprouver au commerce français !

La convention, par des décrets antécédents, avait donné toute facilité aux smogleurs d'établir leur trafic, et l'Angleterre les toléra quelque temps ; mais bientôt elle eut des moyens plus sûrs et moins onéreux pour elle, d'introduire en France ses marchandises sans recevoir les nôtres ; dès-lors elle fit main basse sur les smogleurs, et le décret de la convention qui déclare ennemis ces contrebandiers, n'est qu'une représaille. Il s'ensuivait de là que les intérêts de la Grande-Bretagne emportaient seuls la balance, car

______

(1) » La loi naturelle ne donne à qui que ce soit aucune espèce de droit de vendre ce qui lui appartient à celui qui ne souhaite pas l'acheter, ni à aucune nation celui de vendre ses denrées ou marchandises chez un peuple qui ne veut pas les recevoir. » (Vattel. tom. I. Liv. I. Chap. VIII. § 89.)

elle se trouvait assez forte pour faire la contrebande chez nous sans permettre que nous la fassions chez elle ; l'Angleterre commençait même à établir ce principe à l'égard des autres nations : c'était une suite naturelle du dépérissement de nos forces navales, et nous étions chaque jour moins en état de maintenir l'équilibre commercial. La France, dirigée depuis par une ambition gigantesque, crut parer cet inconvénient en s'emparant de tous les ports du continent : on sait les malheurs que produisit cette injuste violence ; ils furent désastreux, presque irréparables, la France, l'Europe, l'Angleterre même en souffriront encore long-temps, mais on ne peut se dissimuler qu'ils ont leur source dans cette ambition effrénée qui de part et d'autre poussa les gouvernements à porter une main cupide sur le pacte des droits maritimes communs ; si chacun avait su le respecter au sein des revers comme dans les triomphes, nous ne serions pas dans la période de misère où nous nous trouvons tous : c'est ce sentiment de gêne et de pénurie qui pousse aujourd'hui tous les peuples vers un juste équilibre maritime et commercial : mouvements que l'on prend à tort dans plusieurs états pour un reste du vestige révolutionnaire.

Les outrages réciproques que l'on se permit en 1793 contre le droit maritime, portent en général un caractère de haine et de barbarie inoui jusqu'alors. Les corsaires et croiseurs de la convention *nationale* se permettaient contre les ennemis *de la Ré-blique* et même les neutres des déprédations et des violences atroces ; le fanatisme et la rage semblaient conduire ces têtes volcanisées, et jamais la philosophie n'eut plus de motifs pour déplorer les calamités de la guerre. La Grande-Bretagne, sans mettre

Systéme de famine dirigé contre la France.

autant d'acharnement dans ses procédés, et tout en respectant d'avantage les droits de l'humanité, avait cependant aussi adopté un genre de guerre ou de blocus non moins contraire à la loi des nations. La France à cette époque était en proie aux horreurs de la famine, suite de ses erreurs révolutionnaires ; les Anglais sans égard pour cette situation critique de tout un peuple, dirigeaient principalement leurs forces contre les arrivages de subsistances que nous sollicitions alors de la pitié de toutes les nations ; afin de nous priver encore d'avantage de ces ressources précieuses, la Grande-Bretagne profita de cette confusion dans laquelle étaient tombés tous les droits maritimes, pour arrêter et spolier les neutres et même ses alliés qui nous expédiaient des grains. Je crois que des fléaux tels que la peste et la famine sont entre les mains de Dieu, lui seul peut en affliger un peuple ; et je pense que c'est agir contre toutes les lois divines et humaines, que de faire de ces horribles calamités une armée de guerre. Lorsqu'une ville est évidemment bloquée, que l'on emploie, pour la réduire, la privation des subsistances, cela peut être permis, quoique notre bon Henri IV, dont l'autorité doit être respectable à toutes les nations, ne fut pas de cet avis ; mais vouloir prolonger chez tout un peuple, dans un vaste royaume, les horreurs de la famine, c'est, il faut l'avouer, le plus monstrueux abus que l'on puisse faire de la force, c'est fouler aux pieds et le droit des gens et tous les devoirs d'hommes et de chrétiens : telle fut cependant à notre égard la conduite de la Grande-Bretagne, rien ne pouvait l'autoriser, ni la guerre, ni les crimes de nos démagogues dont les malheureux Français étaient victimes, loin d'en être les complices. Il est de ces égards, de ces secours que les nations se doivent réciproquement, même au milieu des fureurs de la guerre ; la nature les a gravés dans le cœur de tous les hommes, la religion les commande, et les nations qui sont civilisées en ont pris l'engagement dans les institutions du droit public (1). Il est bien convenu aujourd'hui que les peuples en guerre ne cherchent plus à s'exterminer en masse, et que malgré les griefs que les gouvernements ont les uns contre les autres, il ne peut jamais exister de proscription entre les nations : sans cela quelle différence y aurait-il entre les Européens et les cannibales de la mer du Sud ?

Le blocus maritime de famine adopté par la Grande-Bretagne était pourtant en quelque sorte autorisé par un autre système suivi par le gouvernement français, qui ne blessait pas moins le droit des gens, et qui peut-être doit exciter plus d'indignation. La convention, non contente d'attaquer ses ennemis avec des vaisseaux et des armées, employait aussi l'arme des révolutions. De nombreux propagandistes se répandaient en Angleterre et sur le continent pour souffler le feu de la révolte et prêcher des doctrines incendiaires. La convention avait même organisé le régicide contre les souverains de l'Europe ; elle osait déclarer les ministres et les généraux des autres puissances ennemis du genre humain, et mettre leurs têtes à prix, comme elle fit contre William Pitt et le prince de Cobourg. Déjà par un décret solennel elle avait, comme nous l'avons dit plus haut, promis protection à tous les peuples qui se révolteraient. Une telle conduite est bien digne de l'exécrable gouvernement qui nous oppo-

(1) Voyez Grotius et Puffendord.

mait alors et justifiait en partie le blocus de famine. On ne peut cependant considérer ce blocus
que comme une représaille , d'autant plus horrible,
qu'elle ne nuisait en rien aux inventeurs des crimes dont l'Europe avait raison de se plaindre.

Quel spectacle plus déplorable aux yeux du vrai
philosophe ! des peuples faits pour s'estimer créaient
et mettaient en usage pour se détruire les plus horribles fléaux de la colère céleste ; ce n'était pas
assez des inventions et de la tactique meurtrière
de la guerre , on s'acharnait mutuellement contre
tous les soutiens physiques et moraux de l'existence,
on détruisait tous les éléments de la vie et de la
société ; quel épouvantable délire ! quel siècle ! quels
hommes ! qu'il est profond cet abyme où les peuples et les individus vont s'engloutir lorsqu'une fois
ils abandonnent le sentier de la justice et de la
modération !

Loi révolution-
naire sur les
neutres.
Ces outrages réciproques renversèrent enfin les faibles restes du droit maritime qui surnageaient encore ; la convention nationale qui avait violé les principes de toute espèce et qui était à son tour le but
du mépris et des insultes de ses ennemis, se dé-
barrassa aussi de toute retenue , et se lança comme
les autres dans le tourbillon de cette affreuse confusion ; elle rendit un décret qui dévoilait le véritable état des choses et qui mettait tout le monde
à même de connaître que l'arbitraire et la violence
remplaceraient dorénavant et sans appel le droit maritime et la foi des traités ; voici le texte de ce
décret :

Du 9 mai 1793.

» La convention nationale, après avoir entendu
le rapport de son comité de marine; »

» Considérant que le pavillon des puissances neutres n'est pas respecté par les ennemis de la France; »

» Que deux cargaisons de farines arrivées à Falmouth sur des navires anglo-américains, et achetées avant la guerre pour le service de la marine française, ont été rétenus en Angleterre par le gouvernement, qui n'a voulu en payer la valeur qu'à un prix au-dessous de celui auquel ces farines avaient été vendues ; »

» Qu'un navire de Papemburg, nommé la Thérésia, commandé par le capitaine Hendrick-Kob, chargé de divers effets appartenant à des Français, a été conduit à Douvres, le 2 mars dernier, par un cutter Anglais ; »

» Qu'un corsaire de la même nation a amené au même port de Douvres, le 18 du même mois, le navire danois le *Mercure Christiansund*, capitaine *Freucher*, expédié de Dunkerque le 17, avec un chargement de blé pour Bordeaux ; »

» Que le navire le John, capitaine *Shkeley*, chargé d'environ six mille quintaux de blé d'Amérique, allant de Falmouth à Saint-Malo, a été arrêté par une frégate anglaise et conduit à Guernesey, où les agents du gouvernement ont simplement promis de faire payer la valeur de la cargaison, parce qu'elle n'était pas pour compte français ; »

» Que cent un passagers français, de différentes professions, embarqués à Cadix, par ordre du ministre espagnol, sur le navire génois la *Providence*, capitaine *Ambroise Briasco*, pour être amenés à Baïonne, ont été indignement pillés par l'équipage d'un corsaire anglais ; »

» Que les divers rapports qui sont faits successivement par les villes maritimes de la république annoncent que ces mêmes actes d'inhumanité et d'injustice se multiplient et se répètent impunément chaque jour sur toute l'étendue des mers ; »

» Que dans une pareille circonstance, tous les droits des gens étant violés, il n'est plus permis au peuple français de remplir, vis-à-vis toutes les puissances neutres en général, le vœu qu'il a si souvent manifesté et qu'il formera constamment pour la pleine et entière liberté du commerce et de la navigation, décrète ce qui suit : »

» Art. I.er Les bâtiments de guerre et corsaires français peuvent arrêter et amener dans les ports de la république les navires neutres qui se trouveront chargés, en tout ou en partie, soit de comestibles appartenant à des neutres et destinés pour des ports ennemis, soit de marchandises appartenant aux ennemis. »

« II. Les marchandises appartenant aux ennemis seront · déclarées de bonne prise et confisquées au profit des preneurs. Les comestibles appartenant à ʌ s neutres et chargés pour des ports ennemis, seront payés sur le pied de leur valeur dans le lieu pour lequel ils étaient destinés. »

« III. Dans tous les cas, les navires neutres seront relâchés du moment où le déchargement des comestibles arrêtés ou des marchandises saisies aura été effectué ; le frét en sera payé au taux qui aura été stipulé par les chargeurs. Une juste indemnité sera accordée à raison de leur détention par les tribunaux, qui doivent connaître de la validité des prises. »

« IV. Ces tribunaux seront tenus, en outre, de faire parvenir trois jours après leur jugement, un double de l'inventaire desdits comestibles ou marchandises au ministre de la marine, et un autre double au ministre des affaires étrangères. »

« V. La présente loi, applicable à toutes les prises qui ont été faites depuis la déclaration de guerre, cessera d'avoir son effet dès que les puissances ennemies auront déclaré libres et non saisissables, quoique destinés pour les ports de la république, les comestibles qui seront propriétés neutres et les marchandises chargées sur des navires neutres, qui appartiendront au gouvernement ou aux citoyens français. »

Cette démarche qui renversait les derniers vestiges du droit des gens devait être suivie de beaucoup d'autres non moins odieuses, car c'est le cours naturel de l'injustice de n'être arrêté que par l'encombrement des malheurs qui en résultent; aussi cette période ne nous offre-t-elle, à l'égard du droit maritime, qu'un sanglant amas de ruines. Le décret du 9 mai fut cependant modifié un instant à l'égard des Etats-Unis, et des violences commises par des corsaires français contre des navires américains furent aussi réprimées; mais cette indulgence ne fut pas de longue durée et n'avait pas pour motif des considérations d'équité; la convention faisait acheter des grains aux Etats-Unis, et les égards que l'on eût pour leur pavillon furent toujours gradués sur le plus ou le moins d'activité des affaires que l'on contractait avec eux.

Un intérêt pressant et majeur dicta cependant à la convention un décret que nous pouvons considérer comme une proposition faite à toutes les puissances belligérantes au sujet des prisonniers de guerre; rien ne doit être plus respectable aux yeux d'un gouvernement que les prisonniers de guerre. Ces hommes jetés par le sort des combats au milieu d'une nation qui n'a plus aucuns traités avec la leur, ne peuvent devoir leur existence et leur sûreté qu'à la générosité des vainqueurs : la moindre démarche faite en faveur d'un prisonnier de guerre honore d'autant plus, que rien ne paraît y obliger ; le courage désarmé par la force est vaincu une seconde fois, lorsque l'humanité adoucit sa détention. Tout ce qui regarde les prisonniers de guerre intéresse au plus haut dégré les principes les plus délicats du droit des gens et le point d'honneur d'une nation ; au lieu de rivaliser à qui retiendra plus étroitement et maltraitera d'avantage les prisonniers, des gouvernements qui se respecteraient et qui ambitionneraient l'estime des peuples, s'efforceraient au contraire de se surpasser en générosité. Nous prenons acte, comme nous l'avons déjà fait, en pareil cas, des dispositions contenues dans le décret du 25 mai 1793 ; elles continuent aux Français prisonniers de guerre, leur traitement de solde jusqu'à leur échange, et promettent la même faveur aux ennemis que le sort des armes aura fait tomber au pouvoir des Français. Ce décret contient une invitation formelle d'agir de part et d'autre envers les prisonniers avec la plus grande humanité, d'établir des échanges fréquents, et de se rembourser réciproquement les frais occasionnés par l'entretien des prisonniers : on doit applaudir à de pareilles intentions, et puisqu'une assemblée telle que la convention a pu les concevoir, il ne doit plus y avoir de gouvernement qui fasse difficulté d'être moins généreux. Il est juste d'avouer que jusqu'à la loi infâme du 7 prairial an 2, la convention se conduisit envers les prisonniers avec une sollicitude presque paternelle ; les échanges partiels étaient nombreux, les secours abondants, et même il exista à Londres un commissaire français auquel le gouvernement anglais permis d'être comme le consul des prisonniers de guerre (1). Nous verrons par la suite combien cet article du droit des gens a été indignement violé de part et d'autre!

Un événement peu important en lui-même, mais qui l'est devenu beaucoup par ses conséquences, vint encore obscurcir l'affreux cahos où se trouvait la jurisprudence maritime. Nous avons fait remarquer plus haut, que lors de la déclaration de guerre, la convention avait ordonné la relaxation des navires neutres et même ennemis qui se trouvaient dans les ports français et qui y avaient apporté des subsistances ou des munitions de guerre ; le conseil exécutif avait accordé en conséquence à ces navires des sauf-conduits pour les empêcher de devenir la proie des croiseurs français ; quelque tems après, un corsaire français captura trois vaisseaux hollandais munis de ces sauf-conduits ; la convention déclara que les sauf-conduits ne pouvaient préserver *que la coque du navire*, et rapporta une loi par laquelle elle avait ordonné précédemment la restitution de ces mêmes vaisseaux et de leurs cargaisons ; cette indigne escobarderie qui fut imitée si souvent depuis, prouve seule à quel point on était parvenu à l'égard du droit maritime ; le principe consacré par cette confiscation est éminemment injuste. Vous relâchez un vaisseau ennemi ou arrêté par l'embargo, parce qu'il était arrivé dans vos ports avec une cargaison dont la nature a provoqué votre indulgence ; vous ne pouvez pas supposer que les armateurs de ce vaisseau vous aient donné en pur don leur chargement, ou ils l'ont vendu en numéraire ou ils ont reçu d'autres marchandises en échange, telles sont les transactions du commerce ; si donc vous permettez

Confusion de tous les principes.

---

(1) Cette espèce de consulat n'eut lieu que long-temps après le rapport de la loi du 7 prairial an 2.

à ce vaisseau de s'en retourner, vous ne pouvez saisir la cargaison qu'il emporte puisqu'elle est nécessairement une suite des motifs qui lui ont mérité la liberté que vous lui donnez; d'ailleurs en saisissant cette cargaison vous compromettrez des intérêts publics et particuliers, car vous annoncez par cette seule démarche que vous ne voulez plus rien donner en échange des denrées dont vous avez besoin, par conséquent personne ne sera tenté de vous faire de semblables cadeaux. Ce raisonnement est trop juste pour être étendu d'avantage; j'observerai seulement que depuis cette époque, chaque année vit naître des difficultés de ce genre : tantôt la neutralité du pavillon couvre la marchandise et le plus souvent encore ne la préserve pas ; une autre fois l'origine du navire ou de l'équipage détruisent ou font les garanties ; plus tard les relâches, les rencontres à la mer, les naufrages même, quelques papiers de plus ou de moins dénaturent la neutralité et même la nationalité; distinctions subtiles, subterfuges odieux inventés par la cupidité, mis en usage par la violence; abus scandaleux des mots et de la force qui sera toujours la honte des gouvernements qui s'en rendent coupables. Les principes du droit des gens sont clairs; les lois de la guerre, de la neutralité et de l'alliance sont écrits dans la conscience, les esprits justes les apprenent et les conçoivent facilement, mais l'avarice et l'ambition les oublient sans pouvoir les détruire ; ces droits sacrés sont immuables, tôt ou tard les peuples sont obligés de s'y soumettre et ceux qui les ont enfreints s'exposent au mépris et à la haine de leurs contemporains et de la postérité.

La convention après s'être repentie de quelques légères entraves qu'elle avait mis au brigandage sur mer , l'autorisa et même le sanctionna sur terre ; elle ordonna à ses généraux de ne plus agir en *rigides philantropes* à l'égard des pays ennemis au pouvoir des troupes françaises , mais elle leur prescrivît de traiter leurs conquêtes en vainqueurs irrités ; jamais décret ne fut mieux exécuté !

Le mépris et l'horreur qu'inspirait cette convention avait déterminé depuis long-temps les puissances qui n'avaient pas encore pris une part active dans la guerre, à ne plus faire jouir les Français des droits accordés aux nations civilisées dans les ports neutres ; les Anglais forts de leurs victoires et de nos désordres , avaient repris l'habitude qu'ils ont toujours eu dans leurs périodes de prospérité maritime , c'est-à-dire , qu'ils avaient défendu aux puissances auxquelles ils permettaient encore de rester neutres , d'avoir les moindres considérations pour la France et surtout de ne pas souffrir que l'on vendit dans leurs ports les prises des corsaires français ; en conséquence la Suède et le Dannemark qui se disaient encore neutres , ne permirent plus que nous vendions nos prises dans leurs états ; cette prohibition n'avait pas lieu pour les autres puissances belligérantes , et cet incident amena entre la France et les gouvernements danois et suédois , des explications qui ne firent pas beaucoup varier cet état de choses. Mon projet étant de suivre avec exactitude les diverses variations du droit maritime , j'ai cru ne pas devoir passer cet incident sous silence , parce qu'il est une dérogation évidente aux coutumes précédemment suivies. Jamais jusqu'à cette époque la Grande-Bretagne n'avait cru devoir pousser aussi loin l'autorité de son influence ; et comme le cabinet de Saint-James fait principe de tous les exemples, il est à craindre qu'à l'avenir cette faculté des neutres ne soit abolie: je crois cependant qu'elle pourrait être mise en question.

Il est de l'essence de la neutralité de ne participer ni directement ni en tout autre façon aux opérations de la guerre, soit en faveur, soit au détriment de l'une ou de l'autre partie belligérante ; or, la vente d'une prise n'est qu'une suite ou plutôt la consommation d'un acte d'hostilité; le capteur n'a acquis les droits de vendre son butin que par ceux que lui donne la guerre, c'est donc reconnaître ces droits et par conséquent devenir partie intéressée dans la guerre, que de recevoir sa prise et la légaliser au profit des sujets neutres, en souffrant qu'ils l'achètent des capteurs; cela suffit, je pense, pour constituer un acte d'hostilité; on ne peut l'excuser en disant que ces chances sont égales pour toutes les parties belligérantes, car alors on ne fait autre chose que de nuire alternativement à chacune sans s'exposer aux représailles, à cause de cette neutralité dont on abuse et qui devrait être abrogée par ce seul fait. Il en est de même de la permission que les neutres accordent quelques fois chez eux aux belligérants d'armer des corsaires, de ravitailler de munitions de guerre les vaisseaux et escadres : ce point de droit est jugé par le texte même de tous les traités qui défendent aux neutres d'apporter des armes aux ennemis, et par conséquent de leur en fournir (1); cette erreur dans

---

(1) On pourrait tout au plus permettre chez les neutres, aux vaisseaux et corsaires belligérants, de prendre des vivres et des agrès indispensables pour éviter les dangers de la navigation. Une telle concession ne rendrait pas la neutralité abusive, parce qu'elle rentre dans les secours dus à l'humanité, et par conséquent dans les institutions légales du droit des gens.

le droit maritime actuel peut entraîner des conséquences fâcheuses pour les vrais principes ; elle autorise par exemple le belligérant à établir des croisières et des blocus devant les ports neutres ; il est facile de sentir les abus dangereux qu'un tel état de choses entraîne sous le rapport du respect que l'on doit à l'indépendance des nations, à leur neutralité et même au droit des gens. Il serait peut-être facile de remédier à ces graves inconvénients en posant en principe que le navire prend la condition du pays où il se trouve. On est déjà convenu, par exemple, que deux vaisseaux de guerre ennemis deviennent neutres dans un port neutre, et même ne peuvent en sortir que vingt-quatre heures l'un après l'autre , pourquoi n'établirait-on pas aussi qu'une prise que son capteur sera forcé d'amener chez un neutre, redeviendra ce qu'elle était avant sa capture, sauf au preneur à s'en emparer de nouveau lorsqu'elle aura mis en mer : cette manière d'agir me paraît strictement conforme à l'esprit de la neutralité, et plut à Dieu que toutes les nations s'accordassent pour la mettre en pratique. Cette nouveauté irriterait sans doute l'avarice ; mais aussi en l'envisageant sous le rapport philosophique, elle empêcherait que de désastreux corsaires ne portassent leurs déprédations d'un bout du monde à l'autre ; elle restreindrait beaucoup l'espace où il serait possible d'user de cette faculté odieuse et impolitique de voler les propriétés du commerce et de ruiner le navigateur désarmé ; puisque les gouvernements ne veulent pas encore faire à leurs intérêts et à l'humanité le sacrifice des infâmes produits de cette piraterie, qu'il nous soit permis d'indiquer le moyen de la limiter.

Tandis que la Grande-Bretagne poursuivait le cours de ses triomphes et déclarait aux nations que la Fran-

La convention rédige un acte de navigation.

ce , désormais rayée du nombre des puissances maritimes , ne pourrait plus les sauver du joug britannique , la convention suspendait ses orageux débats
pour s'occuper d'un acte de navigation. Le projet de
cette loi avait été long-temps confié aux discussions
des comités , il s'y trouva des hommes assez instruits pour établir des modifications aux bases d'abord
proposées ; quelques-uns mirent en doute la nécessité
d'un pareil acte dans les circonstances présentes , mais
toutes ces difficultés furent successivement écartées ;
et si nous pouvons séparer les hommes des choses ,
on doit convenir qu'il fut apporté dans la préparation
de cette loi des délibérations lumineuses et des principes justes. Enfin le 21 septembre 1793 , le trop célèbre Barrère fit, au nom du comité du salut public ,
un rapport sur l'acte de navigation ; nous ne suivrons
pas ce fougueux et sanguinaire déclamateur dans les
diverses parties de son rapport, nous en reproduirons
seulement les principes fondamentaux en observant
encore qu'ils furent écoutés avec attention et décrétés
par les *législateurs* de 93; c'est assez dire, dussé-je
me répéter, qu'il n'est plus permis d'être moins
juste que ces hommes voués par l'histoire à l'exécration des races futures : c'est une remarque que
nous ne cesserons de faire dans les intérêts des
peuples et pour l'honneur des gouvernements.

Le rapporteur remarque d'abord que l'Angleterre
doit sa prospérité à son acte de navigation ; cette
loi basée sur l'intérêt exclusif de la Grande-Bretagne donne droit aux autres nations de ne pas mé-
nager d'avantage cette puissance dans leurs lois maritimes. Il s'élève ensuite contre un abus extrêmement préjudiciable à la France , c'est la part active
que les étrangers prennent au cabotage de nos côtes

Rapport
de Barrère.

tandis que celui des ports anglais est permis aux seuls nationaux ; il en est de même de la navigation de nos colonies, et cette faculté accordée aux étrangers n'a d'autre résultat que de priver nos marins de ressources précieuses et d'assujettir notre propre industrie au monopole de nos voisins. « La marine nationale, poursuit le rapporteur, qui naît de la construction et de la pêche, s'est vue détruite par le décret qui a regardé comme marchandise les navires étrangers, qui a permis d'en acheter. L'étranger, l'Anglais surtout, s'est emparé de notre navigation, avec des capitaux connus sous le nom de *francisations simulées*, opérations qui consistent à couvrir du pavillon français et à enrichir des primes françaises les capitaux et les fortunes anglaises, parce que nous avons négligé d'établir nous-mêmes la loi anglaise, qui ne reconnaît et n'admet aux avantages de la navigation que les vaisseaux de construction et de propriété nationale. Frappons enfin les francisations simulées ; nous avons mis un embargo sur tous les bâtiments anglais achetés et construits avec les capitaux anglais et recouverts, pour nous frauder nos primes et nos droits, du nom d'un négociant, d'un armateur français ; ce nouvel embargo, plus utile à la prospérité française, sera le complément de l'acte de navigation. »

» Nos corsaires sont destinés à attaquer le pavillon anglais sur les mers, et cependant notre avarice prête le pavillon français à la navigation et au commerce de l'Angleterre. »

Le rapporteur propose ensuite pour obvier à ces inconvénients une mesure *acerbe* digne de ces temps d'immoralité, mais qui pourrait être modifiée par un gouvernement régulier ; » c'est, dit-il, de donner

au dénonciateur une partie de la valeur des capitaux versés dans les francisations simulées ; voici,
ajoute-t-il, le secret des Anglais : »

» Anéantir toutes les puissances maritimes les unes
par les autres ; la marine française par l'espagnole,
ensuite la marine espagnole lorsqu'elle sera isolée
de la marine française ; la hollande est à eux. Quant
à la marine du Nord, il faut que les navires du
commerce des nations septentrionales, depuis la Hollande jusqu'à la Russie, passent par le canal étroit
qui est entre Dunkerque et les côtes d'Angleterre,
et par conséquent il importe à l'Angleterre d'avoir
des ports des deux côtés de ce détroit. L'audace avec
laquelle elle a saisi des navires des puissances du
Nord doit démontrer à toutes les nations combien
ses desseins augmentent leurs dangers, et menacent
la sûreté de leur commerce pour le présent et pour
l'avenir. »

Passant ensuite aux avantages que présente un acte
de navigation en général, « ce serait, dit-il, humilier
la France, ce serait la déclarer impolitique et im-
puissante, que de recevoir des objets de commerce
de tout autre navire que de l'étranger qui les crée
ou les produits. C'est ainsi que vous l'attirez dans
vos ports, et que vous formez les liaisons utiles de
peuple à peuple. Je ne veux citer qu'un exemple
bien simple. Pourquoi y a-t-il dans les ports de Londres, de Plimouth, de Liverpool plus de vaisseaux
américains que dans les ports de France ? C'est que
nous ne tirons pas par nos propres navires, ou
par des navires des États-Unis de l'Amérique les
riz, les tabacs, etc. ; c'est que nous achetons de
la seconde main, au lieu d'acheter directement des
États-Unis de l'Amérique. »

» Ce n'est pas assez d'acheter de la seconde main, nous ne voiturons pas même nos marchandises. La marine marchande des Anglais était à notre solde ; un acte de navigation détruira cet abus, et nous restituera ces profits impolitiquement prodigués à l'Anglais et aux Hollandais. »

» Sommes-nous donc sans matelots et sans marine ? Conservons à nos marins leurs travaux ; que l'habitant d'Amsterdam ne pêche et ne navigue plus pour nous ; que l'Anglais ne file plus pour notre usage et ses laines et les cotons qu'il achète même dans nos ports. »

» Que l'étranger ne nous apporte plus ce que nos concitoyens peuvent fabriquer et transporter mieux que lui : c'est alors que vous aurez des ateliers nombreux, des manufactures perfectionnées, des ports peuplés de vaisseaux et de marins. Prohibons nos frontières, et prodiguons notre navigation, voilà toute la théorie de l'acte proposé. »

» Que les fausses alarmes cessent, en considérant que notre navigation doit suffire toujours, quand elle sera jointe à celle des états dont nous tirons des productions. Pourquoi toujours souffrir que l'Anglais ou le Hollandais viennent se mettre en tiers dans le transport de ces mêmes productions ? L'acte proposé excitera l'émulation des peuples qui viendront directement à nous, en augmentant chez nous les progrès de la construction. »

» Ne sommes-nous pas encore fatigué d'être les tributaires d'une industrie étrangère, d'être honteusement les locataires des navires de nos voisins ? Ne nous lasserons-nous jamais de soudoyer leurs matelots ? Vous voulez une marine, car sans marine point de colonies, et sans colonies point de prospérité commerciale : eh bien ! pour avoir une marine, il faut des vaisseaux ; il y a plus, il faut les construire ; il y a plus encore, il faut des matelots, et la pêche les donne. Voilà le berceau de la marine, pêche et construction. »

» Forcer à la construction, c'est créer cette rare et précieuse réunion d'hommes et d'ouvriers, des mains desquels sortent des vaisseaux neufs ou réparés. »

» Forcer à la construction, c'est établir des chantiers, former des magasins, multiplier les bras utiles, produire des articles et des ouvriers de tout genre, qu'on retrouve tout-à-coup, et pour les spéculations paisibles du commerce, et pour les besoins terribles de la guerre. »

» Forcer les nationaux à la construction, c'est augmenter la navigation par la nécessité d'aller chercher les bois, les chanvres et les matières nécessaires, ou dans diverses parties de la France, ou dans l'étranger ; c'est nécessiter plus de navires de transport, c'est augmenter le nombre des matelots, c'est augmenter parmi nous le bénéfice du frêt ; c'est centupler nos échanges, nos relations commerciales et nos profits. »

» Ce serait une étrange spéculation que celle d'un peuple navigateur qui acheterait au-dehors sa marine, et dont la marine dépendrait sans cesse des marchands qui la lui fourniraient. Ce serait une étrange combinaison commerciale, que celle qui mettrait en réserve chez un autre peuple, ou dans des chantiers étrangers, ses charpentiers, ses forgerons, ses calfats, ses voiliers, ses vaisseaux. Il faut donc les construire nous-mêmes ; l'acte de navigation ne reconnaît et ne privilégie que ce qui est construit en France ou dans ses possessions ; l'acte de navigation relevera donc notre marine. »

» Acheter un vaisseau à l'étranger, c'est payer un impôt énorme à l'étranger ; c'est proscrire nos chantiers, c'est ruiner nos ouvriers : achetons les matières premières, que nos ports leur soient ouverts ; que les producteurs de ces matières les apportent, ou que nous allions les chercher , c'est assurer nos recherches navales en tout genre : voilà ce que produit un acte de navigation. »

» Faire nous-mêmes notre cabotage , c'est concentrer parmi nous les bénéfices, c'est employer des voitures nationales, c'est forcer à la construction, c'est former des matelots : voilà le produit de l'acte de navigation. »

» Faire nous-mêmes la navigation des colonies , c'est augmenter les ressources de la marine ; c'est nous conserver une navigation importante ; c'est nous assurer des retours précieux qui doivent alimenter notre commerce avec l'étranger : voilà le produit de l'acte de navigation. »

» Faire un acte de navigation, c'est favoriser notre commerce de l'Inde, c'est augmenter celui du Nord ; ranimer celui de l'île de France, augmenter nos relations avec les états de l'Amérique, préparer des moyens de prospérité au midi de la France, c'est nous rattacher au commerce de la Baltique, nous rapprocher de nos amis naturels ; c'est former les plus robustes et les meilleurs marins ; c'est nous faire une part légitime dans le domaine des mers commun à tous les peuples ; c'est abattre les digues que Londres et Amsterdam y ont posées ; c'est faire nous-mêmes nos propres approvisionnements. »

Après ce rapport vient l'acte de navigation : il est remarquable par sa brièveté et cela n'est pas surprenant, parce que ses diverses dispositions, dégagées de toutes considérations particulières, vont droit au but. L'on pourrait le considérer comme la base d'une loi plus détaillée ; voici le texte de cet acte :

Acte de navigation.

Du 21 septembre 1793.

» La convention nationale, après avoir entendu le rapport de son comité de salut public, décrète : »

» Art. I.er Les traités de navigation et de commerce existant entre la France et les puissances avec lesquelles elle est en paix, seront exécutés selon leur forme et teneur, sans qu'il y soit apporté aucun changement par le présent décret. »

» II. Après le 1.er janvier 1794, aucun bâtiment ne sera réputé français, n'aura droit aux priviléges des bâtiments français, s'il n'a pas été construit en France ou dans les colonies et autres possessions de France, ou déclaré de bonne prise faite sur l'ennemi, ou confisqué par contravention aux lois de la république, s'il n'appartient pas entièrement à des Français, et si les officiers et trois quarts de l'équipage ne sont pas Français. »

» III. Aucunes denrées, productions ou marchandises étrangères ne pourront être importées en France, dans les colonies et possessions de France, que directement par des bâtiments français, ou appartenant aux habitants du pays des crus, produits ou manufacturés, ou des ports ordinaires de vente et première exportation ; les officiers et trois quarts des équipages étrangers étant du pays dont le bâtiment porte le pavillon ; le tout sous peine de confiscation des bâtiments et cargaisons , et de trois mille livres d'amende , solidairement et par corps contre les propriétaires , consignataires et agens des bâtiments et cargaisons , capitaines et lieutenants. »

» IV. Les bâtiments étrangers ne pourront transporter, d'un port français à un autre port français, aucunes denrées , productions ou marchandises des crus , produits ou manufactures de France, colonies ou possessions de France, sous les peines portées par l'article III. »

» V. Le tarif des douanes nationales sera refait et combiné avec l'acte de navigation et le décret qui abolit les douanes entre la France et les colonies. »

» VI. Le présent décret sera, sans délai, proclamé solennellement dans tous les ports et villes de commerce de la république , et notifié par le ministre des affaires étrangères aux puissances avec lesquelles la nation française est en paix. »

L'article 1.er semble être en opposition avec ceux qui suivent, car les traités de commerce dont il est question ne supposent pas les prohibitions contenues dans cet acte de navigation ; il est vrai que ces prohibitions n'y sont point exprimées pas plus que toutes les lois de police, de douanes , etc. que chaque nation est libre de faire en tous temps pour ses ports et son commerce, et auxquelles les nations étrangeres prennent l'obligation de se soumettre pour jouir des avantages politiques stipulés par les traités : ceci est une conséquence immédiate de l'indépendance des peuples , et il n'y a pas un gouvernement qui ait jamais pensé à se priver par un traité quelconque de cette prérogative sacrée. L'art. II est fondé sur la même base. Les dispositions pénales contre les étrangers, des articles 3 et 4, pourront paraître, au premier abord, violatrices du droit des gens et contraire au respect dû à la dignité des souverains ; mais les étrangers eux-mêmes sont privés du droit de se plaindre des rigueurs d'une loi, lorsqu'au préalable on leur a fait connaître à quelle peine ils s'exposent en les violant dans le pays qui veut bien les recevoir. Les gouvernements étrangers ne pourraient pas plus se plaindre à la France de la confiscation du navire d'un de leur sujet qui l'aurait encourue en contrevenant aux lois, qu'ils n'auraient droit à récrimination, si un tribunal de santé d'un des ports de la méditerranée faisait fusiller ce même sujet pour violation des lois sanitaires. *Tout état*, dit Vattel, tome 1. Liv. 1. Chap. 8. § 90, *est en droit de défendre l'entrée des marchandises étrangères, et les peuples que cette défense intéresse n'ont aucun droit de s'en plaindre, pas même comme si on leur eut refusé un office d'humanité : leurs plaintes seraient ridicules, puisqu'elles auraient pour objet un gain que cette nation leur refuse, ne voulant pas qu'ils le fassent à ses dépens.*

Le souverain peut défendre l'entrée de son territoire, dit encore Vattel, liv. 2. Chap. 7. § 94, *soit en général, soit à tout étranger, soit en certains cas ou à certaines personnes ou pour quelques affaires en particulier selon qu'il le trouve convenable au bien de l'etat; il n'y a rien là qui ne découle des droits de domaine et d'empire. Tout le monde est obligé de respecter la défense, et celui qui ose la violer encourt la peine décernée pour la rendre efficace. Mais la défense doit être connue de même que la peine attachée à la désobéissance, ceux qui l'ignorent doivent être avertis lorsqu'ils se présentent pour entrer dans le pays.*

L'acte de navigation que nous venons de rapporter contenait donc des bases appropriées autant aux intérêts de la France que conformes aux plus strictes obligations du droit des gens ; personne ne pourrait s'en plaindre, et la France se féliciterait de le voir réproduit par le gouvernement régénérateur que la providence nous a rendu.

Cette loi n'eut d'ailleurs aucune suite, attendu qu'à cette époque il n'existait réellement à l'égard de la France ni alliés ni neutres ; pouvait-on se flatter d'obtenir quelque sûreté pour le commerce chez un peuple dont le gouvernement était en proie à des passions violentes, qui déclarait la guerre au *négociantisme* et paralysait toute transaction libre par de désastreux et impolitiques décrets de maximum.

Un décret du 18 vendémiaire an 2, consacra ensuite une violation odieuse des principes de l'honneur et du droit des gens, en déclarant que les bâtiments enlevés par des prisonniers français sur la côte d'Angleterre étaient de bonne prise à leur arrivée en France ; cette faculté fut même étendue aux prisonniers sur parole qui auraient aussi enlevé des navires pour se sauver ; ce décret est motivé sur ce que les Anglais se conduisaient ainsi. On ne peut que gémir de ce comble d'immoralité, il est même inutile de faire des réflexions sur le peu de validité des *prises* de cette espèce, et l'on déplore ces progrès affligeants de la corruption. Bientôt la convention déclara que le gouvernement de la France était révolutionnaire, c'était annoncer une chose déjà existante par le fait, mais cette notification était aussi de nature à faire sentir aux autres nations le peu de confiance qu'ils devaient avoir aux traités faits ou à faire avec la France ; la convention leur prouva à quel point les droits les plus sacrés allaient être violés , puisqu'elle ordonna quelque temps après l'arrestation des étrangers nés sujets des gouvernemens avec lesquels la France était en guerre ; quoique cette conduite scandaleuse ait été renouvelée depuis de part et d'autre , elle ne pourra jamais être prise pour exemple , car c'est un monstrueux attentat à tous les droits des gens et de l'hospitalité. Après avoir fait cet outrage aux lois sociales, la convention, par son décret du 27 vendémiaire an 2, compléta l'acte de navigation ; nous n'entrerons dans aucun détail sur ce nouvel acte législatif, il n'est que la conséquence directe du premier.

Démarches de l'Angleterre.

Tandis que le gouvernement révolutionnaire proclamait les principes du droit des gens sans pouvoir s'attirer aucune réciprocité de la part de ses voisins, parce que ses crimes lui avaient fait perdre la confiance et l'estime de l'Europe, la Grande-Bretagne achevait de consommer notre ruine et dictait les arrêts du despotisme maritime. Le cabinet de Saint-James fort de nos défaites navales et spéculant habilement sur nos troubles, ne multipliait pas comme nous les décrets et les mesures législatives, mais sa diplomatie, appuyée par des flottes victorieuses, nous créait des ennemis partout et forçait les autres nations à reconnaître Londres pour la métropole des mers ; rien ne fut ménagé pour profiter des grandes circonstances de cette époque, trésors, vaisseaux, soldats, la Grande-Bretagne prodigua tout. Cette profusion, seule, est une preuve que le ministère anglais était persuadé qu'il pouvait renouveler et réaliser alors le grand coup qu'il méditait après la paix de 1763, et dont la guerre de 1778 nous avait préservé : mais à quoi ont abouti de si grands efforts?

En 1794 comme en 1770 une grande crise dérangea cet immense projet, la France gagna presque subitement en puissance continentale tout ce que l'Angleterre lui avait fait perdre dans la balance maritime ; quelques résultats que la guerre ait eu depuis, les avantages en ont été tellement disputés et partagés, que jamais la part que l'Angleterre en a retirée, ne pourra réparer la prodigieuse déperdition de forces et de ressources que cette puissance crut devoir risquer, lorsque séduite par son ambition naturelle et trompée par des calculs aussi injustes que faux, elle outre-passa le but d'une guerre entreprise pour la plus sainte des causes et y mélangea toutes les vues du monopole. La situation où se trouvent réduites en ce moment toutes les classes du peuple anglais, est une preuve de cette assertion, et en même temps un chaînon de cette analogie bien remarquable, par laquelle le monopole fut toujours arrêté au moment même où il se crut certain de détruire l'équilibre.

La Grande-Bretagne, dans le dessein de bloquer la France par terre et par mer, fit signifier, sans beaucoup de ménagement à toutes les puissances, de cesser leurs relations avec nous, sous peine de ne plus commercer ni naviguer. Il est vrai qu'en dictant ces lois sévères elle en adoucissait la rigueur par les secours abondants qu'elle prodiguait aux nations qui obéissaient. Pitt comptait bien se rembourser avec usure de ces énormes subsides en exploitant exclusivement les ressources, l'industrie et le commerce des états qui les recevaient. Tous les calculs de la politique anglaise ont été déconcertés à cet égard ; les conquêtes continentales des Français lui ont enlevé ses hypothèques, le capital et les

intérêts des subsides ont retombé sur la Grande-Bretagne , et les suites de ce revirement désastreux ont
mis cette puissance dans l'affreuse nécessité de ne
pouvoir plus prospérer qu'autant que l'Europe entière
ne pourra lui opposer aucune concurrence. Il ne
faut rien moins qu'une pareille base pour soutenir
le gigantesque monument de la puissance britannique,
c'est-à-dire, que les intérêts commerciaux et maritimes de l'Angleterre, à force d'avoir été portés au
delà de toutes limites présumables, sont en guerre
avec ceux du genre humain : cette assertion, toute
exagérée qu'elle puisse paraître, est pourtant exacte ;
mon vœu le plus ardent est qu'elle soit démontrée
plutôt par de simples calculs que par les événements.

Négotiations de l'Angleterre avec les neutres. Affaire de la Modeste.

Les Anglais déjà maîtres de l'Océan par eux-
mêmes, ne tardèrent pas à nous chasser de la Méditerranée. La Sardaigne reçut un subside annuel de
deux cent mille livres sterling, et une flotte anglaise
s'établit en permanence sur ses côtes. Par un traité,
Naples et l'Angleterre se garantirent mutuellement
leurs possessions, et le roi des deux Siciles mit ses
ports et toute sa marine à la disposition des Anglais.
La Prusse, largement payée, recevant même de toutes mains, était tacitement convenue avec *l'un* de ne pas
agir trop hostilement, mais elle assurait à *l'autre* que
la France serait à jamais exclue du commerce des
états prussiens et que le privilége en serait toujours accordé aux Anglais. Les négociations du cabinet britannique eurent un succès moins marqué à
la cour de Copenhague. Le comte de Bernstorff qui
était à la tête des affaires du Dannemark ne voulut
point prendre d'engagements définitifs, et se conduisit même en apparence avec assez de fermeté,
mais il était aisé de voir par les faits que le gou-

vernement danois n'avait pu résister à l'influence de l'Angleterre, puisque les Français conservaient à peine le droit de relâcher dans les ports du Dannemark. A Florence, l'ambassadeur anglais, chassa presque d'autorité celui de la France, et les rivages de la Toscane furent acquis au commerce britannique. La république de Gênes hésitait à rompre sa neutralité, parce que ses plus riches négociants qui avaient des fonds considérables en France, auraient été ruinés par la guerre. Un attentat qui sans doute ne fut point ordonné par le gouvernement anglais, mais qu'il ne punit pas, fit connaître aux petites puissances à quoi elles s'exposaient en voulant réclamer des droits qui ne pouvaient plus exister, puisque l'équilibre était totalement rompu; comme cet événement intéresse le droit des gens, je vais en rappeler les détails.

La frégate française la *Modeste* était dans le port neutre de Gênes; un vaisseau anglais de 74 y arrive quelque temps après. Le capitaine de la *Modeste* ainsi que le gouvernement génois ne témoignent aucune inquiétude, parce que la neutralité étant bien connue, personne ne pouvait s'attendre à ce que les droits des gens fussent violés. Le vaisseau anglais prend cependant un poste très-rapproché de la frégate française; il était midi, et un officier anglais somma la *Modeste* d'amener pavillon tricolor et de hisser pavillon blanc; sur le refus du capitaine français, le vaisseau anglais envoya sa bordée à la *Modeste*, et deux décharges de mousquetterie : l'équipage français qui n'était nullement préparé à cette attaque, écrasé d'ailleurs par l'artillerie formidable de son adversaire, fut envahi à l'abordage, et la *Modeste* resta au pouvoir des Anglais.

Cet acte de violence fut qualifié dans le temps *d'atrocité*; nous ne voulons pas juger de nouveau la question, mais nous observerons que la seule excuse présumable du capitaine anglais n'est pas admissible. Il est bien vrai qu'à cette époque la *république française* était le gouvernement le plus illégitime qui fut jamais, et que ses bannières, méconnues de toutes les puissances, faisaient considérer ceux qui les portaient comme des gens sans existence légale, exerçant la navigation et combattant sans autorisation ; cela pouvait être, mais il est de l'essence de la neutralité et de l'indépendance des nations, d'admettre dans leurs ports tous ceux auxquels elles conservent ou reconnaissent un caractère quelconque, soit par d'anciens ou nouveaux traités. La France dénationalisée par l'Angleterre ne l'était pas pour les Génois : il n'appartenait donc point au gouvernement anglais, encore moins à un simple capitaine de vaisseau, de juger cette question. Il est aisé de sentir que la prise de la *Modeste* dans le port de Gênes n'avait d'autre but que de forcer cette petite république à se déclarer contre la France ; mais il faut convenir que c'est un moyen assez étrange de résoudre les difficultés diplomatiques. Nous devons ajouter que cet événement, considéré en soi, est une violation des plus manifestes qui jamais ait été faite au droit maritime. Il doit faire époque, parce qu'il est un des principaux chaînons de cette longue suite d'erreurs qui, en portant tous les peuples à briser successivement les liens sociaux, ont réduit aussi le commerce et la navigation de tous les peuples dans l'état désastreux où ils se trouvent aujourd'hui.

La convention qui vit dans l'affaire de la *Modeste* une tentative pour faire cesser la neutralité de Gênes,

ne voulut point seconder les intentions des Anglais
en cherchant à se venger de cet affront. Pour l'honneur du gouvernement révolutionnaire, il lui fallait
quelques neutres, quelques alliés; il en eût acheté
à tous prix, n'importe lesquels. La France n'était pas
en état d'ailleurs de tirer satisfaction ni du gouvernement Anglais ni du doge Génois, elle pouvait tout
au plus confisquer les fonds que les négociants de
Gênes possédaient à Paris, mais les produits de ce
vol eussent été médiocres en comparaison de l'avantage
que les Anglais eussent retiré de cette circonstance.
On prit donc le ton de la générosité et l'on s'empressa
de tranquilliser les Génois par le décret suivant:

Du 2 nivôse an 2.

« La convention nationale, considérant que le
peuple génois, se reposant avec trop de sécurité et de
confiance sur la neutralité qu'il avait observée, n'ayant
alors aucuns moyens de faire respecter la neutralité
de son port et de résister à une agression imprévue,
n'a eu aucune part au massacre de trois cents français
fusillés à bord de la frégate *la Modeste* et à la prise
de la frégate dans le port de Gênes; »

« Que la république ne doit demander compte du
sang français qu'à ceux qui l'ont versé par la plus
lâche trahison; »

« Qu'elle ne doit pas confondre avec ses ennemis
une nation qui n'a pu empêcher ni prévenir le crime
qui n'a été commis dans son port que pour l'en faire
juger complice; »

« Que la France doit donner, au milieu des agita-
tions et des ressentiments qu'excite l'atrocité des forfaits de ses ennemis, l'exemple d'une grande nation
qui sait et veut être juste envers tous les peuples; »

« Déclare qu'elle regarde le gouvernement anglais

comme seul coupable du massacre de l'équipage de la frégate *la Modeste*, commis dans le port de Gênes; qu'elle dirigera toutes ses forces contre ce gouvernement féroce, pour venger la France et toutes les nations libres; »

« Que le peuple génois n'a point violé sa neutralité envers la France; qu'il ne sera point traité comme ennemi de la république; »

« Décrète : »

« Art. 1.er Les traités qui lient la France et la république de Gênes, seront fidèlement exécutés. »

« II. Le décret qui défend aux commissaires de la trésorerie nationale et à tous débiteurs français de faire, pour quelque cause que ce soit, aucun paiement aux peuples avec lesquels la république est en guerre, ne sera pas applicable aux Génois. »

« III. Les relations commerciales qui ont existé entre la république et les Génois, sont maintenues et protégées. »

« IV. Les Génois seront payés comme les habitants des pays et états avec lesquels la France n'est point en guerre. »

« V. Pour mettre les Génois à portée de satisfaire à ce qui a été prescrit aux créanciers de la république pour la conservation de leurs rentes et de leur créances, et pour se faire inscrire sur le grand-livre, le délai qui doit expirer le 1.er janvier, terme de la loi du 24 août, est prorogé jusqu'au 15 ventôse prochain. »

Cette excessive condescendance fut loin cependant d'avoir des suites bien favorables; les côtes de Gênes, bloquées par les escadres anglaises, furent interdites au commerce français, et l'Angleterre séquestra ce pays par la seule présence de ses croiseurs. La convention en décrétant ensuite que les vaisseaux de guerre français rendraient à l'avenir ; coup pour coup, le salut aux bâtiments de guerre étrangers, n'améliora pas non plus beaucoup nos relations maritimes ; quoique par cette nouvelle disposition la France renonçât à la suprématie qui lui était accordée à l'égard de quelques puissances, on s'aperçut à peine de cette démarche si conforme à *l'égalité* proclamée par nos législateurs.

D'après l'exposé que je viens de tracer de la situation politique de l'Europe, il est aisé de voir qu'à cette époque (1794) toutes les lois de la neutralité avaient été violées : comme elles forment une branche importante du droit maritime, nous ne craignons pas de dire que le mépris de la neutralité entraîna tous les désastres et toutes les erreurs dont les suites pèsent en ce moment sur le monde entier. Nous remarquerons que cette destruction des principes, fut non pas tout-à-fait provoquée par l'Angleterre, mais tourna du moins momentanément à son avantage ; je dis momentanément, parce qu'un peuple quelconque ne peut pas plus alimenter sa prospérité par les débris du pacte social, que nous ne pourrions vivre de poisons ; tôt ou tard une nation déplore de semblables succès : lorsque les principes les plus sacrés sont méconnus, il n'y a plus de traités, de foi jurée, et par conséquent de confiance. C'est alors que commence le règne oppresseur des lois de convenance, or, les convenances changent souvent, cette vissicitude amène la confusion, d'où découlent l'égoïsme, la cupidité et enfin le brigandage ; une ambition aveugle, effrénée peut seule nous conduire vers ce monstrueux système ; mais pour le maintenir contre la haine et les intérêts universels, il faut des efforts soutenus et

13

toujours croissans ; l'amour propre, les besoins de
vingt peuples sacrifiés au monopole d'un seul, lut-
tent par une tendance naturelle contre l'oppression ;
à chaque instant il faut prévenir ou comprimer les
attaques publiques ou secrettes des opprimés, il faut
donc tous les jours se créer de nouvelles forces ;
ce qui était suffisant hier ne l'est plus aujourd'hui,
parce que le temps augmente la haine, et la misère
des victimes multiplie par conséquent leurs desirs
et leurs moyens de résistance ; c'est en un mot l'hydre de Lerne à combattre, et le trident de Neptune
ne pourra jamais opérer les miracles de la massue
d'Hercule : quelle peut être l'issue d'une semblable
lutte ? les annales de l'histoire peuvent nous l'apprendre.

La convention ne pouvant conserver dans ses intérêts ni les alliés ni les neutres, ne poursuivit pas
moins l'achévement de son acte de navigation ; elle
y mit en quelque sorte la dernière main par le décret du 4 germinal an 2. Cette loi très-détaillée
contient 71 articles qui tous sont basés sur les lois
précédentes ; on y règle tout ce qui a rapport aux
visites, par les douanes, de la cargaison des navires,
aux paiements des droits, aux contraventions ; nous
ne nous arrêterons pas à ce décret, parce que ses
dispositions sont presque toutes législatives et n'ont
qu'un rapport indirect avec le droit public en général.

Pour mieux détailler les intentions que le gouvernement révolutionnaire desirait qu'on lui supposât,
la convention fit rediger, par un de ses membres
(Thibaudeau), une espéce d'instruction destinée à
être mise sous les yeux de tous les marins ; cette
prolixe production n'est autre chose qu'un précis
des principaux événements de l'histoire navale de tous

les peuples ; *les exploits* des flibustiers, surtout, y sont complaisamment détaillés ; la convention *nationale* était bien compétente sans doute pour apprécier les hauts faits et gestes d'une bande de voleurs, les réflexions et l'éloquence virulente qui ornent ce tableau étaient aussi très-bien placées dans la bouche de l'orateur, et nous nous dispenserons d'en rendre compte ; nous avons remarqué seulement qu'à chaque phrase on y parle du respect que commande le droit des gens, mais que l'on excite aussi les marins à donner à la guerre maritime un caractère de fureur et de barbarie ; l'humanité cependant est une clause essentielle du pacte social, n'importe en quelles circonstances. Ce morceau finit par l'exhortation suivante, qui était alors dérisoire dans la bouche de nos démagogues, mais qui peut être entendue aujourd'hui : *enfin les marins doivent laisser, par-tout où ils passeront, la plus haute idée de la nation française et de son gouvernement, dont ils sont comme les ambassadeurs, qu'ils annoncent dans toutes les parties du monde et sur toutes les mers que la révolution constante d'une république fondée sur les mœurs et sur les vertus, est de se montrer terrible envers ses ennemis, généreuse envers ses alliés, juste envers tous les peuples.*

Il eut été prudent de ne pas se rendre responsable de semblables promesses.

Nous voici parvenus à la plus affreuse période de ce temps d'anarchie et d'impiété. Le gouvernement révolutionnaire, furieux des triomphes de la Grande-Bretagne et de l'activité que mettait cette puissance à bloquer la révolution française, voulut tirer une vengeance terrible des Anglais, et nos démagogues, ne consultant que l'horrible soif qui les dévorait rendirent une loi de cannibales. Le 7 prairial an 2, la convention *nationale* décréta guerre à mort contre les Anglais et les Hanovriens , et ordonna de ne plus faire des prisonniers de ces nations. Cet horrible décret est précédé d'un rapport du comité de salut public ; ces deux pièces furent imprimées et envoyées aux armées de terre et de mer. Si jamais la convention mérita l'exécration publique , c'est sans doute en cette circonstance ; la France ne pouvait être qu'indignée de voir une bande d'assassins s'annoncer comme ses représentants et proclamer que les Français renonçaient à leur qualité d'hommes et bravaient la colère divine. Ce décret était destiné à faire connaître que la guerre actuelle était d'extermination, et que la France , pour en venir à cet horrible but, foulait aux pieds toute pudeur, tout sentiment de convenance et d'humanité ; un tel monument ferait croire qu'à cette époque le droit des gens avait retrogradé de dix siècles : mais l'opinion des armées et du peuple français cassa cet arrêt de sang. Le décret de guerre à mort excita sur les escadres et dans les armées une indignation générale , il ne fut jamais exécuté et fut même rapporté quelques mois après (1) par ceux qui l'avaient rendu : ils furent contraints à cette démarche par le mouvement de l'opinion publique. La conduite de la Grande-Bretagne en cette cruelle circonstance est digne d'admiration. Aussitôt que l'affreux décret fut connu , avant même que l'on put savoir dans quel sens les chefs de l'armée française agiraient, le commandant en chef de l'armée britannique apprit par un ordre du jour à ses soldats ce nouvel excès du délire révolutionnaire. Il représente les Français com-

____

(1) Le 10 nivôse an 3.

me plus égarés que coupables, comme gémissant eux-mêmes sous le joug de tyrans cruels ; il défend en conséquence, sous les peines les plus grièves, de se permettre les moindres représailles, et il déclare que les seuls coupables des atrocités qui pourraient se commettre sont uniquement les chefs du gouvernement révolutionnaire, ce n'est aussi que sur eux seuls qu'il appelle la vengeance des peuples. Il est beau, il est magnanime de voir une nation puissante et victorieuse proclamer de pareils principes à l'égard d'un gouvernement qui se mettait lui-même par ses crimes hors la loi des nations civilisées. On peut dire que dans cette affreuse circonstance le camp des Anglais devint le sanctuaire du droit des gens ; nous regrettons de n'avoir pas en ce moment sous les yeux le texte de l'ordre du jour du général anglais, nous en aurions donné la traduction entière et littérale.

Cette loi barbare, au moyen de l'accord unanime et spontanné des armées belligérantes, ne reçut point d'exécution. Malgré la guerre qui les divisait, les soldats avaient entr'eux un lien inconnu aux lâches discoureurs de la convention, ce lien était la bravoure et le vrai patriotisme ; les militaires braves et fidèles sont toujours des ennemis généreux, ils s'estiment en servant réciproquement leur cause et respectent le courage malheureux.

Cette circonstance entrait trop bien dans le sujet que je traite, pour qu'il me fut possible de ne pas la détailler. En traçant le tableau historique du droit maritime, il ne m'était pas permis d'omettre un événement aussi important : j'ai donc éprouvé une grande satisfaction à présenter cette noble impulsion des armées de terre et de mer, qui repoussa les ordres sanguinaires d'un gouvernement exécrable. Mais pour

bien remplir les conditions d'une histoire philosophique, je ne puis non plus passer sous silence les
faibles exceptions que nous offre un fait général ; le
raconter, c'est donner une leçon à la faiblesse, c'est
apprendre à tous les hommes que si leur conduite
ou leurs actions se rapportent à un but d'utilité
générale, si elles sont un exemple dangereux d'attentats aux lois fondamentales de la société, l'histoire
saura trouver les coupables, elle exhumera de l'obscurité les noms les moins connus et enfin elle leur
donnera ce genre de célébrité que l'on redoute et qui
peut inspirer une crainte assez salutaire pour empêcher des crimes et des erreurs. On ne peut contester que cette espèce de magistrature, attribuée
à l'histoire, ne soit éminemment utile et respectable ; le fait que nous allons raconter offre le seul
exemple d'exécution du décret de guerre à mort ;
il ne peut flétrir le nom français, la honte toute
entière en appartient aux seuls coupables.

Affaire de la
Boudeuse. La frégate la *Boudeuse*, commandée par le sieur
Charbonnier, navigait dans la méditerranée ; elle prit
un bâtiment marchand anglais, sur lequel se trouvait
onze hommes et un enfant de 9 à 12 ans. Aussitôt
que les prisonniers furent à bord de la *Boudeuse*, le
capitaine Charbonnier fut assez faible pour s'inquiéter
des suites de sa désobéissance au décret, s'il rentrait
à Toulon avec ses prisonniers ; il assembla ses officiers
pour leur faire part de ses craintes, et il ne leur dis-
simula pas que les représentants du peuple pouvaient
l'envoyer à l'échaffaud avec tout son état-major s'il
agissait avec clémence : Charbonnier exprima en outre
une répugnance invincible à exécuter la loi de sang.
Ces sentiments furent partagés par tous les officiers,
mais ils ignoraient, ainsi que leur capitaine, l'impres-

sion générale que le décret du 7 prairial avait fait aux
armées ; ils étaient partis de France trop tôt pour avoir
des exemples qui leur servissent de règle de conduite ;
l'équipage, il est vrai, ne témoignait ni surprise ni
mécontentement de voir que l'on laissait la vie aux
prisonniers, mais cette circonstance ne pouvait couvrir la responsabilité de l'état-major. Dans cette per-
plexité un des officiers proposa au capitaine d'engager
indirectement l'équipage à lui présenter une pétition
pour lui demander un sursis à l'exécution des prisonniers, cet avis fut adopté avec empressement. Le
capitaine espérait que muni de la pétition de son
équipage, sa responsabilité disparaissait, et qu'il pourrait alléguer la crainte bien fondée d'une révolte et la
difficulté de trouver parmi des marins ainsi disposés,
des gens pour fusiller les prisonniers, il espérait en
outre qu'une fois ces malheureux à terre on éluderait
facilement le décret, en observant que son exécution
devait être faite tout de suite et jamais après le combat ou la prise ; il comptait bien aussi que vu le
nombre et la qualité des pétitionnaires, les représentants n'oseraient ou ne pourraient sévir contre personne. Ces conjectures étaient assez bien fondées, et
en conséquence on engagea secrétement le maître ca-
nonnier à convoquer le club (1). Il fut composé des
premiers maîtres et des plus anciens matelots qui
rédigèrent dans la Sainte-Barbe une pétition de sursis
au nom de l'équipage et en faveur des prisonniers ;
ils s'étaient tous portés avec empressement à cette
démarche et se disposaient à présenter leur supplique

(1) Le désordre était parvenu à un tel point, que dans plusieurs vaisseaux les matelots tenaient à cette époque des clubs
où l'on prenait des arrêtés, où l'on envoyait des propositions
au capitaine, etc.

au capitaine, lorsqu'un individu qui avait à bord fonctions et qualités, et qui s'était constamment tenu
à l'écart depuis qu'il s'agissait de cette affaire, apos-
tropha l'équipage et cria de son poste où il s'était
retiré : « Qu'allez-vous faire insensés, n'apercevez-
vous pas le piége que vous tendent des aristocrates ,
leur but n'est que de sauver les ennemis de la république, pour cela ils vous mettent en avant, ils vous
dénonceront ensuite à Toulon comme des rebelles,
vous serez tous guillotinés, tandis que vos officiers
jouiront paisiblement du prix qu'ils attendent des Anglais avec lesquels ils conspirent contre la liberté :
du reste, voulez-vous une preuve de leur mauvaise
foi, allez prier les officiers de joindre leurs signatures
aux vôtres sur la pétition que vous faites au commandant, et vous verrez s'ils sont assez imprudents
pour se compromettre à ce point. » Ce discours ef-
fraya les pétitionnaires; ils s'arrêtèrent et résolurent
d'engager l'état-major à se joindre à eux. Les officiers s'étaient retirés chacun dans leur chambre pour
n'avoir pas l'air de participer à l'assemblée du club
ou même de l'influencer, ils furent inquiets des suites
de leur adhésion par écrit aux vœux des marins, et
tout en les engageant à persévérer dans leur démarche, ils leur représentèrent que les convenances ne
permettaient pas que des officiers se joignissent à eux
pour une opération de ce genre; ces raisons décou-
ragèrent l'équipage et la pétition fut déchirée. Le
capitaine Charbonnier abandonné à lui-même crut qu'a-
près un tel éclat il ne pouvait se dispenser d'exécuter
le décret; il en donna l'ordre, et il se trouva dans
l'équipage des gens assez barbares pour le remplir ;
les prisonniers anglais furent fusillés sur le gaillard
d'avant, et l'on remarqua que le jeune enfant reçut

la mort entre les jambes de son père où il s'était réfugié : depuis cet affreux moment la plus noire mélancolie s'empara du capitaine Charbonnier; il débarqua à Toulon, le chagrin lui occasionna un affreux marasme, dont il mourut en peu de temps.

Tel fut le seul crime causé par le décret du 7 prairial : puisse l'horreur qu'il inspire être une garantie qu'aucun forfait de ce genre ne souillera plus les pages de l'histoire : puissent les gouvernements et leurs sujets se rappeler sans cesse que les principes sacrés du droit des gens sont au-dessus de toutes les lois humaines, parce que ces principes émanent de Dieu même (1).

La convention, placée au milieu d'un tourbillon volcanique continuait à se débattre contre l'activité de Pitt et luttait avec tous les partis. Dans ce cahos horrible, il est difficile de suivre les progrès de la législation, encore moins le cours du droit public relativement aux relations extérieures. Lorsqu'un gouvernement est déjà en hostilité contre tous les autres par ses principes, le droit des gens n'est plus qu'un mot; les peuples forment à cet égard une chaîne dont la rupture, en quelque endroit que ce soit, occasionne une confusion générale, or, la pièce principale de cette harmonie manquait; la France s'était mise hors des lois communes; il n'est donc pas étonnant que la jurisprudence des peuples se soit ressentie de cette lacune qui formait seule un vaste abîme. Tous les souverains de l'Europe s'abandonnant aveuglément

Les dispositions de l'Europe commencent à changer.

« Aucun changement ne peut obliger ni même autoriser un homme à violer la loi naturelle. Tous les auteurs qui ont quelque conscience ou quelque pudeur, conviennent que personne ne doit obéir à des commandements qui blessent évidemment cette loi sacrée. *Vattel, droit des gens.*

aux premières impressions d'effroi que leur causa notre révolution, s'étaient livrés à l'Angleterre, qui, seule au milieu de la stupeur générale, avait conservé une attitude calme. Cette sécurité provenait sans doute de la haute prudence du ministère britannique qui depuis long-temps avait prévu nos troubles, mais qui ne sut pas en profiter ou calculer les résultats; quoiqu'il en soit la politique anglaise tira les plus grands avantages de ce mouvement de l'Europe; elle rassura toutes les craintes, paya et entretint les opérations de la guerre et concentra insensiblement dans ses mains le commerce et la navigation des autres. L'Angleterre abusa de ce dépôt qui lui avait été confié par la faiblesse et la peur; une fois maîtresse des ressources de ses voisins, elle leur dicta les arrêts du monopole; elle avait même besoin de prolonger cet état de choses pour s'indemniser d'une partie de ses avances, mais la prodigieuse influence continentale que prit la France et que l'Angleterre n'avait pas prévue, déconcerta les combinaisons du cabinet de Saint-James, le priva de tous ses auxiliaires et faillit à le ruiner. C'est vers cet événement désastreux pour la Grande-Bretagne que l'Europe s'achemina quelque temps après la première fougue de la révolution française; la Grande-Bretagne fut déconcertée par l'impulsion énergique imprimée à nos armées, et malgré tous ses efforts, les nations qu'elle avait soutenues avec tant de dépense, furent obligées d'abandonner la cause commune et de faire pour ainsi dire banqueroute aux espérances de l'Angleterre. C'est de ce moment que l'équilibre et le droit maritime commencèrent à reparaître après plusieurs années d'anéantissement. La France complétement ruinée sous le rapport de son commerce et de sa navigation, sentit plus que jamais le besoin de rétablir les choses sur une base plus juste : cet instinct dirigea toujours, tant bien que mal, le gouvernement républicain et nos voisins; ces derniers, comprimés d'ailleurs par la masse de nos forces continentales, furent entraînés dans notre système, qui juste en soi devint insuportable et tyrannique par l'odieuse extension que nous lui donnâmes.

Telle fut bientôt la disposition générale de l'Europe; mais nous devons cependant remarquer qu'au milieu de ce tourbillon qui fit tomber sous le joug britannique les intérêts maritimes de toutes les puissances, trois gouvernements seuls résistèrent avec assez de fermeté à l'influence victorieuse de l'Angleterre. Le Dannemark, la Suède et les Etats-Unis ne se déclarèrent jamais ouvertement et persistèrent dans une espèce de neutralité, soit que l'éloignement de ces états leur fissent moins redouter la contagion de nos troubles, soit que leur position leur fit craindre qu'une fois compromis dans une ligue maritime avec la Grande-Bretagne, il ne leur fut plus possible de s'en dégager. Il n'y a pas de doute qu'ils n'eussent été punis de cette indécision, sans les ménagements que le ministère anglais crut devoir garder vis-à-vis des autres puissances : c'est en partie à ces trois états que se rapporte la législation sur les neutres. Le Dannemark et la Suède firent même des démonstrations d'une neutralité armée, mais tous ces efforts furent presque inutiles, et nos lois à cet égard étaient illusoires ou sans application. Jamais il n'y eut de neutralité positive; les vaisseaux danois, suédois et américains destinés pour la France furent capturés ou retenus chaque fois qu'ils se trouvèrent sous la main des Anglais ; il est vrai que la Grande-Bretagne en paya la valeur aux propriétaires, et la dépense occasionnée par-là fut même considérable, mais cette manière d'agir était loin cependant de constituer la neutralité, c'était au contraire en violer toutes les lois. La France, de son côté, n'agissait guère avec plus de retenue à l'égard de ces mêmes neutres en faveur desquels son gouvernement faisait tant de décrets, et soit que nous considérions ces saisies comme des représailles envers les Anglais ou comme des mesures de sûreté, notre conduite n'était pas plus juste que celle de nos ennemis; au résumé ce sont les neutres qui seuls supportaient les inconvénients d'un pareil système; ils se trouvèrent comprimés entre deux grands corps en action, et l'on sait que depuis long-temps les petits états ont toujours subi ce choc désastreux : cela dépend de l'oubli des principes, et de tels abus retombent toujours sur ceux qui s'en rendent coupables.

Ils sont vexés par tous les belligérants. Le gouvernement révolutionnaire sentait bien que haï et méprisé de toute l'Europe, son intérêt consistait à afficher les plus saines doctrines à l'égard du droit des gens ; son grand but était de parvenir à se faire reconnaître comme puissance, en traitant avec quelqu'un ou du moins en ayant l'apparence de respecter les neutres. Nous remarquons en effet que les registres du comité de salut public sont remplis de décisions indulgentes et même généreuses à l'égard d'un grand nombre de navires capturés ou retenus. On pourrait citer une foule d'exemples où la justice la plus prompte a été rendue en matières de contestations de prises ; mais ces démonstrations extérieures n'étaient que les symptômes de la faiblesse et ne produisaient pas même leur effet. Au milieu du désordre épouvantable qui régnait en France dans toutes les branches de l'administration, les décrets bienveillants, les décisions équitables ne recevaient aucune exécution dans les ports ou à la mer; les neutres n'en étaient pas moins arrêtés et pillés, et souvent après un décret positif de main-levée, on ne leur rendait que la coque dégréée ou vide de leur navire. Le gouvernement connaissait cet abus; mais au milieu des nombreux embarras qui l'obsédaient, il n'avait ni la force ni le pouvoir d'arrêter de telles déprédations, et souvent il y participait lui-même. Il lui suffisait seulement qu'il fût notoire à l'Europe qu'un décret de la convention avait consacré des maximes équitables, il espérait que le reste échapperait à la connaissance publique, et c'est ce qui arrivait en effet; ce n'était pas seulement sous ce rapport que nos charlatans politiques publiaient des principes dont ils proscrivaient la pratique; les ruines encore sanglantes de toutes nos institutions sociales l'attesteront à la postérité. Les Anglais, comme nous l'avons observé, agissaient plus ostensiblement; on peut dire qu'ils avaient opposé en principe de ne plus reconnaître de neutres, mais du moins ils indemnisaient réellement ceux qui tenaient encore au titre de neutres et dont les propriétés étaient saisies par la Grande-Bretagne, au lieu que la convention, tout en promettant sûreté et justice, prenait et ne payait pas. On ne peut s'empêcher cependant de frémir à l'aspect de ce système réciproque, c'est le comble de l'iniquité, la plus monstrueuse violation de tous principes, la semence funeste et féconde des malheurs du genre humain. Les Etats-Unis, malgré toutes les promesses d'être bien remboursés de leurs fournitures de subsistances et des avanies faites à leur pavillon par nos croiseurs, n'obtinrent de la France que des indemnités accordées avec lenteur et réduites par l'arbitraire; mais aussi on leur donna des décrets, et l'ar-

rêté des comités de salut public en date du 25 brumaire an 3 leur fit entrevoir un avenir brillant s'il
avait pu se réaliser. Comme nous séparons toujours
les hommes des choses, et que les principes proclamés à cette époque peuvent servir de base à rétablir
aujourd'hui le droit maritime, nous recommandons
cet arrêté à l'attention du lecteur : si un gouvernement quelconque en adoptait les bases, à présent,
nous considérerions cet événement comme le présage
le plus heureux d'un retour aux maximes fondamentales du droit public. Voici le texte de cet acte :

Du 25 brumaire an 3.

« Les comités du salut public, des finances, et
de commerce et approvisionnements, arrêtent ce
qui suit :

« Art. 1.er Les bâtiments des Etats-Unis et ceux
des autres puissances neutres pourront entrer librement dans les ports de la république, et en sortir
quand bon leur semblera, sans qu'il soit permis à
aucune autorité constituée de retarder leur départ, ou
d'obliger les capitaines à vendre leurs cargaisons contre
leur gré. »

« II. Lorsque les capitaines ou armateurs des bâtiments neutres jugeront à propos de vendre leurs cargaisons au gouvernement, elles seront payées de la
manière qui sera convenue de gré à gré. »

« III. Il est enjoint à tous commandants des armées
navales, divisions, escadres, flottes ou bâtiments, de
respecter ou faire respecter, sous leur responsabilité,
envers les neutres ou alliés de la république, le droit
des nations et les dispositions des traités, en se
renfermant strictement dans les termes du décret de
la convention nationale du 17 juillet 1793. »

« IV. En conséquence, il leur est expressément défendu de détourner ces bâtiments de leurs voyages, d'enlever de leurs bords les capitaines, matelots ou passagers autres que les militaires actuellement au service des puissances ennemies, et de saisir les effets ou marchandises qui s'y trouveront. »

« V. Sont exceptés de la défense portée par l'article précédent, »

« 1.º Les marchandises appartenant aux puissances ennemies de la république française, jusqu'au moment où ces puissances auront déclaré libres et non saisissables les marchandises françaises chargées sur des bâtiments neutres ; »

« 2.º Les marchandises même neutres, dites de contrebande ou prohibées. Sont compris sous le nom de *marchandises de contrebande ou prohibées*, les armes, instruments et munitions de guerre de toute espèce, les chevaux et leurs équipages, et toute espèce d'effets, denrées ou marchandises destinés pour une place ennemie actuellement assiégée, bloquée ou investie. »

« VI. Toutes marchandises saisies à bord des bâtiments neutres comme appartenant aux ennemis de la république, seront déchargées sans délai, et au plus tard par le délai fixé pour les jours de planche, par la charte-partie dont le capitaine du navire sera porteur. »

« VII. Le frêt des marchandises ennemies sera payé suivant le prix énoncé dans le connaissement ou la charte-partie, et le capitaine aura la faculté d'en employer le produit en denrées ou marchandises du cru ou des fabriques de la république, dont l'exportation sera permise. »

« VIII. Le capitaine de navire à bord duquel se

trouveront les marchandises ci-dessus désignées, sera libre de partir aussitôt qu'elles auront été déchargées. »

« IX. Dans le cas où les marchandises saisies comme appartenant aux ennemis seraient reconnues appartenir à des neutres, et déclarées en conséquence n'être pas de bonne prise, elles seront rendues en nature au propriétaire, si mieux il n'aime les vendre de gré à gré. »

« X. La commission de la marine présentera incessamment au comité de salut public le tableau des individus nés sujets des puissances avec lesquelles la république française est en guerre, qui ont pu jusqu'à ce jour être saisis sur des navires neutres, et il sera statué sur leurs réclamations par des arrêtés particuliers. »

« XI. Les indemnités dues aux capitaines neutres qui ont été détenus à Bordeaux en conséquence de l'embargo qui y a été mis, seront réglés sans délai par la commission de la marine, conformément à l'arrêté du comité de salut public du 7 germinal ; cette commission rendra compte, sous dix jours, de la situation actuelle de ces réclamations. »

» XII. La commission de la marine est spécialement chargée de recevoir et d'apurer les comptes qui lui seront présentés par un agent des États-Unis, touchant les approvisionnements que le commerce américain a fourni aux administrateurs de Saint-Domingue ; elle prendra toutes les mesures nécessaires pour procurer aux intéressés la justice la plus prompte, et elle présentera aux comités de salut public, des finances et de commerce et approvisionnements, le résultat de ses opérations en cette partie. »

» XIII. La commission de la marine est chargée

de faire publier le présent arrêté dans tous les ports de la république. »

» La commission des relations extérieures le transmettra aux agents de la république près les gouvernements alliés ou neutres, avec ordre de le leur communiquer. »

» Il en sera délivré une expédition au ministre plénipotentiaire des États-Unis d'Amérique, pour servir de réponse au mémoire par lui remis le 17 fructidor dernier. »

L'on a dû voir que l'esprit de cet arrêté modifie beaucoup les mesures que la prudence met chaque nation en droit de prendre contre les neutres, puisque la peine de confiscation absolue y est adoucie même à l'égard des propriétés ennemies trouvées à bord du neutre, au lieu qu'avant, une semblable contravention, faisait, en plusieurs cas, confisquer le navire et la totalité de sa cargaison : nous verrons que par la suite la jurisprudence changea beaucoup sur ce point. Il est de fait cependant que dans toutes les lois sur les neutres, un état doit se restreindre à ce qui est indispensable pour sa sûreté, tout ce qui va au delà est abusif : or, ce but me paraît parfaitement rempli par les articles 6, 7, 8, 9 et 10, de l'arrêté précité ; toute autre mesure pénale serait inutile à la sûreté de l'état et compromettrait même sa dignité, car c'est toujours s'en écarter, que de s'arroger le droit d'attenter à l'indépendance des nations en punissant arbitrairement et sans nécessité évidente un étranger ; ces sortes d'opérations deviennent encore plus odieuses lorsqu'elles tendent à enrichir le fisc.

La convention voulut faire croire quelque temps après qu'elle appelait le commerce en France en

Abolition
du maximum.

abolissant les lois du *maximum*. Ce nouveau tour de gibecière ne releva pas beaucoup la réputation de nos charlatans politiques, parce qu'en renonçant à fixer arbitrairement le prix des marchandises, ils ne s'étaient pas désisté du droit de les voler ou de les requérir sans payer. Cet absurde maximum était lui seul un monument bien scandaleux de cette tyrannie exercée au nom de la liberté : fixer d'avance et sans examen le prix de toutes les matières du commerce, n'est autre chose que concentrer entre les mains d'un gouvernement fripon et monopoleur la fortune de tous ses administrés. Faisant varier à son gré la fixation de ce maximum, il peut jouer à coup sûr à la hausse ou à la baisse, et tous ceux qui ne sont pas initiés dans ses secrets doivent s'y ruiner indubitablement. Le commerce, celui sur-tout qui se fait par mer, asseoit ses spéculations d'abord sur les tarifs des douanes, et ensuite sur le plus ou le moins d'abondance ; c'est donc violer sans pudeur tous les principes du droit des gens et détruire cette communication commerciale que les nations doivent avoir entr'elles et qu'il n'est pas permis à un gouvernement d'interdire tout-à-fait même chez lui, que de frapper de nullité toutes les opérations du trafic. La France ainsi que tous les peuples avaient donc les mêmes droits à s'élever contre cet odieux maximum : la convention en l'abolissant céda à l'indignation publique, ou plutôt elle se porta à cette démarche, parce que ses comités ne pouvaient plus se procurer d'approvisionnements.

Abolition des franchises. C'est en s'appliquant à la théorie des principes plutôt qu'en suivant les leçons de l'expérience, que la convention crut devoir supprimer aussi les franchises de Dunkerque, de Marseille, de Bayonne et du pays de Labour. On ne vit dans cette faveur accordée à quelques ports qu'une exception qui blessait l'égalité, mais on ne fit pas attention que ces franchises attiraient le commerce étranger sur les principaux points de la France et nous mettaient par conséquent à même de rectifier la balance commerciale. Nous ne nous arrêterons pas à ces considérations qui n'entrent pas dans notre plan, nous observerons seulement que sous le rapport du droit public il n'était peut être pas permis d'abolir sitôt les franchises, parce qu'elles étaient tacitement comprises dans les traités de commerce et de navigation stipulés avec nos voisins, et que les avantages réciproques qui résultaient de ces franchises, avaient pu servir de base à d'autres faveurs dont nous jouissions chez les autres. On peut présumer aussi que cette suppression dérangeait des calculs qui avaient eu de l'influence sur nos voisins lorsqu'ils traitèrent avec nous. Les franchises tenaient donc en quelque sorte au droit public : or, une nation qui prend rang dans l'état social, est incompétente pour décider seule ces espèces d'affaires.

Le comité de salut public voulant appuyer son crédit de tous les moyens possibles, se décida enfin à débarrasser la jurisprudence, à l'égard des neutres, de toutes les entraves de circonstances. Il suivit pour cela la seule marche indiquée par la raison et la justice ; elle consistait à s'en référer aux anciens traités conclus par la France et qui sont presque tous des monuments du droit maritime. Il rendit, le 14 nivôse an 3, un arrêté extrêmement remarquable quoiqu'il ne soit pourtant qu'une modification de celui du 25 brumaire ; on peut dire que

Nouveaux avantages accordés aux neutres.

*
—

celui-ci fixe d'une manière aussi juste que modérée, les droits de la neutralité : il sera toujours facile de mieux faire que ce désastreux comité, mais il est impossible de proclamer des principes plus équitables que ceux contenus dans la déclaration suivante. Cette pièce nous paraît donc digne de la plus grande attention et pourrait servir de base à l'avenir. En voici le texte :

Du 14 nivôse an 3.

» Le comité de salut public considérant que l'art. XXIII du traité de commerce entre la France et les États-Unis d'Amérique, du 6 février 1778, porte formellement, 1.° que les Français et les Américains pourront naviguer en toute sûreté avec leurs bâtiments, sans qu'il puisse être fait à cet égard aucune exception à raison des propriétaires des marchandises chargées sur ses bâtiments, de quelque port qu'ils viennent, et quoique la puissance pour laquelle ils sont destinés soit actuellement ou devienne par la suite l'ennemie de l'une ou de l'autre nation contractante ; qu'ils pourront également naviguer en toute sûreté avec leurs vaisseaux et marchandises, et fréquenter les places, ports et havres des puissances ennemies des deux nations contractantes, ou de l'une d'elles, et faire le commerce non-seulement d'un port ennemi à un port neutre, mais encore d'un port ennemi à un autre port ennemi ; 2.° que les bâtiments libres assureront également la liberté des marchandises, et qu'on jugera libres toutes les choses qui se trouveront à bord des navires appartenant aux citoyens d'une des nations contractantes, quand même le chargement appartiendrait en tout ou en partie aux ennemis de l'une des deux, la contrebande demeurant toujours exceptée ; 3.º que cette même liberté s'étendra aux personnes qui pourraient se trouver à bord des bâtiments libres, quand même elles seraient ennemies de l'une des deux nations contractantes, et qu'en conséquence, ces personnes ne pourront être enlevées sur de pareils navires, à moins qu'elles ne soient militaires et actuellement au service de l'ennemi ; »

» Considérant que l'Angleterre ayant donné à la guerre du despotisme contre la liberté un caractère d'injustice dont on ne retrouve point de traces dans l'histoire, la convention nationale s'est crue obligée, en usant du droit de représailles , de décréter, le 9 mai 1793, que les bâtiments de guerre et corsaires français pourraient arrêter et amener dans les ports de la république les navires neutres qui se trouveraient chargés, en tout ou en partie, soit de comestibles appartenant à des neutres et destinés pour des ports ennemis ; mais que bientôt, et dès le 1.er juillet 1793, la convention nationale s'est hâtée de rétablir dans toute leur vigueur les dispositions ci-dessus rappelées du traité du 6 février 1778 ; qu'à la vérité il a été révoqué par celui du 27 du même mois, mais qu'il ne l'a été que relativement *aux comestibles et marchandises appartenant aux puissances ennemies*, qu'ainsi il est demeuré intact pour les comestibles et *marchandises apartenant aux puissances neutres*, à l'égard desquelles le gouvernement français n'a point à rougir d'avoir attendu, pour se montrer juste et loyal, que le cabinet de Londres révoquât, comme il l'a fait long-temps après, l'ordre par lui donné, l'année précédente, de saisir tous navires neutres apportant des comestibles ou marchandises neutres en France ; »

» Considérant que depuis, et nonobstant l'affectation avec laquelle ce cabinet continue chaque jour d'insulter aux droits des gens et de violer la neutralité des puissances non belligérantes, en faisant saisir leurs navires chargés de marchandises destinées pour la France, la convention nationale a enjoint par l'article VII de la loi du 13 de ce mois, à tous les agents de la république, à tous les commandants de la force armée, aux officiers civils et militaires, de faire respecter et observer dans toutes leurs dispositions les traités qui unissent la France aux puissances neutres de l'ancien continent et aux États-Unis de l'Amérique ; que par le même article, il est défendu de porter atteinte à ces traités, et que toutes dispositions qui pourraient leur être contraires sont annullées ; »

» Considérant qu'il importe de faire connaître à l'univers entier ce grand acte de loyauté et de justice et de lever promptement tous les prétextes que la malveillance pourrait employer soit pour en empêcher ou en retarder l'effet, soit pour en abuser au préjudice de la république, arrête : »

» Art. I.er La commission de la marine et des colonies notifiera, sans délai, à tous commandants des armées navales, divisions, escadres, flottes ou bâtiments, l'article ci-dessus cité de la loi du 13 de ce mois, et les avertira en conséquence qu'ils doivent regarder comme non avenue la disposition de l'article V de l'arrêté des comités de salut public, des finances et de commerce et approvisionnements du 25 brumaire dernier, qui autorise la saisie des marchandises appartenant aux puissances ennemies jusqu'au moment où elles auraient déclaré libres et non saisissables les marchandises françaises chargées sur des bâtiments neutres, »

» II. Les marchandises même neutres , dites de contrebande ou prohibées , continueront d'être soumises à la saisie. »

» III. Sont compris sous le nom de marchandises prohibées ou de contrebande les armes, instruments ou munitions de guerre, quels qu'ils soient, les chevaux et leurs équipages, et toutes espèces d'effets, denrées ou marchandises destinés pour une place ennemie actuellement assiégée, bloquée ou investie. »

» IV. Le commissaire des relations extérieures transmettra le présent arrêté aux agents de la république près les gouvernements alliés ou neutres, avec ordre de le leur communiquer. »

» V. Le présent arrêté sera inséré au bulletin des lois. »

Les mesures de modération adoptées par le gouvernement révolutionnaire de France, avaient pour motifs la nécessité où il se trouvait de se procurer des approvisionnements et la situation de ses relations diplomatiques qui commençaient à s'améliorer. Le premier choc des nations étrangères ayant été sans effet contre la France, les armées révolutionnaires au lieu d'être battues ayant remporté de grands succès, les puissances belligérantes n'avaient plus songé qu'à se mettre à couvert de la contagion de nos troubles, et cette mesure, une fois bien prise, la continuation de la guerre n'avait plus aucun but pour elles : aussi remarque-t-on qu'en 1795 leur politique varia sensiblement, bien convaincus qu'ils ne pouvaient s'approprier la France. Les souverains de l'Europe réfléchirent qu'en lui faisant la guerre, c'était priver sans aucune nécessité leurs états de relations commerciales, utiles et productives. En vain l'Angleterre redoublait-elle ses subsides et ses exhortations. Les puissances continentales certaines de ne pouvoir arrêter la révolution française, ne voulurent plus s'épuiser à la combattre infructueusement et s'appliquèrent à rétablir leurs relations avec les Français. Les princes de l'Europe sentirent aussi que persister dans un système d'hostilités, tel que celui-là, n'était autre chose que se priver volontairement des avantages réels qui suivent toujours la paix, pour se dévouer à la cause unique et intéressée de l'Angleterre qui exploitait sans concurrence et à son seul profit les ressources commerciales et les produits industriels de tous les états belligérants. La Grande-Bretagne avait même mis tant d'activité à profiter de la circonstance, que ses alliés comme les neutres sentaient vivement le besoin de contre-balancer un peu ce monopole : ils ne le pouvaient qu'en se rapprochant de la France, dont la concurrence devait améliorer leur situation commerciale. Le ministère anglais ne se dissimulait pas tout le préjudice que lui porterait cette révolution dans la politique ; il prévoyait que les Français forceraient bientôt ces nouveaux neutres à devenir leurs alliés, et qu'alors commencerait cette ligue continentale que la Grande-Bretagne redoute avec tant de raison : en conséquence il ne ménagea rien pour prévenir cette catastrophe ; mais tout fut inutile ; ce grand procès fut décidé comme il le sera toujours en pareil cas ; l'accroissement de notre force militaire et les intérêts continentaux qui nous sont communs avec tous les autres peuples ruinèrent la cause de la Grande-Bretagne. Ce lien réciproque qui nous unit avec nos voisins empêchera toujours les Anglais d'avoir des traités bien solides avec le continent, surtout lorsqu'ils seront dirigés contre nous ; l'expérience démontrera chaque jour aux contractants combien ils perdent à de pareils engagements, et alors les intérêts individuels tendront à les rompre. C'est ce qui arriva en 1795 ; les puissances du continent se détachèrent successivement de la cause britannique, le premier prince qui en donna l'exemple est le grand Duc de Toscane ; ce prince, quoique faible et insignifiant dans la balance politique, fut cependant un grand auxiliaire pour le gouvernement français; c'était un pouvoir légitime qui traitait et la convention prenait rang parmi les puissances : elle en eût une nouvelle preuve quelques mois après en faisant la paix avec le roi de Prusse : elle fut stipulée à Bâle, le 5 avril 1795. Le gouvernement français en resserra encore les nœuds par un autre traité fait avec la même puissance un mois après. La Hollande conquise et révolutionnée par nos armées, avait été forcée de conclure une alliance avec nous, et par conséquent s'était placée sous le séquestre de l'Angleterre. Cette république française qui déclamait depuis trois ans contre l'injustice et la tyrannie de l'Angleterre, prouva, en traitant avec la Hollande, qu'elle n'avait pas plus d'égard pour les intérêts de ses alliés. La France en faisant aux Hollandais le funeste présent d'une révolution, en les engageant à renverser le gouvernement légitime de leur patrie, avait promis aussi à ce peuple une existence libre et heureuse ; or, jamais l'Angleterre n'imposa de joug plus dur, même à ses ennemis, que l'alliance exigée par la France des Provinces-Unies : c'était en effet ruiner complétement un peuple entièrement maritime et commercial que de le forcer à épouser une querelle navale qu'il lui était impossible ainsi qu'à nous-mêmes de soutenir. Dans la paix comme dans l'alliance, il existe un principe également consacré par le droit des gens et la générosité , c'est de ne jamais imposer à son co-traitant des conditions évidemment subversives de sa prospérité, à moins cependant qu'on ne soit forcé par une nécessité pressante à user dans toute sa lattitude du droit de la conquête; mais ce n'était point la position de la France , elle pouvait sans danger laisser aux Provinces-Unies le choix d'être neutres, sauf après aux états généraux à faire respecter leur neutralité. Dans tous les cas la France n'avait aucun droit à détruire l'indépendance des Hollandais , et sa sûreté n'exigeait point cet attentat. Cette violence apprit à tous les peuples que la république française était bien disposée à abuser de ses forces , qu'à l'avenir elle ne combattrait plus , comme sous ses rois, pour établir un juste équilibre maritime et commercial, ce qui, dans le fond , est conforme à ses intérêts, mais que les armées allaient imposer un joug de fer au continent, et qu'elle préférerait anéantir le commerce et l'industrie de tous ses voisins , plutôt que de leur laisser un point de contact avec l'Angleterre, même sous le régime de cette juste neutralité qui avait été si long-temps l'objet des efforts de nos rois. Cet affreux système ne fut que trop bien suivi jusqu'en 1814, et il n'eût d'autre résultat que dégarer totalement l'opinion de l'Europe sur le compte de la France, d'établir une horrible confusion dans le droit maritime et de réveiller contre nous des haines implacables. Un autre motif que celui d'une insatiable ambition , dirigea encore le gouvernement révolutionnaire et usurpateur de la France , ce fut le projet insensé et impolitique de faire disparaître l'Angleterre du nombre des nations. Ce système , hautement avoué , fut conduit avec une espèce de rage et de fureur , ceux qui le suivirent s'égarèrent dans un dédale de conquêtes et de guerres sans but, de crimes et d'usurpations sans nombre. Il ne s'agissait plus d'obtenir par la voie des armes une juste réparation des torts du monopole, un partage égal des bénéfices de la navigation et du commerce , mais on voulait une guerre d'extermination , la ruine totale de la Grande-Bretagne , et se mettre ensuite à sa place pour tyranniser également la terre et la mer. Dèslors la scène politique changea : les Anglais menacés dans leur propre existence , certains qu'ils périraient s'ils ne triomphaient pas , déployèrent une énergie constante et vigoureuse. Les gouvernements immoraux qui les attaquèrent mirent en usage contr'eux toutes les ressources de la haine , le parjure , le meurtre, la violation du droit des gens , tout fut employé, et ces attaques odieuses , légitimèrent en quelque sorte les moyens analogues dont les Anglais se servirent pour se défendre : ainsi donc dans le cours des périodes que nous allons parcourir les outrages faits au droit maritime doivent être considérés moins comme un oubli des principes , que comme des mesures d'attaque militaire et de défense. Il ne manquait plus à ce siècle malheureux que de voir les hommes s'armer pour se détruire des débris du pacte social....!

Quelque temps après avoir enveloppé la Hollande dans sa querelle maritime , la France traita avec l'Espagne. La paix qui s'établit entre ces deux puissances ne changea rien aux traités anciens et ne fit qu'assurer encore l'existence du gouvernement révolutionnaire.

Il ne tarda pas à redoubler d'activité contre l'Angleterre ; le cabinet de Saint-James lui était odieux à plus d'un titre, et le principal était de s'être montré constamment opposé aux succès révolutionnaires. Le comité de salut public, certain de forcer bientôt ses nouveaux amis à devenir ses alliés, et prévoyant déjà qu'il aurait à sa disposition une immense étendue de côtes, rébuté d'ailleurs par les défaites nombreuses de ses escadres, prit la résolution de changer de système de guerre maritime et de réduire toutes ses opérations à la course : attaquer et ruiner le commerce lui parut préférable aux grandes expéditions ; en conséquence on résolut de couvrir la mer de corsaires et de croiseurs. Le 23 thermidor an 3, Défermon fit un rapport sur cet objet, et un décret accorda les plus grands encouragements à la course. On ne peut nier que cet affreux moyen d'attaque ne soit très-préjudiciable à un ennemi négociant et navigateur, mais aussi il entraîne de graves inconvénients. Outre qu'un pareil genre de guerre n'est au fond qu'un brigandage autorisé, et par conséquent indigne d'une grande nation, il met sans cesse les droits de l'alliance et de la neutralité aux prises avec la cupidité des armateurs. Envain vos tribunaux seront prompts à faire justice, cette ressource n'est que précaire et souvent douteuse ; le neutre ou l'allié que vous arrêtez et détournez de sa route pour l'emmener dans vos port, n'en souffre pas moins un dommage considérable avant d'obtenir main-levée. Ces sortes d'abus sont fréquents et nombreux en temps de course ; et comme ils sont presque inévitables, il serait de la justice d'un gouvernement généreux de les prévenir en restreignant la faculté d'armer des corsaires ; d'ailleurs il est prouvé qu'un corsaire quelconque finit toujours par tomber entre les mains de l'ennemi ; les armateurs, malgré les lois et les précautions, trouvent toujours le moyen d'enrôler les meilleurs matelots, et privent ainsi l'état de ressources précieuses : ce sont de pareilles considérations qui obligèrent quelque temps après , comme nous le dirons , à resserrer l'exercice de la course.

La convention , forte de ses traités et des victoires de l'armée , se dépouillait comme l'on voit insensiblement du masque de la modération; elle se montra presque à découvert en adressant , le 23 messidor an 3, une instruction aux agents diplomatiques pour organiser dans leur résidence l'embauchage des marins étrangers : il fallait sans doute avoir oublié toute retenue pour oser commettre une violation aussi manifeste du droit des gens et des ambassadeurs. Le gouvernement révolutionnaire n'en poursuivit pas moins son plan de pacification ou plutôt de ligue contre l'Angleterre. Après avoir renouvellé ses traités avec les régences barbaresques et s'être promis réciproquement protection pour les croiseurs, il fit la paix avec quelques princes d'Allemagne et le landgrave de Hesse-Cassel : peu de temps après , la convention termina son règne par la constitution de l'an 3 , et institua le directoire exécutif, auquel elle légua ses principes et surtout son impudent charlatanisme.

CHAPITRE SEPTIÈME.

Règne du Directoire exécutif. — Projet de ce gouvernement. — La législation maritime prend une forme plus stable. — Esprit qui la dirige en général. — Ses progrès et ses vicissitudes jusqu'au traité d'Amiens.

Jusqu'à présent, comme nous l'avons observé plusieurs fois, les actes du droit maritime se réduisirent presque toujours à de vaines démonstrations et n'eurent jamais d'exécution. Un nouvel ordre de choses commence ; la révolution française continue, mais elle est organisée ; il ne s'agit plus de ces comités qui ne montraient de force que pour détruire, qui n'avaient aucune consistance ni relation diplomatiques, nul crédit et point de considération près des puissances étrangères. La France sous ce régime désastreux ressemblait à ces vastes foyers d'incendie dont on s'empresse d'isoler les édifices voisins et que l'on contemple de loin avec effroi. Sous le directoire exécutif, nous commençâmes à prendre un essor redoutable ; il n'était plus question de mettre en doute notre existence politique, nos armées apprenaient aux étrangers que bientot l'indépendance continentale de l'Europe allait disparaître sous le sabre des républicains, et le gouvernement usurpant à l'intérieur tous les pouvoirs, centralisait dans ses mains la force coer-

citive , appaisait par une rigoureuse fermeté les agita-
tions révolutionnaires , et donnait à l'administration
en général une marche uniforme et rapide. Les actes
législatifs qui ont réglé le droit maritime vont donc
acquérir une importance réelle , et méritent une attention plus particulière.

Si l'on s'en rapportait au texte ou à l'intention apparente des lois, les monuments du régime directorial
sembleraient souvent en harmonie avec les vrais principes; mais le caractère distinctif du directoire a
toujours consisté dans la duplicité. Obligé de lutter
contre la législature qu'il finit par décimer après en
avoir envahi les droits, ce gouvernement embarrassé
d'entraves sans cesse renaissantes, les surmonta à
l'aide d'une marche tortueuse et cachée. Toujours
aux prises avec les factions, il les écrasa en les
trompant; animé d'une vaste ambition, de la soif
de l'or et des conquêtes, il organisa de grandes armées
et sut pourtant leur procurer alternativement des
défaites ou des victoires, selon les inquiétudes que
lui causaient l'autorité ou l'influence des chefs de
cette armée : méfiant, ombrageux, mais rusé, aucun
gouvernement ne sut mieux que le directoire donner
à ses prérogatives constitutionnelles la plus grande
extension possible; jamais il ne s'avança ouvertement
vers un but quelconque, et toutes les mesures que
le directoire proposa ou fit adopter, tendirent toujours
à engager les deux conseils dans des démarches in-
conséquentes ou compliquées, qui forçaient en dernier
résultat la législature à s'en remettre à la discrétion
du pouvoir exécutif : cette conduite provenait de la
position morale et personnelle de ce gouvernement.
Les directeurs ne se dissimulaient pas qu'ils succé-
daient à un régime de violence et d'anarchie, que ceux

qui avaient créé le directoire siégeaient encore dans les
deux conseils; que ces vétérans de la révolution, ha-
bitués à ne connaître aucun gouvernement, à régenter
la France par des décrets rendus sur la simple motion
de l'un deux, à exercer dans les provinces la pléni-
tude des pouvoirs du pro-consulat, et enfin à envoyer
à l'échafaud ceux qui prenaient la moindre influence;
le directoire, dis-je, sentit que de tels gens avaient
inventé la constitution de l'an 3 plutôt pour se perpé-
tuer dans la possession du pouvoir, que pour se
ranger ainsi que la France sous le régime d'un gouvernement régulier : ces restes impurs de la convention
inspiraient sans doute autant d'horreur que de mépris,
mais les directeurs en faisaient eux-mêmes partie, et
sous ce rapport ils n'osaient pas tout-à-fait les décré-
diter. Ils sentaient d'ailleurs que la France, long-temps
gouvernée par la plus illustre dynastie de la terre,
remplie de souvenirs, de regrets, de mécontentement,
suites de cette révolution exécrée par tous les partis,
parce qu'elle avait trompé les vœux et toutes les
espérances si pompeusement annoncées par les premiers démagogues, ils sentaient, dis-je, que la France
qui acquérait d'ailleurs, chaque jour, une grande
prépondérance militaire, accorderait difficilement son
respect et son estime à un gouvernement composé de
quelques avocats qui n'avaient acquis de célébrité que
dans cette même révolution détestée par les Français.
Le directoire connaissant bien sa fragile consistance,
adopta donc la ruse, la perfidie, armes de la faiblesse.
Il faut convenir qu'il s'en servit habilement; mais
tel était le sceau de réprobation imprimé par la France
sur ce gouvernement, qu'à peine avait-il fait une
démarche pour assurer son existence, qu'il naissait
du sein même de ses précautions de nouveaux

embarras non moins dangereux que ceux qu'il venait de dompter : ce sont ces alternatives qui finirent par culbuter le directoire, mais on doit avouer qu'il disputa long-temps le terrain pied à pied et qu'il déploya dans cette lutte autant de finesse que de fermeté. C'est ainsi qu'après avoir éliminé des conseils au moyen des élections, la plupart de ces anciens conventionnels, dont l'ambition lui était si redoutable, il les vit remplacer par des royalistes absolus ; ces derniers faillirent renverser ce même directoire qui ne put échapper au danger qu'en exécutant ce grand coup du 18 fructidor, qui proscrivit en masse les représentants du peuple ; redoutant le pouvoir des baïonnettes, il isolait autant que possible l'armée de ses chefs, mais à peine avait-il empoisonné Hoche et destitué Moreau, qu'il se voyait forcé de faire assassiner Joubert. En vain il envoya les soldats français se perdre dans les déserts de l'Egypte. Le directoire, cette fois, fut dupe de ses artifices, ou plutôt le temps était venu où malgré toutes les précautions, la France devait nécessairement succomber sous l'influence de cette armée devenue trop puissante pour ne pas absorber le gouvernement. Tel fut le directoire, et sa conduite envers les nations étrangères fut conforme aux principes qui le guidaient à l'intérieur, c'est-à-dire, qu'elle fut marquée au coin de l'ambition et de la fourbe ; mais il se mêlait à ces deux sentiments un système que le directoire légua à son successeur Buonaparte, et dans lequel l'un et l'autre firent consister leur gloire, leur bonheur et peut-être voulurent-ils y fonder tous leurs droits au suprême pouvoir. Ce but était la destruction totale de l'Angleterre. Ils espéraient, en achevant ce grand œuvre, se débarrasser d'abord d'un ennemi

15

implacable qui leur causait des frayeurs continuelles ;
et ensuite conquérir à jamais l'amour, l'estime et la
vénération des Français en les enrichissant des dépouilles d'un ennemi naturel (1) et en terminant
une querelle que vingt rois avaient soutenue sans
succès.

Tel fut le plan de guerre adopté par le directoire
et par Buonaparte. Ce qui prouvait bien qu'ils n'at-
taquaient point chez les Anglais le monopole et
qu'ils ne combattaient pas pour la liberté des mers,
c'est que dans leurs hostilités contre la Grande-
Bretagne, ils sacrifiaient indistinctement les intérêts
des neutres et des alliés, pillaient ou accaparaient
tout ce qui était à leur convenance ; ils affichaient
hautement l'ambition d'établir un empire continental,
et cette prétention indiquait, seule, qu'ils se seraient aussi emparés des mers s'ils avaient dompté
les Anglais. En attaquant la Grande-Bretagne, ces
gouvernements ne faisaient autre chose que de poursuivre leur système de domination universelle; ils
mettaient beaucoup plus d'opiniâtreté contre l'Angleterre, parce qu'ils espéraient que l'asservissement
de cette puissance entraînerait celui de toutes les
autres, et assurerait à jamais à leur gouvernement
l'empire de la terre et de la mer. C'est la crainte
bien fondée de tomber sous ce joug cruel, qui donna
tant de facilités à l'Angleterre pour se défendre,
c'est-à-dire, pour former des coalitions contre nous,
système défensif sous lequel nous succombâmes en-

____

(1) Il est à remarquer que les gouvernements révolutionnaires se sont toujours plu à représenter l'Angleterre comme
l'ennemie naturelle de la France : il serait facile de prouver
que cette assertion est aussi fausse en morale qu'en politique, mais elle servait beaucoup les projets de nos tyrans

fin. On voit déjà, par l'issue de cette lutte, que la France ne pouvait sans un égarement déplorable concevoir et suivre le plan du directoire et de Buonaparte, puisque l'expérience a prouvé que jamais l'Europe ne lui permettra d'achever un pareil agrandissement, et que la France n'est point en état de résister à toute l'Europe bien unie; d'un autre côté, en supposant même que nous ayons pu effectuer la conquête de l'Angleterre, qu'en serait-il résulté? La puissance britannique se serait reproduite par-tout, en Europe, en Asie et dans l'Amérique; nous nous serions établis dans la capitale de notre ennemi, mais pour cela nous n'aurions eu que la moindre partie de son empire; cette conquête eut peut-être porté le coup le plus funeste à l'Europe, en ce qu'elle aurait donné naissance à un grand empire dans l'Inde qui eut fini, comme l'Amérique commence déjà à le faire, par séparer ses intérêts de ceux de l'Europe. D'ailleurs le despotisme maritime et continental que le directoire et Buonaparte se proposaient d'établir eut bientôt poussé tous nos voisins au désespoir; et il n'y a pas de doute que la ligue la plus formidable, la guerre la plus implacable, ne se fut élevée contre la France, qui, cette fois occupée sur les mers, aux prises avec ses propres conquêtes, eut été complétement envahie et traitée sans aucun égard, parce qu'elle eut déjà renversé le seul contre-poids qui, dernièrement, a fait juger sa conservation nécessaire. La réussite des projets du directoire et de Buonaparte aurait donc été l'événement le plus désastreux pour la France; les annoncer aussi hautement qu'ils le furent, les poursuivre par des moyens aussi injustes que ceux employés, porta déjà un grand préjudice à la France :

★

nous perdîmes près de nos voisins cette répu=
tation de puissance modératrice que nous avions acquis sous nos rois. La France ne fut plus regar-
dée comme la garantie des droits maritimes de l'Europe ; mais nos procédés violents, les spoliations
que nous exerçâmes par-tout, firent juger bientôt
que notre but était de tout envahir ; aussi les puissances s'appliquèrent-elles constamment à éviter nos
approches quand elles n'eurent pas la force de nous
attaquer ; mais aucune d'elles ne s'empressa, comme
après la paix de 1763, à se rapprocher de nous pour
nous seconder dans l'attaque que nous fîmes à l'Angleterre. Le traité de 1783 rétablissant l'équilibre
maritime, justifia la confiance de l'Europe et fit honneur à la sagesse de Louis le Martyr, qui, à
l'exemple de ses prédécesseurs, avait bien apprécié
le seul rôle qu'il convenait à la France de jouer
dans les affaires maritimes. Les folles conceptions
du directoire et de son successeur firent perdre à
la France cette belle prérogative de modératrice des
mers : nous devons avouer qu'elle n'en était plus
digne alors, mais aujourd'hui nous pensons qu'il est
de la gloire et de l'intérêt de l'Europe de rendre à
la France des attributions aussi glorieuses qu'utiles.

D'après cet exposé, on doit sentir que l'esprit de
la jurisprudence maritime va changer totalement.
L'assemblée nationale et la convention ne faisaient
que tâtonner de tous côtés, l'une pour chercher ce
qui était le plus libéral, l'autre pour trouver un point
d'appui quelconque ; mais sous le directoire et Buonaparte, il ne s'agit plus de chercher ce qui est plus
ou moins juste ou de mendier des alliés. La législation se rapporte à créer ou à donner suite à des
circonstances politiques dont toutes les conséquenses

aboutissent à ces points principaux : l'envahissement de tous les ports du continent, la spoliation générale de l'Europe, l'accaparement de tout le commerce, non pas dans les mains des Français, mais dans celles du gouvernemment, enfin la ruine totale de l'Angleterre, complément et base imaginaire de ce grand système d'usurpation. On sent bien que des projets aussi odieux ne pouvaient être conduits que par des moyens analogues; ils furent aussi combattus par des procédés semblables. Le directoire toujours hypocrite et astucieux conserva tant qu'il put quelque apparence d'équité ; Buonaparte aussi féroce qu'impétueux ne prit pas la peine de dissimuler sa rage : l'un et l'autre foulèrent aux pieds par des moyens différents les droits maritimes. Pour apprécier les actes du directoire, il faut en chercher les véritables intentions dans les antécédents et les suites ; ceux de Buonaparte sont trop clairs pour laisser le moindre doute, et l'on peut de suite les signaler à l'indignation publique. Telle est la marche que nous allons suivre. Observons cependant qu'après la paix de 1763, l'Angleterre vit renverser de fond en comble le plan de grandeur qu'elle avait conçu et mûri depuis la paix d'Utrech ; la France vit aussi écrouler en 1814 le monstrueux système qu'elle méditait depuis vingt ans ; ne pourrait-on pas tirer de ces deux grands exemples une preuve de plus, que le véritable intérêt des nations consiste dans la justice et la modération.

Il s'écoula quelques semaines entre la promulgation de la constitution de l'an 5 et l'installation du directoire. Dans cet intervalle, la convention qui continuait à siéger poursuivait le fil de ses relations diplomatiques : le directoire en recueillit tous les

Dernières opérations de la convention.

fruits. La plus célèbre loi que la convention rendit dans les derniers jours de sa session, est celle du 3 brumaire an 4 qui organise la marine et régle la procédure des prises : la première de ces lois fut jugée impraticable peu de temps après, l'autre subit des variations qui donnèrent lieu à de célébres débats que nous rapporterons. Le directoire, un mois après son installation, proposa aux deux conseils le rétablissement d'un tribunal avec attributions de conseils des prises : nous croyons devoir citer ce message, parce qu'il servira de bases à nos réflexions sur cette importante matière à laquelle se rattache les bases du système continental.

Le directoire exécutif au conseil des cinq cents (1).

Citoyens législateurs ,

Le directoire
propose
le rétablissement
du conseil des
prises,

« Le directoire exécutif invite le corps législatif à prendre en considération la nécessité d'établir un tribunal chargé de la révision des jugements relatifs aux prises, rendus en première instance par les tribunaux de commerce. Cette mesure instante avait été proposée au comité de salut public, qui n'eut pas le temps de faire statuer sur cet important objet ; l'exposé des faits suffira pour convaincre le corps législatif de l'urgence de cette proposition. »

« Pendant la dernière guerre et les précédentes, les amirautés étaient chargées de l'instruction préalable de ces sortes d'affaires : cette instruction et les pièces de bord étaient de suite envoyées à un tribunal connu sous le nom de *conseil des prises*, qui jugeait en première instance, sauf l'appel au conseil d'état. »

____

(1) Message du 9 frimaire an 4. Voyez le nouveau code des prises, tome 4.

« Par le décret du 14 février 1793, la connaissance des affaires de cette nature fut attribuée aux
juges de paix, chargés seulement de l'instruction
préalable, et aux tribunaux de commerce, qui pro-
nonçaient sur la validité de la prise, sauf l'appel
aux tribunaux de district; et l'on sentit que ce principal objet du second dégré de juridiction, devait
être d'examiner si les tribunaux avaient, dans leurs
jugements, consulté nos intérêts commerciaux et la
lettre des traités qui nous unissent avec les différentes nations de l'Europe; mais passant d'un excès à
l'autre, on investit le conseil exécutif provisoire, et
par suite le comité de salut public, du droit de
juger en première instance; de sorte que ces affaires
ne passaient réellement que par un dégré de juridiction, puisque l'instruction préalable ne peut être considérée comme un jugement en première instance. »

« Dans l'état actuel, le directoire exécutif ne peut
être investi du droit de confirmer ou d'infirmer aucun des jugements rendus par les tribunaux de commerce, sauf l'approbation du corps législatif dans les
cas qui intéresseraient nos relations politiques avec les
puissances neutres ou alliées. »

On voit dans ce message, et l'on remarquera dans
les discussions auxquelles il a donné lieu, que chacun s'accorde pour faire juger la validité des prises
par le belligérant, et ne diffère que sur le mode
d'exercer cette juridiction. Cette question est célèbre
dans la jurisprudence maritime, et les législateurs
de l'an 4 auraient pu moins s'attacher à la forme et
s'occuper un peu plus du fond. Il faut convenir cependant que ce point de droit n'a pas été clairement
résolu par les publicistes, rien n'est encore plus con-
fus. On pensa long-temps que le jugement des prises

appartenait exclusivement aux belligérants ; cette opinion était fondée sur un long usage et sur diverses dispositions du droit conventionnel de l'Europe, qui interdisent aux juges des ports neutres et étrangers de connaître de la validité des prises que le belligérant pourrait y conduire. On trouve cette condition dans le traité des Pyrénées de 1659, article 25, dans celui de commerce entre la France et les états généraux de 1662, et dans celui de 1759 entre les mêmes puissances. Cette convention a été suivie dans le traité de commerce et de marine entre la Suède et la Hollande, signé à Nimègue le 12 octobre 1679. Il est particulièrement question dans le traité de 1714, entre l'Espagne et la Hollande, du cas où les Hollandais conduiraient dans les ports de la monarchie espagnole des prises par eux faites sur leurs ennemis, et l'on y renouvelle la convention que les magistrats des lieux ne pourraient prendre aucune connaissance de ces prises. La même chose a été stipulée entre l'Espagne et l'empereur en 1725 (1). Quoique ces stipulations soient passées dans le droit public, plusieurs écrivains se sont élevé avec force contre cette jurisprudence évidemment partiale ; ils ont avancé à cet égard des opinions très-divergentes : pour nous il doit suffire d'examiner cette question dans son état naturel et surtout de la dégager de toute controverse.

Si nous allons droit aux principes, il faut commencer par établir ce que c'est qu'une prise ? C'est un bâtiment saisi dans un port ou capturé en mer en vertu d'une autorisation légale. On a posé en principe depuis long-temps qu'il ne suffisait pas que le capteur jugeât seul, qu'il devait s'emparer d'un navire parce

____

(1) Azuni, Tome II. Chap. IV.

qu'il navigait sous pavillon ennemi. On ne voulut point s'en rapporter à cette simple preuve, parce qu'il est possible qu'un corsaire, par exemple, poussé par la cupidité, arrête en mer toute espèce de navire, y place un pavillon ennemi et de faux papiers, après en avoir massacré ou relâché l'équipage. Nos plus anciennes ordonnances, et entr'autres celles de 1400 et 1517, veulent que les bâtiments pris soient amenés dans un port ; que le capitaine et l'équipage prisonniers soient interrogés, pour constater qui ils sont, d'où ils viennent, et si le capteur n'a pas abusé du droit de la guerre, pour exercer contr'eux d'injustes violences : on vérifie en même temps les papiers et chartes-parties de la prise. Lorsque le navire capturé est évidemment ennemi, il n'y a sans doute aucune difficulté pour le livrer à son capteur ; mais si c'est un neutre ou un allié arrêté sous prétexte qu'il a violé la neutralité ou l'alliance en transportant des contrebandes (voyez chap. 3), cet incident donne lieu à des réclamations litigieuses. Un navire évidemment ennemi peut même, en certain cas, en élever de semblables, s'il a été arrêté, par exemple, sur une rade ou dans un port neutre, s'il était muni de sauf-conduit ou s'il avait déjà été rançonné, enfin si sa cargaison appartient en partie ou en totalité à des neutres, à des alliés ou même à des nationaux, et que des lois ou traités précédents rendent ce dernier cas contentieux. On voit donc que la matière des prises est susceptible de beaucoup de litige, mais il y a toujours en cause deux parties bien distinctes, l'étranger et le national ; d'après cela, cette jurisprudence est totalement hors des attributions du tribunal de la cité : l'étranger peut devenir en effet votre justiciable, lorsqu'il vient chez vous de son plein gré, soit pour y chercher un asile, soit pour toute autre cause; il se soumet alors à vos lois parce qu'elles sont promulguées, et que par conséquent il pouvait les connaître (chap. 6). Mais il n'en est pas de même du capturé : c'est vous qui par violence le conduisez dans vos ports; et puisque jusqu'au moment du jugement de la prise, vous supposez qu'on peut l'avoir arrêté à tort, de quel droit lui intentez-vous une action judiciaire, l'astreignez-vous à vos formes et lui appliquez-vous des lois dont vous êtes seul auteur et qui par conséquent sont illégales ? car une loi n'a d'autorité que sur les sujets et les domaines du législateur ; or, l'étranger n'est pas votre sujet, il n'a pas été pris sur votre domaine et il ne s'y trouve que par force : d'ailleurs s'il existe des devoirs sacrés et imprescriptibles entre le sujet et son prince, il n'y en a aucuns de directs entre le prince et l'étranger : ces deux individus ne diffèrent que par le rang qu'ils occupent dans l'état social; le premier n'a aucune espèce de juridiction sur l'autre qui, à son tour, ne peut, sans félonie, reconnaître sur sa personne d'autre autorité que celle de son prince légitime. En considérant la question sous un point de vue moins général, nous observerons que l'on ne peut être à la fois juge et partie : or, le tribunal qui juge une affaire de prise est le souverain, puisque toute justice émane de cette autorité, il prononce sur une affaire agitée entre des étrangers qui ne sont pas ses justiciables comme nous venons de le prouver, ni ses sujets. Or, en droit des gens, le prince et ses sujets sont toujours solidaires les uns des autres vis-à-vis des étrangers ; leurs intérêts dans ce cas sont toujours communs ; les insultes, les avantages faits à l'un d'eux les touchent également. Si l'on observe encore que très-souvent en matière de prise le capteur

est un navire de guerre ou de l'état, que la validité de
la prise intéresse toujours beaucoup le prince, parce
qu'elle enrichit son fisc et ses sujets et qu'elle en-
courage les armements, il faut convenir que l'érec-
tion d'un conseil des prises dans un pays quelconque
est un attentat manifeste contre l'indépendance et
la dignité des autres peuples, et que les jugements
rendus par de semblables tribunaux blessent par la
forme la justice, les convenances et le droit des
gens; ils ne peuvent être basés que sur le droit du
plus fort, or le droit du plus fort n'est pas une
raison, ce n'est que l'exercice de la violence. Mais me
répondra-t-on, ces conseils des prises et leurs arrêts
qui vous paraissent violateurs de la loi des nations
peuvent ne pas prétendre avoir pour justiciables les
capturés étrangers; ce ne sont que les sujets du
prince dont ils jugent la conduite; ils s'assurent seulement si les capteurs ont fait la prise conformément
aux clauses contenues dans leurs lettres de marque
et aux lois de la cité; l'étranger peut même n'être
point appelé en cause. Vaine subtilité! puisque les
conseils des prises prononcent sur les plus chers intérêts des capturés. C'est comme si on condamnait
un prisonnier sans le faire paraître sur le banc des
accusés, sans l'interroger sur les accusations de
ses dénonciateurs; du reste ce subterfuge est imaginaire, et je ne me le suis proposé à moi-même
que pour dissiper tous les doutes.

D'après les ordonnances et la forme de procédure,
les conseils des prises jugent les deux parties, ad-
mettent également les requêtes des capteurs et des
capturés, je demande donc au nom de la justice l'a-
bolition de ces tribunaux; et s'il pouvait s'élever
quelque incertitude sur les principes que je viens d'é-

tablir , j'en appellerais à l'expérience. Toute l'Europe a connu l'horrible abus que Buonaparte a fait de cette institution ; on sait que le conseil des prises a été dans ses mains un instrument utile à sa cupidité , mais funeste au commerce.

Il n'est pas juste non plus d'interdire par des traités , aux neutres ou aux alliés , la faculté de s'assurer de suite si une prise amenée dans leurs ports par un belligérant a été légalement faite, puisque le belligérant n'a pas plus de droit que ce neutre ou cet allié à juger un pareil procès. Vous ne pouvez même pas alléguer votre état de propriété , puisque tant que la prise n'est pas définitivement jugée , elle peut être censée un dépôt dans vos mains : mais la raison de cette prohibition est évidente : le belligérant a craint que tout autre que lui , plus libéral ou moins intéressé , n'inclinât à l'indulgence en faveur du capturé , et je m'arrête à cet aveu pour démontrer encore combien il entre d'arrières pensées et d'avarice dans l'institution du conseil des prises. Le seul cas où le neutre et l'allié seraient inhabiles à prononcer sur une prise amenée dans leurs ports aurait lieu , s'ils avaient eux-mêmes un intérêt quelconque dans la cargaison ou le navire pris ; mais tout compensé , le tribunal du capteur trouve un bien plus grand intérêt à faire condamner la prise.

Si les puissances maritimes de l'Europe se décident enfin à faire cesser la misère qui dévore leurs peuples , en rétablissant une juste répartition des avantages du commerce et de la navigation , je ne doute point qu'elles ne conviennent d'un droit commun pour la paix comme pour la guerre. L'article des prises fixera leur attention ; et si elles ne croient pas convenable d'abolir l'exécrable coutume de voler le navigateur désarmé , si elles ne condamnent pas cette piraterie privilégiée qui s'exerce avec des lettres de marque , si elles n'entendent pas assez leurs intérêts pour neutraliser le commerce , si les destins de l'Europe n'ont point encore appelé ses rois à l'honneur de s'immortaliser par cette grande et généreuse résolution, il faudra du moins rectifier la jurisprudence des prises et l'empêcher de continuer à suivre le cours de l'iniquité et de la violence ; *« de pareilles causes , dit M. de Sainte-Croix (1), ne devraient jamais être portées que devant un tribunal permanent et neutre qui serait établi non dans une place de commerce , mais seulement dans une ville indépendante. On choisirait les députés de tous les peuples de l'Europe pour membres de ce conseil amphictionique , dont l'entrée ne pourrait être interdite qu'aux représentants des parties intéressées. Cet établissement serait aujourd'hui d'autant plus nécessaire , que la sûreté et la liberté de la navigation sont devenues les principaux objets de notre politique. »* Plut à Dieu que l'on étendit encore plus loin les attributions de ce conseil amphictionique et qu'on l'entourât de toute la prépondérance nécessaire pour maintenir à jamais la paix et la liberté maritimes : cette œuvre serait bien digne d'une *sainte alliance.* Je sais qu'un semblable mode de juger les prises entraînerait des longeurs , des formes , et surtout des arrêts trop justes pour ne pas décourager les armements en course ; je conçois bien que l'on ne s'empresserait plus autant à armer des corsaires , et c'est précisément le plus grand bien que l'on pourrait retirer de cette institution. Si ce tribunal parvenait à ne plus avoir d'occupation, quel sujet de joie pour les honnêtes gens ! Ce

____

(1) Histoire de la puissance navale de l'Angleterre. Tom. I. p. 190.

serait une preuve qu'à force d'avoir mis des entraves et de l'intégrité dans le jugement des prises, l'affreux métier de corsaire ne rapporterait plus assez pour engager la cupidité à s'y livrer.

Le corps législatif avait pris en considération le message du directoire relatif aux prises, et dans le mois de pluviôse an 4, il s'éleva à ce sujet une discussion importante. Comme cette matière intéresse éminemment le droit maritime, nous allons rapporter les diverses opinions et la loi qui en est résultée.

« (1) *Defermon* fait son rapport au corps législatif sur le message du directoire ; et après avoir discuté les inconvénients qui résulteraient d'une attribution de décision en dernier ressort au directoire exécutif, et ayant exposé que, d'après la constitution, le directoire ne peut s'immiscer dans les fonctions judiciaires, le rapporteur se réfère spécialement à l'art. 218 de la constitution, qui attribue aux tribunaux civils de département la faculté de prononcer en dernier ressort sur les appels des jugements des tribunaux de commerce, sur lesquels le directoire voudrait prononcer en dernier ressort. Mais Defermon cite la loi du 3 brumaire, qui porte que dans le cas où la guerre donnerait lieu à des armements maritimes ; le directoire serait chargé de tracer des instructions claires et précises qui indiqueraient sans aucun doute aux bâtiments visiteurs leurs devoirs et leurs droits, sans porter atteinte à ceux des réclamants. »

« Après avoir discuté avec clarté et jugement les circonstances de juridiction, comme celles des droits des parties, il discute les diverses positions des particuliers dépendant des puissances neutres et alliées,

____

(1) Voyez le recueil des lois de la marine.

et il insiste sur l'art. 218 de la constitution, déjà cité, pour attribuer la décision définitive des différends sur les prises maritimes, au tribunal civil de département, pour y prononcer en dernier ressort. »

« *Villers* expose que le contentieux des prises est toujours lié à des intérêts politiques et à des traités de commerce, dont la connaissance ne peut appartenir à des tribunaux ordinaires ; il demande que les contestations relatives aux prises soient jugées par un conseil établi auprès du directoire. »

« Quelques membres sont entendus, et la suite de la discussion renvoyée à demain. »

Séance du 28 pluviôse an IV.

« *Analyse de l'opinion de Thibaudeau.* Cet orateur prétend que les contestations sur les prises ne doivent pas être regardées comme un objet purement civil, ni de la connaissance des tribunaux ordinaires ; mais il les attribue entièrement au droit de la guerre, ne devant être considérées que sous les rapports que les nations ont entre elles. »

« L'ordre civil règle les intérêts particuliers des citoyens entre eux ; l'étranger même est subordonné aux lois civiles du pays qu'il habite et où il a des propriétés ; et c'est envers ceux-ci que les lois de la société sont exercées par les tribunaux ordinaires. »

« Tout autrement en est-il envers les individus de divers états, de diverses nations. »

« Les tribunaux de la cité ne sauraient s'immiscer à connaître d'une conquête maritime faite hors de leur ressort, sur un individu qui n'est pas leur justiciable. »

« Mais au contraire, faut-il dire que la guerre étant un acte de souverain, voté par ses représentants et exécuté par le gouvernement, l'armateur doit être considéré comme auxiliaire des forces navales que le gouvernement *appelle* à combattre l'ennemi et à *pro-fiter de ses dépouilles.* »

« Mais les pirates sont des *voleurs* qui n'agissent que pour eux; les gouvernements les réprouvent. »

« Les *armateurs*, au contraire, usent d'un *droit* reconnu par toutes les nations : s'ils agissent pour eux, c'est néanmoins au nom de leur nation, et le gouvernement lui-même arme en course. »

« L'orateur propose un exemple : si un armateur français, par erreur, ou guidé par un intérêt personnel, s'empare d'un vaisseau ou d'une cargaison appartenant à un sujet d'un état neutre ou allié, c'est comme si un général d'armée violait le territoire ou mettait à contribution un pays neutre ou allié qu'il aurait cru ennemi. »

« L'un et l'autre cas peuvent-ils être censés dépendant du droit civil ou des tribunaux ? N'est-il pas évident au contraire qu'ils ne concernent que le gouvernement; car ces cas ne peuvent être censés que comme du droit des gens, et quoique quelques individus y aient intérêt, néanmoins ils tiennent spécialement aux intérêts de la nation. »

» Dans la république, c'est le directoire exécutif qui est chargé de négocier les traités, de faire exécuter et maintenir ceux qui sont faits ; il est responsable envers les nations étrangères de la conduite de ses agents : s'ils ont commis une offense, une violation de propriété, le directoire en est responsable; aussi doit-il avoir le droit de les réparer. »

« Comment donc éloigner du directoire des fonctions éminentes qui intéressent la nation entière, pour les attribuer à l'ordre civil et aux décisions de l'ordre judiciaire, qui sont irrévocables, et par-là même sujettes aux plus grands inconvénients, qui peuvent troubler la paix d'une nation ? »

« Les tribunaux, d'ailleurs, n'ayant pas lieu de connaître les traités qui peuvent contenir des clauses secrètes, comment pourraient-ils juger, n'en ayant pas une connaissance évidente ! et les tribunaux doivent-ils être mis dans le secret de l'Etat. »

« Comment les tribunaux pourraient-ils se conduire, si, lors d'une prise, il y avait lieu de traiter de la paix avec une nation contre laquelle serait faite la prise, tandis que la diplomatie commanderait au gouvernement des modifications propres à amener une paix honorable à la nation entière ? »

« Les tribunaux civils, ceux de commerce même, peuvent, dans leurs conclusions, envisager des intérêts particuliers, par prévention nationale ; mais le gouvernement ne voit dans ses décisions que l'intérêt national. »

« Ainsi, les contestations sur les prises ne doivent être considérées que comme matières d'administration ou de gouvernement, dont le jugement lui doit appartenir exclusivement, et non aux tribunaux civils ou de commerce, dont il conviendrait de réformer les lois. »

« Les contestations des prises sont donc un objet du droit de la guerre, dont les jugements doivent dépendre des administrations maritimes, pour aboutir en dernier ressort au gouvernement. »

« Et par suite, il suffirait d'établir dans les ports une autorité conservatrice des prises, qui, chargée de prendre tous les renseignements des prises, en fournirait une instruction convenable, tandis qu'une commission établie auprès du gouvernement, et qui serait un conseil et non un tribunal, déciderait toutes contestations de prises. »

« *Thibaudeau* se résume à ce que le conseil décide

que les contestations sur les prises seront traitées par voie administrative, depuis les premières mesures conservatoires jusqu'à la décision du gouvernement, et il demande le renvoi à une commission, pour présenter, sous trois jours, un projet de résolution conforme à ce principe. »

« *Opinion de Pastoret*. Pouvez-vous adopter le message du directoire exécutif du 9 frimaire an 4 ? Le devez-vous ?

« 1.° Vous ne le pouvez pas ; car l'organisation et la hiérarchie des pouvoirs n'appartiennent pas à l'ordre législatif, ils appartiennent à l'ordre constitutionnel : mais on propose d'organiser un nouveau tribunal, d'y envoyer l'appel d'un de ceux que la constitution a établis ; mais ainsi vous outre-passez vos pouvoirs, et vous affrontez ainsi la liberté publique, car le corps législatif n'a pas le droit de créer, et il l'a moins encore dès que la constitution y a pourvu. »

« Vous ne le pouvez pas, d'après l'article 375 de l'acte constitutionnel, qui fixe les causes des citoyens à leurs juges naturels ; mais on vous propose un tribunal d'exception, la constitution en réprouve l'existence. »

« Et c'est en vain qu'un orateur a conclu que les contestations des prises étaient un objet d'administration publique, car il a pu savoir que les tribunaux de commerce en ont toujours pris connaissance, et que nos lois nouvelles les autorisent encore à juger ces contestations : le directoire même reconnaît ces dispositions ; il les propose même. Il est aussi connu que les amirautés étaient par le passé les vrais tribunaux de commerce maritime : il n'y a donc point de nouveau tribunal à créer. »

« 2.° Vous ne le devez pas, car la justice doit être

prompte : il est essentiel par conséquent que la contestation des prises soit portée près des tribunaux où elle a pris naissance ; et dans la question présente on voudrait un nouveau tribunal à Paris, à une distance infinie des côtes maritimes, d'où les capitaines et armateurs seraient obligés de s'éloigner prodigieusement des dépôts précieux déposés dans les ports, et exposés à des avaries que la vigilance seule peut garantir. On ne doute pas d'ailleurs que l'expérience habituelle des préposés aux ports maritimes ne leur laisse des lumières plus actives et plus judicieuses sur les objets de détail et sur les événements relatifs aux ports, et que par conséquent les jugements qui seraient portés n'en seraient que plus éclairés. »

» Si la constitution, article 214, défère les appels des jugements des tribunaux de commerce de terre et de mer aux tribunaux civils ; il ne faut pas changer la loi quand il s'agit d'appel, en établissant un nouveau tribunal. »

« Et quoique sous le régime despotique il y ait eu un conseil des prises, le peuple a su détruire cet usage despotique. »

« Que si le directoire fait des traités de commerce, ils seront motivés par des règles que ces traités auront prescrites, qui n'auront pas besoin de juges, et la politique n'aura pas néanmoins influé sur la marche de la justice, qui ne pourra jamais être ralentie. »

« L'orateur demande l'ordre du jour sur le message du directoire exécutif. »

« *Cadroy* présente d'abord l'historique des formes qui ont été suivies pour le jugement définitif des prises, qui, jusqu'à ce moment, a toujours appartenu au gouvernement, et donne ensuite de nouveaux développements à l'opinion de *Thibaudeau.*

« Les prises , dit-il, ne doivent pas être considérées comme une affaire civile , mais comme une affaire purement administrative , et fondée sur les droits des gens et sur les traités de commerce et d'alliance. »

« Un capitaine de vaisseau qui aperçoit en mer un navire ennemi ou neutre, l'oblige d'amener et s'empare de sa cargaison, est comparé à un général d'armée qui envahirait le territoire ennemi ou neutre, sur lequel il imposerait des contributions : les contestations qui en surviendraient regarderaient incontestablement le gouvernement. »

« Le directoire peut faire des traités secrets d'où pourraient résulter des contestations ; faudrait-il qu'en ce cas le gouvernement admît dans son secret les juges des tribunaux ? Il conclut à la formation d'un conseil près le directoire. »

« *Marec* : J'avais d'abord été frappé de la nécessité d'un conseil spécial pour les prises ; mais j'ai bientôt reconnu que la constitution s'y opposait. »

« Voici un fait qui me paraît péremptoire. Tant que l'ancien gouvernement, c'est-à-dire, le conseil exécutif ou le comité de salut public a été chargé de prononcer sur les prises, une foule de bâtiments neutres ont été retenus injustement dans nos ports, et il a fallu leur accorder ensuite des indemnités ruineuses pour le trésor public. »

« *Bourdon* : Je suppose que le gouvernement se soit arrangé avec une maison de Londres afin d'en avoir des grains; cette maison les fera partir sous le pavillon anglais : si un de nos corsaires le rencontre, il le capturera, et ne voudra pas croire qu'il fût réellement chargé pour la république ; alors naîtront des contestations : faudra-t-il qu'alors le directoire dise son secret aux juges que l'on voudrait faire prononcer sur cette question ?

« J'appuie la proposition de *Thibaudeau*. »

« *Riou* représente que les tribunaux n'ayant pas connaissance des traités d'alliance et de commerce qui nous lient avec les autres nations, il en résultera que leurs jugements pourront compromettre les intérêts de la nation et troubler la paix. »

« L'opinant cite le traité d'alliance avec les Etats-Unis, qui permet aux armateurs de cette nation d'importer chez nos ennemis toute espèce de cargaison, excepté les munitions navales et les armes : les tribunaux seront donc souvent embarrassés, et hasarderont leurs jugements, par le défaut de connaissance de ces traités. »

« La discussion se prolonge encore quelques instants. »

« On demande de toutes parts qu'elle soit fermée : la priorité est accordée au projet de *Thibaudeau*. »

« Il s'élève des réclamations : on demande l'ordre du jour. »

« Le président objecte qu'aux termes du réglement, l'on ne peut pas passer à l'ordre du jour sur une proposition à laquelle on a accordé la priorité. »

« Après une longue agitation, la proposition est renvoyée à l'examen d'une commission de trois membres.

« *Defermon* : L'objection la plus frappante qui ait été faite contre le projet de la commission, a été prise dans les traités secrets que peut faire le directoire : or, j'observe que tous les corsaires reçoivent du directoire, avant de se mettre en course, des lettres de marque qui leur désignent quels sont les bâtiments qu'ils doivent capturer. »

Voici la loi qui intervint à la suite de tous ces débats :

Loi qui prescrit la forme de procéder sur les appels en matière de prises.

Du 8 floréal an IV.

« Le conseil des anciens, adoptant les motifs de la déclaration d'urgence qui précède la résolution ci-après, approuve l'acte d'urgence. »

Suit la teneur de la déclaration d'urgence et de la résolution du 29 germinal.

« Le conseil des cinq-cents, considérant qu'il est nécessaire, surtout à l'instant d'une guerre maritime, de compléter et de fixer la législation en matière des prises, et que la loi du 3 brumaire dernier ne remplit pas entièrement ce but; »

« Considérant que les affaires de cette nature présentent quelquefois des rapports diplomatiques qui appellent l'attention particulière du gouvernement, »

« Déclare qu'il y a urgence. »

« Le conseil, après avoir déclaré l'urgence, prend la résolution suivante : »

« Art. 1.er Les appels des tribunaux de commerce, en matière de prises, seront portés aux tribunaux de département. »

« II. Les affaires de cette nature où des neutres auront un intérêt quelconque, seront communiquées au commissaire du directoire exécutif, dans les vingt-quatre heures du dépôt des pièces au greffe du tribunal. »

« III. Si le commissaire le juge nécessaire, il en référera sur-le-champ au ministre de la justice, qui, après avoir consulté le directoire, répondra dans la décade à la dépêche du commissaire : ce dernier, avant le jugement, sera tenu de donner ses conclusions et de les laisser par écrit. »

« IV. Les consuls ou vice-consuls de la république, dans les ports étrangers où seront conduites les prises faites par des Français, feront remplir par leurs chanceliers les formalités prescrites par la loi du 3 brumaire aux juges de paix. »

« V. Les consuls ou vice-consuls prononceront, comme les tribunaux de commerce, sur la validité des prises. »

« VI. Les appels de leurs jugements seront portés, comme ceux des tribunaux de commerce, aux tribunaux de département, savoir : pour ceux établis sur la Méditerranée, au tribunal du département des Bouches-du-Rhône ; pour ceux établis sur les mers du Nord , au tribunal du département du Nord ; pour ceux établis dans les autres ports de l'Océan ou en Amérique, au tribunal du département de la Loire-Inférieure ; et pour ceux établis au-delà du cap de Bonne-Espérance, au tribunal du département de Morbihan. »

« La présente résolution sera imprimée. »

« Après une seconde lecture, le conseil des anciens approuve la résolution ci-dessus. »

Cette loi vicieuse dans le fond est cependant préférable pour la forme à l'institution d'un conseil des prises : les droits du capturé sont en effet bien mieux garantis par les dégrés de juridiction et d'appel établis dans cet acte, que par un tribunal spécial qui, comme le conseil des prises, siège près du gouvernement, est toujours à sa dévotion, et dont les arrêts ne se revisent pas.

Pendant qu'il s'agissait de régler la jurisprudence des prises , il survint un de ces incidents rares, mais que l'on aime à trouver dans les fastes d'un peuple, parce qu'ils consolent de tous ces actes d'iniquités si fréquents dans l'histoire navale.

Un de ces hommes rares qui consacrent leur vie à l'agrandissement des sciences, avait recueilli dans de pénibles voyages une précieuse collection d'objets relatifs à l'histoire naturelle. Il eut le malheur, à son retour, de tomber entre les mains d'avides corsaires français qui, sans respect pour les arts, enlevèrent au savant voyageur le fruit de ses recherches. Cette spoliation fut à peine connue en France, que le contre-amiral Truguet, ministre de la marine, donna ordre de réparer cet attentat à l'humanité. Comme en fait de droit public rien n'est indifférent, et que la neutralisation des sciences est un des points importants passés dans le droit maritime moderne, on ne doit négliger aucune des preuves qui servent à constater cette concession de la politique à la philosophie; c'est ce qui m'a engagé à rapporter la lettre suivante de M. Truguet : elle est adressée aux armateurs, capitaines, etc., et aux agents du gouvernement français. Indépendamment du point de droit auquel elle se rapporte, on lira avec intérêt les détails qu'elle renferme.

Du 15 pluviôse an 4.

» Les papiers anglais m'instruisent, citoyens, qu'un voyageur de leur nation, parti d'Angleterre il y a près de douze ans, et qui, pendant cet espace de temps, a parcouru à pied plus de vingt-trois mille lieues à travers une partie de l'Europe, de l'Afrique et de l'Amérique septentrionale, a été pris deux fois, dans les parages de Charles-Town, par des corsaires français; sa personne a été relâchée, mais on a retenu ses collections, comme pouvant appartenir au gouvernement britannique. »

» Vous vous rappelez, citoyens, que dans la dernière guerre, le gouvernement qui existait alors en France, donna ordre aux vaisseaux de l'état de laisser passer celui qui portait le célèbre circonnavigateur Cook; et cet hommage rendu sous un régime monarchique au progrès des lumières et à l'importance de votre profession dans la personne d'un grand homme, n'a rien qui doive étonner, quand on sait qu'il fût suggéré à l'administration par le *républicain Turgot.* »

» Moins en évidence, moins connu par la renommée que Cook, *Spillard*, c'est le nom du voyageur anglais, a dû échapper aux sollicitudes d'une grande nation, occupée d'une cause qui intéresse l'humanité entière; et vous-mêmes, braves Français qui concourez avec tant de succès à la faire réussir, vous avez dû ignorer que *Spillard* était un des bienfaiteurs de son siècle et de la postérité. »

» En effet, *Spillard* a visité dans l'ouest de l'Amérique des peuplades jusqu'ici peu connues; il a remonté des fleuves dans des espaces de 1,000 à 1,400 lieues; et tout ce que la nature de ce climat a offert à ses yeux d'utile et de curieux pour ses frères de l'ancien monde, il s'est empressé de le recueillir, et d'en former des collections qu'il rapportait avec lui. »

» Ces fruits précieux de ses recherches, de ses sueurs et de ses veilles; ces rassemblements formés aux dépens de sa santé, de sa fortune et au péril continuel de sa vie, pendant un espace de douze ans, loin de son pays, de sa famille et de ses amis; cette collection était sa propriété. »

» Une telle propriété, citoyens, se classe d'elle-même parmi ces objets que les nations civilisées *sont convenues de respecter au milieu de leurs guerres* : ce n'est donc qu'un dépôt confié aux mains des capteurs de *Spillard*. »

» ·Voyageur philosophe, il connaissait les chancés de la guerre; il savait combien le courage des Français était redoutable : en s'exposant sur des mers pour aborder sa patrie, il comptait sans doute sur la générosité des marins d'une grande république, fondée sur l'amour *des vertus*, des sciences et des arts. »

» Non, l'espoir de *Spillard* ne sera pas trompé; et il me suffit d'avoir retracé ici ses travaux importants, pour être assuré de l'empressement de ses capteurs à seconder les vues du gouvernement : c'est une dette qu'ils acquitteront au nom de la république, une grande leçon qu'ils donneront à nos ennemis, et un titre de plus qu'ils acquerront à la gloire; car une bonne action vaut bien une grande victoire. »

» Ainsi, convaincu que ce ne sera pas un sacrifice de leur part, je les invite à me faire passer les objets qui peuvent appartenir à la collection du voyageur anglais, afin que je les dépose entre les mains du directoire exécutif, chargé du maintien et de l'exercice de la *dignité, de l'honneur et de la générosité nationale*. »

L'ordre contenu dans cette lettre fait honneur au ministre qui l'a donné, et proclame un principe qui, je l'espère, passera dorénavant dans le droit public.

Les nations de l'Europe qui n'ont pas encore voulu s'entendre pour neutraliser le commerce, sont donc convenues d'accorder cette faveur aux sciences. Depuis long-temps, les navigateurs qui parcourent les mers pour agrandir le domaine des arts, ont été signalés au milieu des fureurs de la guerre comme devant être respectés par tous les partis : cette coutume n'est cependant pas ancienne dans le droit maritime, et les siècles précédents offrent plusieurs exemples contraires, témoin le célébre Le Maire qui découvrît le passage de ce nom au sud de la Terre-de-Feu, et que les Hollandais dépouillèrent et firent mourir de chagrin. Dans le système politique des peuples de l'antiquité, ces sortes d'entreprises auraient exposé ceux qui les eussent exécutées aux plus grands dangers : chaque nation cherchait alors à cacher avec soin, aux autres, les lieux d'où elle. tirait les matières de commerce et même la route qui pouvait y conduire. On cite des vaisseaux romains qui ayant voulu s'obstiner à suivre des vaisseaux marseillais pour connaître l'entrée de quelques ports des Gaules, furent conduits par ces derniers sur des écueils (1). Les nations modernes n'ont commencé à se livrer à la navigation et aux découvertes que long-temps après l'invention de la boussole, et adoptèrent une méthode non moins cruelle que les navigateurs marseillais, c'est-à-dire, que pour déjouer toute concurrence, elles publièrent de fausses cartes des parages nouvellement découverts, et cette circonstance forme un point de droit maritime qu'il est nécessaire d'examiner.

Toutes les inventions, telles que la boussole, les instruments d'astronomie nautique, les recettes propres à conserver la santé des équipages ou la salubrité des vivres, les expédiens pour secourir les

______

(1) Rollin, histoire ancienne.

naufragés, les machines hydrauliques, telles que l'application de la vapeur comme moteur du sillage et tout ce qui peut contribuer à la sûreté de la navigation, toutes ces inventions, dis-je, sont des biens communs et dont l'échange doit être réciproque, perpétuel et gratuit entre tous les peuples : cette assertion paraîtra sans doute un paradoxe aux yeux de beaucoup de gens (1), cependant ce principe a sa preuve dans la nature même. Quel est en effet le premier besoin des hommes, c'est de vivre en société ; la société une fois formée, quel est le devoir de chacun de ses membres ? c'est de contribuer de tout son pouvoir à l'utilité commune ; or, les nations forment entr'elles une société analogue ; elles retirent autant d'avantages de cette grande communauté que l'individu en obtient de son agrégation à la société dans laquelle il vit : le particulier et les nations jouissent donc des mêmes secours, recueillent les mêmes biens, ils contractent donc des devoirs semblables, ils sont tenus, pour maintenir cette société qui leur est si utile, à remplir des obligations analogues et égales : l'individu qui perfectionne un art ou une invention serait donc bien coupable de le tenir .caché à ses

______

(1) Quelques peuples anciens ne se croyaient tenus à rien envers les peuples qui ne leur étaient pas unis par un traité d'amitié : on peut en dire autant des anciens Anglais, puisqu'à l'occasion d'un navigateur accusé d'avoir commis des brigandages chez les peuples des Indes, Grotius dit » qu'une telle injustice ne manquait pas ces partisans qui soutenaient que par les anciennes lois d'Angleterre on ne punissait pas en ce royaume les outrages commis contre les étrangers, lorsqu'il n'y avait pas d'alliance politique contractée avec eux. (Voyez Vattel). » On sent bien que si de pareils principes triomphaient nous retomberions bien vite dans la barbarie.

concitoyens ; de même un peuple qui a le bonheur de vivre sous des lois sages, de connaître des procédés ingénieux, nécessaires à l'agrément ou à la sûreté de la vie ne peut en refuser la communication à ses cohabitans de ce globe.

C'est ainsi que les Romains envoyèrent des ambassadeurs en Grèce pour recueillir les sages institutions de Solon, et les Grecs s'empressèrent de leur en faire part. Tout le monde sait que les prêtres de l'Égypte, dépositaires des sciences, craignirent, il est vrai, d'en armer, même chez eux, les mains du vulgaire, mais les découvraient entièrement aux philosophes de toutes les contrées qui venaient s'instruire sous les voûtes mystérieuses de la docte Memphis. *La nature et l'essence de l'homme*, dit Vattel, *incapable de se suffire à lui-même, de se perfectionner et de vivre heureux sans le secours de ses semblables, nous fait voir qu'il est destiné à vivre dans une société de secours mutuels, et par conséquent que tous les hommes sont obligés, par leur nature même et leur essence, de travailler conjointement et en commun à la perfection de leur être et à celle de leur état. Le plus sûr moyen d'y réussir, est que chacun travaille premièrement pour soi-même, et ensuite pour les autres. De là il suit que tout ce que nous nous devons à nous-mêmes, nous le devons aussi aux autres, autant qu'ils ont réellement besoin de secours, et que nous pouvons leur en accorder sans nous manquer à nous-mêmes. Puis donc qu'une nation doit, à sa manière, à une autre nation, ce qu'un homme doit à un autre homme, nous pouvons hardiment poser ce principe général : un état doit à tout autre état ce qu'il se doit à soi-même, autant que cet autre a un véritable besoin de son secours, et qu'il peut le lui accorder sans né-*

gliger ses devoirs envers soi-même. *Telle est la loi éternelle et immuable de la nature. Ceux qui pourraient trouver ici un renversement total de la saine politique, se rassureront par les deux considérations suivantes :*

1.° Les corps de sociétés, ou les états souverains, sont beaucoup plus capables de se suffire à eux-mêmes que les individus humains ; et l'assistance mutuelle n'est point si nécessaire entr'eux, ni d'un usage si fréquent. Or, dans toutes les choses qu'une nation peut faire elle-même, les autres ne lui doivent aucun secours.

2.° Les devoirs d'une nation envers elle-même, et principalement le soin de sa propre sûreté, exigent beaucoup plus de circonspection et de réserve, qu'un particulier n'en doit observer dans l'assistance qu'il donne aux autres.

A l'égard des choses qui sont directement et plus particulièrement utiles à la guerre, poursuit Vattel, *rien n'oblige une nation d'en faire part aux autres pour peu qu'elles lui soient suspectes, et même la prudence le lui défend : ainsi les lois romaines interdissaient avec justice de communiquer aux nations barbares l'art de construire des galères ; ainsi les lois d'Angleterre ont pourvu à ce que la meilleure construction des vaisseaux ne fut pas portée aux étrangers* (1).

La réserve doit être portée plus loin à l'égard des nations plus justement suspectes : c'est ainsi que quand les Turcs étaient pour ainsi dire dans leur montant,

---

(1) Ce secret a été bien mal gardé, ou plutôt nous en avons possédé tous les détails avant les Anglais, car il n'est rien de comparable à l'élégance, à la solidité et à la perfection en tout genre de notre architecture navale.

dans le feu de leurs conquêtes, toutes les nations chré-
tiennes, indépendamment de toute bigoterie, devaient
les regarder comme leurs ennemis : les plus éloignées,
celles qui n'avaient actuellement rien à démêler avec
eux, pouvaient rompre tout commerce avec une puis-
sance qui faisait profession de soumettre par la force
des armes tout ce qui ne reconnaissait pas l'autorité
de son prophète.

En nous basant sur les principes du célébre publiciste que je viens de citer, nous pouvons dire qu'il
est permis à une nation qui découvre une île, une
terre, un détroit, d'en dérober aux autres la connaissance, parce que ces sortes de choses ne sont
pas d'utilité pressante et qu'elles n'intéressent qu'indirectement l'état social, mais on ne peut les cacher
que sous le voile absolu d'un profond mystère ; c'est
blesser toutes les lois de l'humanité et des gens, que
de conserver ce secret en publiant de fausses cartes
ou des relations mensongères ; les Portugais, les
Anglais, les Espagnols et les Hollandais n'ont pas
craint de le faire plusieurs fois, témoins les nombreux
et faux portulans qui dans le cours du 16.ᵉ et 17.ᵉ
siècles sortaient des presses de Lisbonne, de Séville
et surtout d'Amsterdam. On connaît ce roman qui
contient les prétendues découvertes de l'amiral Fuentés,
les dangereux flambeaux de mer publiés par d'insidieux
hydrographes anglais et hollandais, et enfin les modifications faites par la cour d'Espagne aux cartes des
voyages de Quiros et de Mindanna. L'artifice des Vénitiens qui répandaient de mauvais plans de la mer
adriatique est encore plus odieux, parce que ce golfe
ne leur appartient pas plus qu'à tous les peuples du
monde ; ces sortes de stratagêmes sont-très-condamna-
bles, parce qu'ils compromettent la sûreté des navi-

gateurs qui, sur la foi de ces guides infidèles, tombent sur des périls certains; c'est une véritable conspiration contre la société, un guet-apens indigne de tout gouvernement qui se respecte. La France n'a jamais eu à se reprocher ces fraudes honteuses; notre hydrographie a eu, comme toutes les sciences, son enfance et son point de perfection, mais les erreurs de nos cartes ont toujours dépendu, aux diverses époques, de la situation réelle des arts. Depuis le 18.e siècle, les peuples maritimes ont totalement renoncé à cette habitude infâme, les Cook, les Willis, les Bougainville, etc., sont aussi célébres par leurs vastes entreprises, que par la bonne foi et l'exactitude de leurs relations.

Il est des découvertes hydrographiques qu'une nation ne peut se permettre sous aucun prétexte de cacher aux autres; ce sont de nouveaux écueils, des bancs dangereux et ces roches que l'on rencontre en haute mer et qui sont connues sous le nom de *vigies*. Comme il est impossible de tirer aucun parti de ces sortes d'objets, ils ne sont plus alors que des périls communs dont la connaissance est indispensable à tous : c'est pourquoi aussitôt qu'un membre de la communauté les aperçoit, les lois de l'état social lui prescrivent de les signaler promptement. Cela n'empêche pas cependant que les états qui entretiennent sur leurs côtes des phares pour indiquer des dangers aux navigateurs, ne puissent supprimer ces indices lorsqu'ils présument que l'ennemi peut s'en servir pour former une attaque; cela rentre dans le droit de sûreté, mais le droit social oblige aussi le prince à donner avis de cette démarche, et de laisser écouler assez de temps pour que chacun puisse la connaître, autrement il manquerait en quelque sorte à la foi jurée, puisqu'en établissant ces phares il a passé une espèce de contrat envers la société, et que le navigateur qui échouerait sur la côte faute d'avoir été prévenu de la suppression du phare, pourrait en demander satisfaction au prince; le seul cas d'un danger éminent et pressant peut autoriser à détruire de suite ces sortes d'indications; rien ne peut en temps de paix donner droit de priver la navigation de ces secours, et si on les supprime pour motif de sûreté, ils doivent être rétablis aussitôt le danger passé; il en est de même de ces indices qui servent au marin à surgir dans un port, à naviguer le long de la côte ou à la reconnaître; je veux parler de ces clochers, de ces pyramides, des moulins et même des arbres, si nécessaires pour la navigation des côtes, le prince non-seulement n'a pas le droit de les supprimer, mais il doit même veiller à leur conservation et avoir soin de les faire remplacer dans leur vétusté, par des monuments semblables aux plus apparents (1). Je mets sur le même rang les bouées, les caisses qui servent à marquer la passe des fleuves, des rades et des ports; on peut sans doute les enlever en temps de guerre, mais on doit les entretenir avec soin pendant la paix; les châtiments les plus terribles devraient être infligés à ceux qui par l'appas d'une cupidité sordide volent les ancres et les orins qui servent à faire flotter ces indices précieux : les coupables d'un tel délit ne devraient trouver d'asile chez aucune nation. On pensera peut-être que ces obligations dont je prétends qu'un prince est comptable envers toutes les nations, blessent son indé-

---

(1) Cela est d'autant plus juste, que les droits d'ancrage, de tonnage, de balisage, etc., perçus par le prince, de tous les vaisseaux qui abordent ses états, doivent être destinés à l'entretien de ce qui peut intéresser la sûreté de la navigation.

pendance ; mais il faut observer que ces devoirs étant réciproques, la dépendance dans laquelle on se trouve, est compensée par celle que nous exigeons des autres ; d'ailleurs cette question rentre dans la classe des devoirs sociaux et de bon voisinage qui forment une partie essentielle du droit des gens et même du droit conventionnel, témoins la plupart des traités publics. Supprimez ces devoirs sociaux, isolez totalement les peuples, alors plus de société, par conséquent plus de civilisation et de commerce. Les obligations dont nous venons de parler au sujet de la sûreté des navigateurs, intéressent à un si haut point tous les peuples, qu'il serait trop dangereux de les laisser à l'arbitraire de chacun ; le bien général établit donc à cet égard une loi de nécessité ; il est donc indispensable, dut-on blesser l'amour propre de quelques princes, de convenir d'un droit fixe et commun et de répondre à toutes les objections qui pourraient survenir pour cet adage incontestable : *salus populi suprema lex esto.* Tous les navigateurs seront certainement de mon avis (1).

____

(1) Une invention qui aurait été fort utile aux navigateurs et qui aurait beaucoup contribué à établir cette bonne intelligence, cette communauté de secours dont le droit maritime se compose, est celle de M. Audibert de Ramatuelle, capitaine de vaisseau. Cet officier (auquel la marine doit déjà un excellent traité de tactique navale) était parvenu à former une espèce de langue nautique universelle, que l'on aurait exprimée par des signaux aussi simples que faciles. Le plan de cet ouvrage ne me permet pas d'entrer dans les détails de cette ingénieuse conception ; il me suffit d'en indiquer le but. Au moyen de ces signaux les navigateurs de toutes les nations auraient pu, soit en se présentant devant un port, soit en se rencontrant à la mer, demander et

· J'ai profité avec plaisir de l'occasion que m'offrait l'ordre chronologique des faits , pour rappeler

---

recevoir des secours et des renseignements. M. de Ramatuelle observait avec raison à l'appui de son système, que déjà
tous les peuples policés ont adopté pour le seul plaisir de
l'ouie, des signes communs dans la musique; pourquoi, dit-il,
les navigateurs n'en adopteraient-ils pas entr'eux, puisque
leurs intérêts les plus chers peuvent si souvent en dépendre ?
cette invention fut soumise à l'examen de l'institut : MM.
de Bougainville et de Fleurieu, membres de la commission
nommée à cet effet, considèrent dans leur rapport le système
de M. de Ramatuelle comme très-utile et facilement praticable; ils ajoutent que l'auteur a acquis des droits á la reconnaissance de tous les navigateurs, qu'il serait à desirer
que son plan fut adopté par toutes les puissances maritimes
et qu'elles en consacrassent l'usage comme un article du droit
des gens. Ce rapport, que l'académie approuva à l'unanimité,
fut envoyé sur-le-champ au ministre de la marine Décrès :
il voulut examiner l'ouvrage, et il écrivit à l'auteur qu'il par-
tageait l'opinion de l'institut : cependant il ne tint aucun
compte du projet de M. de Ramatuelle, et se borna a demander cent exemplaires de l'ouvrage. Cette indifférence peu
réfléchie du ministre français ne fut point imitée par les étrangers. Le conseil de marine de la Hollande fit écrire à l'auteur par l'ambassadeur batave à Paris » qu'il avait eu connaissance du plan qu'il avait présenté à l'institut; qu'il en
reconnaissait toute l'utilité; qu'il n'attendait que le moment
où le plan serait exécuté en France, pour faire jouir la marine et le commerce batave des avantages qu'on en doit espérer, dans l'espoir que les autres puissances maritimes ne
tarderaient pas d'y adhérer, enfin que le gouvernement re-
connaîtrait le service rendu à la navigation, etc. » Ces bonnes dispositions n'eurent aucune suite à cause de l'inaction
du ministère français : mais aujourd'hui que les souverains
consacrent tous leurs soins au bonheur et à l'union de la
grande famille européenne, ne serait-ce pas le moment de
reprendre un projet, qui déjà environné des plus respectables
approbations, doit inspirer du zèle et de la confiance à tous
les amis de l'humanité ?

*

des principes trop souvent méconnus, et cette marche entrait dans le plan de cet écrit : heureux les
peuples dont les annalles présenteraient sans cesse
des faits en faveur des principes ! Mais au milieu
des scènes de désordre et d'immoralité dont l'histoire est obligée de former ses récits, on aime à
reconnaître quelquefois les traces de la vertu et de la
générosité : tel le voyageur fatigué de l'horrible ari-
dité du désert, éprouve du plaisir à reposer sa vue
sur un riant paysage.

Le directoire abuse des victoires de l'armée.

Tandis que le directoire centralisait en France
l'autorité dans ses mains, nos armées étaient triom-
phantes presque par-tout : nous abusions aussi de
la victoire pour accabler nos conquêtes d'un joug
onéreux et cruel. Le système républicain se déve-
loppait, et il était clair que la France voulait établir, à l'aide des forges continentales, un despo-.
tisme maritime tout aussi désastreux que celui re-
proché aux Anglais. Le projet de bloquer la Grande-
Bretagne avec les côtes de l'Europe était encore
le secret de nos gouvernants, mais il ne fallait
pas être bien profond en politique pour voir que
ces insensés, tout en proclamant qu'ils ne combattaient que pour la liberté des mers, avaient au
contraire l'extravagante pensée de les enchaîner à
jamais et de sacrifier le commerce de tous les peuples à leur insatiable avarice ; ils dévoilaient cette
funeste intention à chacun de leur triomphe, car
s'ils avaient réellement pris les armes pour rétablir l'équilibre politique, pourquoi dépouillaient-ils
tous ceux que le sort de la guerre mettait à leur
disposition ; pourquoi s'empressaient-ils de s'approprier exclusivement les richesses, le commerce et
l'industrie des vaincus auxquels ils ne rougissaient

pas de dicter des traités ruineux; pourquoi enfin forçaient-ils tous les gouvernements à contracter avec *la république* des alliances offensives et défensives d'autant plus monstrueuses, qu'elles faisaient épouser à des états étrangers une querelle qui n'avait aucun rapport avec leurs intérêts. Mais ce qui démontra d'une manière évidente les projets perfides du gouvernement français, fut d'abord la mauvaise foi avec laquelle il observa les traités; le moindre prétexte lui suffit pour les rompre et pour achever la ruine ou la conquête de ceux auquel il avait accordé précédemment la paix, et ensuite cette audacieuse assurance avec laquelle il déclarait réunies à la France la plupart de ses conquêtes : cette mesure était aussi odieuse que contraire au droit public de l'Europe.

La conquête met une île, une colonie, une province à votre disposition, mais vous n'en faites l'acquisition définitive que par le traité de paix; le bon sens autant que l'usage établi rendent ce principe indispensable. Un gouvernement sage ne doit en effet considérer les conquêtes qu'il fait pendant la guerre que comme un moyen de plus de contracter une paix avantageuse en offrant ou gardant des compensations suivant les motifs de la guerre ou la chance qu'il a pu y courir en dernier résultat. Si ce gouvernement, par un abus de la force, déclare d'avance que ses conquêtes sont définitivement unies à l'état, il se prive des principaux moyens de faire la paix, il manifeste par ce seul acte les intentions les plus funestes à l'humanité, puisque le but de toute guerre légitime est de parvenir promptement à une paix honorable. Si nous considerons cette question sous le rapport du droit public., nous verrons que pendant toute la durée de la guerre, le vaincu a toujours l'espoir de recouvrer les conquètes que l'on a faites sur lui, et le vainqueur court aussi les chances de perdre ses avantages ; cette seule alternative rend au moins douteux les droits des deux parties belligérantes ; or, toutefois que dans une discussion quelconque il existe un doute, ce n'est jamais la force ouverte qui décide ; l'emploi que l'on en fait pour obtenir réparation suffit pour invalider les prétentions les plus justes ; la conquête en assurant la possession et la jouissance donne si peu le droit de souveraineté, qu'un prince neutre , par exemple , ne pourrait accepter d'un belligérant le don ou l'investiture d'un pays conquis ; c'est ainsi , comme l'observe Vattel (1), que le roi de Prusse se mit au nombre des ennemis de la Suède , en recevant Flettin des mains du roi de Pologne et du Czar ; c'est en effet participer aux hostilités et faire cause commune avec l'ennemi, que de profiter des avantages qu'il obtient par les armes sur son adversaire : cette seule raison qui est incontestable prouve que le vainqueur n'acquiert aucun droit de souveraineté absolue sur sa conquête, car s'il en jouissait il pourrait en disposer de plein gré sans que cette transaction put apporter le moindre changement dans les relations politiques de ses voisins. Ce principe qui me paraît évident confirme encore d'avantage ce que nous avons dit dans le chapitre précédent au sujet de la vente des prises dans les ports neutres ; le cas me paraît analogue.

La conquête n'affranchit nullement les sujets conquis de la fidélité envers leur souverain légitime, car

____

(1) Tom. II. Liv. 3. Chap. 13. § 198.

celui qui a reçu votre serment a seul le droit de vous en délier, or la conquête n'est qu'un acte de violence, c'est une infortune dont le ciel afflige un prince, et quelles que soient les rigueurs exercées contre sa personne et les malheurs qu'il peut éprouver, aucun de ses sujets ne peut y voir des motifs de se croire dégagé; ces sortes de circonstances augmentent au contraire l'attachement que les ames honnêtes portent à leur souverain; cependant il est permis à des sujets conquis d'accepter du vainqueur des emplois administratifs nécessaires à la sûreté publique et qui empêchent l'ennemi de livrer la contrée à des exactions militaires : mais on ne doit recevoir ces sortes de commissions qu'avec la plus grande réserve et s'en tenir uniquement aux devoirs de la simple administration locale. Le souverain légitime en récupérant le pays conquis, pourrait punir comme traîtres tous les sujets qui se seraient servis de leur autorité pendant la conquête pour entraver son retour, faire mépriser sa personne et engager le peuple à s'armer contre lui : dans ce dernier cas même, le prince a le droit d'appliquer la peine de haute trahison à ceux qui se seraient engagés volontairement dans l'armée ennemie ou qui, enrôlés par force, ne déserteraient pas ses drapeaux. Les villes du pays conquis doivent même ouvrir leurs portes, sans hésiter, à leur prince ou à ses troupes s'ils se présentent, et si ces villes ont garnison, le devoir de chaque habitant est de veiller l'instant le plus favorable pour l'expulser ou la détruire. Telles sont les obligations des habitants d'un pays conquis; ils ne deviennent sujets de l'étranger qu'autant que leur souverain les a cédés par un traité authentique, et encore il y a des pays où le souverain ne peut jamais faire de pareilles cessions, et s'il est obligé de s'y soumettre, les pays cédés ne sont jamais entièrement réputés aliénés de son domaine. Ces principes me paraissent les plus solides garanties du corps social ; si on les conteste on se trouvera bien vîte amené aux exécrables doctrines des gouvernements de fait, aux serments de nécessité, et à tous les affreux abus qui ont causé les derniers malheurs de la France.

Chaque fois que les Anglais ont conquis une de nos colonies, ils ont eu recours à un moyen fort louable, de concilier leur sûreté avec le droit des gens : ils ont demandé aux habitants un serment dit *d'allégéance*, c'est-à-dire, la promesse de ne rien faire ni tramer contre l'autorité de Sa Majesté britannique. Ils ont conservé du reste à ces colonies les codes et la jurisprudence français ; et ce dernier arrangement est d'autant plus juste, que la conquête ne vous donnant qu'un droit de possession, vous ne pouvez que percevoir les fruits de votre acquisition ; mais les mesures législatives ne vous appartiennent pas puisqu'elles sont une émanation de la souveraineté que la conquête ne peut vous donner; tout ce que vous prescririez à cet égard serait nul, les actes et les procès contractés ou jugés en vertu de la jurisprudence établie par le vainqueur, seraient absolument non avenus au retour du prince légitime; le vainqueur ne peut rendre que des arrêtés relatifs à la sûreté de sa conquête. Les Anglais respectèrent donc le droit des gens lorsqu'ils prirent nos colonies ; les habitants après avoir rempli leurs devoirs de sujets en résistant le plus long-temps possible, ont pu sans félonie, et pour se préserver des mesures de rigueur qu'une inquiétude bien fondée aurait inspiré aux Anglais, ils ont pu, dis-je, prêter le serment d'allégéance,

Conduite des Anglais à l'égard des colonies conquises.

C'est en thèse générale tout ce qu'un vainqueur peut exiger de sa conquête, c'est aussi tout ce que les sujets conquis peuvent lui accorder. Une fois le serment d'allégéance prêté, ils doivent l'observer religieusement ; ils ne peuvent cependant prendre parti avec l'ennemi, et leur plus cher desir doit tendre à ce que leur souverain légitime soit promptement en état de les soustraire à ce serment dont l'obligation cesse à son retour et dans certains cas à son approche.

Puisque le vainqueur n'est point *prince* de sa conquête, on sent qu'il ne peut pas exiger le serment d'allégéance, mais aussi en cas de refus, il a droit de prendre telles mesures qu'il juge convenable pour sa sûreté ; c'est pour éviter ce malheur, que les sujets que leur souverain ne peut plus protéger se soumettent à l'allégéance (1).

Le gouvernement républicain et impérial de la France a donc commis un attentat contre la société en prononçant en temps de guerre, par le seul droit de conquête, la réunion des provinces conquises : cette conduite blesse, comme l'on voit, la morale autant que le droit des gens : la morale, parce qu'elle pervertit chez les peuples les principes les plus sacrés en établissant cette maxime révolutionnaire que la légitimité consiste dans le fait ; le droit des gens, en ce que la France déclinait ainsi le seul lien des peuples qui est l'autorité des pactes publics : une telle politique violait même les engagements d'un gouvernement

Conséquences
des abus
de la conquête.

---

(1) Les objets pleinement acquis par le droit de conquête sont les objets transportables, tels que les vaisseaux, munitions, etc., ils ne se rendent point à la paix, parce qu'étant considérés comme des armes offensives ou défensives, le droit de la guerre donne celui de les détruire et par conséquent de se les approprier si on les conserve.

envers ses administrés, puisqu'elle éloignait sans cesse l'époque de la paix , but final de toute guerre légitime. Chaque nouvelle usurpation de ce genre augmentait les griefs des belligérants qui ne combattaient que pour empêcher la France de rompre l'équilibre de l'Europe. Les traités que le directoire dictait aux peuples vaincus contribuaient par la même raison à prolonger la guerre, puisque dans chacun de ces traités la France exigeait la cession de quelques provinces : c'est ce qui arriva lorsque le directoire fit la paix avec le roi de Sardaigne , le 3o floréal an 4.

La *république* montra alors à l'Europe le joug de fer qu'elle se proposait d'imposer à tous les peuples : on fut bien convaincu que cette haine professée par le directoire contre la Grande-Bretagne , n'était qu'un acheminement vers le despotisme maritime et commercial.

Quelque temps avant de faire la paix avec la Sardaigne , le directoire qui cherchait toujours des griefs à ses alliés pour les enclaver dans ses conquêtes, saisit une occasion de porter un coup funeste à la prospérité de la Hollande. Le traité conclu avec cette puissance avait rétabli la fermeture de l'Escaut (voy. chap. 6.). J'ai déjà dit combien cette clause intéresse la Hollande : mais le gouvernement français devenu possesseur de la Belgique , ne voulut pas supporter plus long-temps une interdiction qui le privait d'un grand bénéfice ; il prit un prétexte basé sur ce que les Hollandais permettaient l'entrée aux navires neutres dans la Meuse , et en conséquence, par un arrêté du 8 floréal an 4, l'Escaut fut aussi ouvert au commerce : quelles que soient les légéres infractions que les Hollandais avaient pu faire à un traité onéreux, on sent bien que la partie n'était pas égale. Les Provinces-

Unies ne pouvaient nullement se passer du commerce maritime; le restreindre, c'était les réduire à la misère; le directoire manqua donc aux devoirs de l'alliance et du bon voisinage en donnant à la France un avantage trop faible pour l'enrichir et qui était la ruine de son allié.

Au milieu de ses *hautes* conceptions politiques, le directoire étendait sa sollicitude sur quelques objets moins relevés, mais importants aux yeux du publiciste. Un message intéressant fut adressé au conseil des cinq-cents sur les navires naufragés : cette matière est extrêmement délicate, mais elle est sujette à une quantité d'abus : les peuples de l'antiquité n'avaient point à cet égard une jurisprudence bien claire, puisque nous voyons que chez plusieurs les naufragés ne recevaient même pas les simples secours de l'hospitalité. Dans le moyen âge de notre ère, les propriétés et les personnes des naufragés avaient aussi beaucoup de chances à courir; on connaît même une ancienne loi de Normandie qui donnait au seigneur riverain tous les bris qu'un homme à cheval pouvait toucher de sa lance (1) : aujourd'hui le naufrage ne fait point varier la propriété d'un neutre ou d'un ami, mais rend confiscable celle de l'ennemi, et l'on ne peut que gémir de cette dernière clause qui choque tous les sentiments d'humanité.

De tous les temps les habitants de la côte ont profité quelquefois du malheur des naufragés pour exercer le pillage ; on a vu même des riverains allumer du feu pour attirer les navires sur des dangers. Nos

___

(1) Dans le pays de Galles et autres endroits de l'Europe, on pouvait tuer impunément les naufragés, les lépreux, les étrangers et les foux. (Voyez Robertson, histoire de Charles-Quint, tom. I.)

lois prononcent des peines graves contre ces sortes de délits , et le message suivant du directoire pourvut encore d'avantage à la sûreté des naufragés.

Le directoire exécutif au conseil des cinq-cents.

Citoyens législateurs ,

« Un abus des plus graves exige que vous preniez des mesures très-sévères pour le réprimer. Lorsqu'il arrive sur les côtes un naufrage ou un échouement, les habitants accourent de toutes parts. Ne voyant dans cet événement qu'un profit à faire , au lieu d'y trouver le devoir le plus sacré à remplir , celui de secourir le malheur , ils se livrent au pillage de tous les effets naufragés. Au milieu du brigandage , plusieurs sont victimes de leur cupidité ou de leur imprudence. Les autorités constituées manquent alors de moyens pour écarter une multitude qui, par son exemple , promet l'impunité à tous les coupables ; et tel est l'excès du désordre , qu'on voit souvent prendre part à ces vols et soustractions ceux même qui sont chargés de les empêcher. La loi du 16 août 1791 donne , dans ce cas , aux juges de paix , le droit d'y pourvoir et d'en dresser procès-verbal , sur lequel l'accusateur public et le commissaire du gouvernement sont tenus de poursuivre les coupables : mais , soit faiblesse de la part de ces officiers , soit danger ou impossibilité de faire le procès à un si grand nombre de coupables, le même délit se commet à chaque occasion avec la même impunité ; ce qui prouve l'insuffisance de la loi en cette partie , qui ne s'est occupée que de faire punir, tandis qu'elle doit principalement s'attacher à prévenir le délit. Vous avez donc à statuer, citoyens législateurs , »

« 1.º Sur les moyens d'écarter la multitude du lieu

où est naufragé ou échoué quelque bâtiment, en ordonnant à ceux qui auraient été attirés sur les côtes pour lui porter secours, de détacher à l'instant l'un d'entre eux pour avertir les agents municipaux ou maritimes, et de se retirer à l'instant de l'arrivée des autorités constituées et de la force armée, qui sera par eux amenée, à moins qu'ils ne soient requis de rester, sous peine, en cas de négligence ou de désobéissance, d'être réputés complices du pillage qui pourra être commis ; »

« 2.º Sur l'établissement ou organisation d'une force suffisante pour cet objet, en formant des colonnes mobiles qui fassent le service des gardes-côtes dans les cantons riverains de la mer ; »

« 3.º Sur le choix des autorités à qui il conviendra d'en accorder la direction, qui serait plus naturellement placée dans les mains des municipalités que dans celles des juges de paix, en les chargeant spécialement d'appeler, conformément à la loi du 13 août 1791, les administrateurs de la marine ayant sous leurs ordres la gendarmerie maritime ; »

« 4.º Sur la responsabilité des communes, en rendant les habitants desdites communes riveraines responsables du pillage des effets naufragés, et en appliquant aux naufragés la disposition générale des lois concernant les vols et pillages commis lors des émeutes ; »

« 5.º Sur le mode d'administration des objets provenant des naufrages et échouements, qui paraît devoir être sous la surveillance respective des agents du directoire, de la marine et des douanes, et, en cas de contestation, sous la juridiction des tribunaux de commerce. »

Un incident peu important en lui-même fit quelque

temps après respecter le droit des gens à un peuple qui passe pour le violer sans scrupule , et il serait à desirer que nos agents diplomatiques prissent toujours exemple sur la fermeté que montra **M. Guys** , qui rapporte le fait en ces termes dans une dépêche datée de Tripoli , le 29 messidor an 4.

Réparations faites par la régence d'Alger d'insultes envers le consul français.

« Un soldat turc poursuivait un Juif ; celui-ci se réfugia dans la maison du consul français : le Turc l'y suivit , l'atteignit et le rouait de coup , quand le consul, arrivant , fit arrêter le Turc comme violant l'asile consulaire. Il faisait des démarches pour le remettre à ses supérieurs, lorsqu'un rassemblement de Turcs vint dans la maison consulaire , força la porte du cachot où était enfermé le soldat Turc. Le consul survint , parla on ne l'écouta pas : il met l'épée à la main , un Turc lui porte le pistolet sur la poitrine. Le consul d'Espagne , survenant , prit au corps le consul français et le rentra chez lui. Sur ces entrefaites les Français s'étaient assemblés dans la maison consulaire ; *Sidi-Ali-Militan* , confident du pacha et ami des Français , arrive ; il avait dissipé les mutins : devant lui, le consul donna ordre d'amener le pavillon et de détacher les armoiries , lui signifiant *que le consulat de la république ayant cessé d'exister , ne pouvait être reproduit que par une satisfaction qui put laver un tel outrage.* »

« Après différentes propositions faites par le pacha , par l'intermédiaire du consul d'Espagne, et qui furent toutes rejetées fièrement par le consul français comme insuffisantes, le pacha en passa par où voulut le citoyen *Guys.* »

« Un officier vint dans la maison consulaire, emmenant les deux chefs des mutins à la disposition du consul français , et lui portant, de la part du pacha, le désaveu formel de tout ce qui s'était passé, le desir de conserver une étroite amitié avec la république; qui le priait, en conséquence, de faire reparaître le pavillon français, qu'il le saluerait extraordinairement de vingt-un coups de canon : ce qui fut exécuté. »

« Le consul pardonna aux deux chefs qu'on avait mis à sa disposition et fit demander au pacha leur grace. La tranquillité fut ainsi rétablie, et à la gloire du nom français et à la satisfaction des Tripoliens. »

« Les autres consuls sont venus complimenter le citoyen *Guys*. »

« Le consul d'Espagne a servi de tout son cœur le consul français. »

Le 10 brumaire an 5 , les conseils rendirent une loi qui défendait l'importation des marchandises anglaises ; nous verrons par la suite combien cette loi mal interprétée causa d'abus et surtout de pertes au commerce maritime.

Marchandises anglaises. Négociations diplomatiques.

Le directoire abusant toujours de ses avantages , conclut, pendant le cours de l'an 4, un traité d'alliance offensive et défensive avec l'Espagne ; l'intention du gouvernement français était évidemment d'amener cette puissance à déclarer la guerre à l'Angleterre , en attendant ce moment la marine espagnole fut mise à notre disposition et nous nous en appropriâmes par la suite les vaisseaux ; les ordres les plus durs , les plus funestes à l'Espagne furent donnés au cabinet de l'Escurial. C'est ainsi que se conduisit le gouvernement républicain ou impérial ; leur égoïsme sacrifia toujours les intérêts des peuples qui furent forcés de traiter avec la France.

Nos démagogues et nos tyrans dévoilèrent promptement leurs perfides intentions , et constituèrent une guerre perpétuelle de l'Europe contre la France.

Après avoir dépouillé l'Espagne de son indépendance, le directoire, par un traité du 16 mai 1795, hypothéqua celle du roi des deux Siciles, qu'il se proposait d'attaquer un jour au moyen de son arme favorite : l'esprit révolutionnaire.

Funestes effets de l'esprit révolutionnaire. Nos armées en promenant l'épouvante dans tous les pays que le sort des combats leur livrait, enlevaient aux peuples subjugués jusques à l'espérance de réparer les fléaux de la guerre. Quels que soient les désastres d'une guerre sanglante, l'industrie et la persévérance parviennent toujours à les effacer ; le commerce fait à la longue refluer au sein de la patrie les capitaux enlevés par la force ; l'agriculture fait ressortir les trésors bien plus précieux encore du sol, et la population qui s'accroît dans la paix finit par donner à l'état des citoyens utiles en tout genre : mais pour développer ces précieuses ressources ou plutôt pour les créer, il ne suffit pas d'une paix garantie par des traités et respectée même par les contractants. Un état quelconque peut, au sein d'une paix profonde, éprouver tous les fléaux que les désordres amenés par la guerre occasionnent : si le peuple a perdu ses mœurs, si le frein des lois et de la religion n'est plus respecté, si chacun sortant de sa sphère adopte pour culte une téméraire ambition qui le porte à poursuivre des systêmes dangereux et à dévier du sentier que son rang ou sa position l'obligent à suivre ; si de tels égarements agitent un peuple, c'est en vain qu'il fera la paix avec ses voisins, puisqu'il sera déchiré intérieurement par la plus terrible guerre qui puisse affliger un état : la lutte des devoirs sociaux contre les intérêts désorganisateurs. En vain rendu à lui-même par la paix, ce peuple aura, sous un gouvernement même légitime, la funeste

habitude de contester ou d'enfreindre tous les principes ; l'exemple récent des succès scandaleux, de
systêmes criminels; l'élévation brillante et subite de
quelques agents de désordres, la profanation des
autels et l'oubli des mœurs, toutes ces causes,
dis-je, tendront à inspirer à ce malheureux peuple les plus déplorables vertiges : des nuées de fron-
deurs discréditeront le gouvernement et créeront
des mécontentements; les lois décriées avant leur
promulgation seront sans force, et tout ce qui ten-
dra à détruire de dangereuses erreurs ou l'habitude
de la licence sera réprouvé par les nombreux partisants du désordre. Que résultera-t-il d'un pareil
état de chose ? l'oubli absolu de tous les devoirs ;
le plus vil égoïsme étouffera toutes les vertus, le
patriotisme ne sera qu'un prétexte de sédition, chacun isolé de ses concitoyens ne cherchera plus sa
patrie, mais un parti ; en un mot tous les liens
qui forment la société et concourent à son bonheur
seront rompus. Il est bien facile de prévoir quel sera,
du moins pendant long-temps, le sort d'un tel peuple :
il ne fera plus que se débattre dans un abîme de
misère et de désordre, dont il sortirait facilement
en se rattachant aux principes des lois et des mœurs.

O qu'il est coupable ce conquérant qui se sert
du glaive de la victoire pour couper ces liens sacrés ! La foudre respectera-t-elle une tête couverte
de lauriers obtenus par d'aussi déplorables triomphes ? Ah ! gardons-nous de le croire : celui qui
s'arme de la torche des furies pour incendier le sanctuaire du pacte social ne doit plus trouver d'asile sur
la terre, puisqu'il a détruit celui où reposait le palladium du bonheur de ses semblables : qu'il soit
anathême et sa mémoire flétrie !

opposent une digue inexpugnable à tous ces fléaux en relevant les ruines du sanctuaire.

Le système du blocus continental commence à se développer.

Quelque temps après la paix conclue entre le roi de Naples et le duc de Parme, le directoire rendit un arrêté qui eut quelque célébrité par les réclamations qu'il excita et par l'esprit qui l'avait dicté. Depuis plusieurs mois le gouvernement français affectait de se plaindre hautement des violations nombreuses exercées par la Grande-Bretagne contre le droit des neutres ; plusieurs lois et arrêtés avaient été successivement rendus pour ordonner des représailles dont les neutres seuls devaient faire les frais. Un des grands griefs du directoire était que les Anglais se servaient des navires neutres pour favoriser des correspondances et des conspirations contraires à la stabilité du gouvernement républicain : de là plusieurs mesures avaient été ordonnées pour se préserver de toutes surprises et pour avoir de nombreux prétextes de spolier et d'entraver le commerce. Les choses en étaient même parvenues à un tel point, qu'il semblait que le temps était proche où les parties belligérantes ne voudraient plus souffrir de neutres, par conséquent se mettraient réciproquement en état *de blocus*. Ce projet de blocus, si scandaleusement renouvellé depuis, était déjà le plan secret et favori du gouvernement français ; on avait dès-lors bien réellement conçu l'espérance de forcer tous les peuples du continent à expulser les Anglais de leurs ports. Nos démagogues, séduits par le *grandiose* de ce système gigantesque, le mûrissaient avec d'autant plus de satisfaction, qu'ils croyaient y voir une mine précieuse pour leur avarice et un moyen de ruiner l'Angleterre : ces deux motifs les excitaient à marcher continuellement vers ce but ; tantôt ouver-

tement, plus souvent encore par des voies détour-
nées : on peut dire que ce plan fut toujours l'ame
de la conduite des gouvernements usurpateurs, ils
y persévérèrent en aveugles sans s'inquiéter s'il était
praticable ou sans en prévoir les suites. Buonaparte
le réalisa lorsqu'il se crut assez fort pour le faire :
nous devons donc nous rattacher à ce fil important
pour découvrir l'esprit et les motifs de la plupart
des actes législatifs de ce temps ; c'est dans cette
vue seule que le directoire saisissait toutes les circonstances et les prétextes : à l'époque où nous sommes parvenus, des incidents que nous devons examiner avec impartialité, concoururent de part et d'autre à alimenter les fléaux de la guerre.

Le directoire en se plaignant des tentatives du
gouvernement anglais pour renverser le système républicain en France, parlait d'après des faits assez
positifs. Il était très-vrai que le cabinet de Saint-
James employait toute espèce de moyens pour faci-
liter la correspondance et les projets des amis de
la monarchie : le 18 fructidor et d'autres événements
en sont une preuve. La cour de Londres ne respectait pas non plus la plupart des pavillons neutres,
et tout à cet égard était encore livré à l'arbitraire ;
mais aussi d'un autre côté, le gouvernement anglais
qui connaissait bien le système adopté par le directoire, pouvait-il réellement admettre la neutralité des
nations avec lesquelles la France ne faisait la paix
que pour s'en assurer la conquête : n'était-ils pas
évident que l'Espagne, l'Italie, la Hollande, loin d'ê-
tre vraiment des puissances neutres avaient une alliance très-étroite avec les Français et étaient réellement armées contre l'Angleterre : or, puisque le
directoire ne faisait la paix avec un peuple que

pour avoir un auxiliaire de plus contre la Grande-
Bretagne, il était juste aussi que les Anglais n'accordassent aucune immunité à ces prétendus neutres
bien plus dangereux que des ennemis déclarés. Les
choses en étaient donc parvenues à un point que la
querelle de la France et de l'Angleterre allait embrasser le monde entier, et que ces deux puissances
devaient y compromettre tous leurs voisins. L'on
peut dire que cette triste position ne subit aucun
changement jusqu'en 1814.

Le directoire, bien loin de convenir de la situation où son système plaçait l'Europe, s'empressa de
profiter de la circonstance pour faire avancer d'un
nouveau dégré son plan de blocus; tel est le véritable motif de l'arrêté du 3 frimaire an 5 qui mit
à la discrétion de la police le droit des gens et la
fortune des neutres. Un autre arrêté du 12 ventôse,
dirigé contre les Américains, renchérit sur le précédent, et sous le prétexte de la sûreté générale,
autorisa des mesures rigoureuses. C'est au sujet de
cet arrêté que M. Desèze publia une consultation
qui eut quelque célébrité. Ce jurisconsulte ne vit
dans cet acte qu'une exécution stricte des anciens
traités, et en cela il avait raison : mais n'aurait-on
pas pu objecter qu'il était étonnant de voir le directoire violer ou respecter alternativement les traités
selon les circonstances ; en abroger toutes les clauses
bienveillantes et n'en réclamer que les dispositions
rigoureuses : était-il juste et même politique de renouveller des conditions gênantes pour le trafic au
sujet du seul peuple dont la neutralité jouissait encore
de quelque considération près des Anglais ! était-ce
le moment de priver par un rigorisme mal entendu
le commerce français de sa seule ressource ; et quel

était le motif de ce retour à la sévérité, la crainte
de voir les Américains favoriser, à l'abri de la neutralité, les correspondances étrangères, et fournir des
armes aux mécontents de l'extérieur. Il est aisé de
sentir que le directoire redoutait peu lui-même à
cette époque d'aussi faibles attaques, et que le véritable motif de cet arrêté était d'avancer les progrès
de son système et surtout de créer des cas de confiscations : moyen facile d'assurer une proie certaine
aux corsaires et à la cupidité du fisc : signes évidents
de la démoralisation profonde d'un gouvernement!

Le directoire en donna bientôt de nouvelles preuves par sa conduite dans la ridicule expédition
d'Irlande. Ce gouvernement sans pudeur ne craignit
pas d'enregimenter des galériens qu'il tira des bagnes
de Brest et de Rochefort, et il vomit cet essaim de
scélérats sur les côtes de l'ennemi : ce dernier trait
achève de peindre l'exécrable gouvernement dont
nous parlons ; et ce monstrueux outrage fait au droit
des gens, annonça à toute l'Europe ce qu'elle devait
attendre de la nouvelle république : cependant cet
incident qui semblait faire retrograder la civilisation,
eut en France de nombreux improbateurs. Au sein
même du conseil des cinq-cents il se trouva quelques
voix courageuses qui osèrent revendiquer l'honneur
de la nation française si cruellement outragée par
cette violation du droit des gens commise en son
nom. Dans la séance du 15 ventôse, Dumolard prit
la parole et s'exprima en ces termes (1) : « diverses
lettres particulières annoncent uniformément qu'une
escadre française a débarqué sur les côtes de la
Grande-Bretagne plusieurs centaines de forçats enregimentés et tirés des bagnes de Brets et de Roche-

Invasion
de l'Irlande.

____

(1) Recueil des lois de la marine.

fort. Quel qu'ait été le succès de cette entreprise, je pense qu'elle doit fixer, sous d'autres rapports, l'attention du législateur. Je me demande en premier lieu si le ministre de la marine, si le directoire lui-même ont le droit de soustraire des condamnés à la peine qu'ils ont encourue légalement, et de là commuer en une peine plus douce ou plus sévère. J'ajoute que si les lettres que j'ai citées sont exactes sur les faits, ces forçats ont été enregimentés et destinés à une expédition contre les ennemis de la république ; mais la constitution qui exclut les étrangers de l'honneur de servir notre patrie, répugne bien d'avantage à ce qu'on admette à cet honneur des hommes flétris par la justice. Cette mesure d'ailleurs n'est-elle pas profondément immorale et violatrice du droit des gens ? Sommes-nous au temps où l'on décrétait la guerre à mort ; et si nos ennemis sont capables d'attrocités pareilles, est-ce à nous à les imiter ou à leur en donner l'exemple ? »

« Je conçois que si les faits sont vrais, le gouvernement a été entraîné par le desir ardent de forcer à la paix le gouvernement le plus fier, et l'éternel ennemi de la France ; mais le corps législatif ne peut dormir sur une violation aussi évidente de l'acte constitutionnel et des principes de la justice. Je fais la motion qu'il soit adressé un message au directoire exécutif, par lequel il lui sera demandé des éclaircissements sur les faits que je viens de rappeler ; et s'ils sont réels, sur les principes en vertu desquels il s'est cru autorisé à une pareille mesure. »

« *Colombel* estimerait de tels faits dignes de l'attention du conseil, s'ils étaient officiellement connus ; mais ils ne le sont que par des lettres particulières. »

« On demande l'ordre du jour. »

« Quoi ! s'écrie *Doulcet*, le conseil passerait à l'ordre du jour quand on lui dénonce une injure faite au nom français, une violation de la constitution et du droit des gens ! Il s'agit de savoir si on a en effet enfreint les lois que toutes les nations respectent même au milieu des horreurs de la guerre ! Les faits, objecte-t-on, ne sont pas officiellement connus ! C'est pour cela qu'on vous propose, avant tout, un message au directoire exécutif. Sans doute nous devons haïr ce perfide gouvernement anglais qui a brûlé nos vaisseaux et nos arsenaux, et qui, par des agents, travaille à éloigner l'empereur d'une paix à laquelle il est disposé. »

« Gardons-nous de rendre la guerre nationale en Angleterre ; la banque de Londres vient de suspendre ses paiements ; les plus désatreuses nouvelles sur l'Inde retentissent dans cette ville. Prouvons, dans ces circonstances, au courageux parti de l'opposition, que nous sommes toujours prêts à donner la paix à l'Europe à des conditions honorables et justes. J'appuie la demande faite qu'il soit envoyé un message au directoire. »

« *Talot.* C'est l'harmonie entre le corps législatif et le gouvernement qui assure le salut de l'Etat. La constitution confie au directoire le soin de veiller à la sûreté extérieure de la république. »

« Le corps législatif a, sans doute, le droit de censurer les actes du gouvernement ; mais il ne doit le faire que lorsqu'il tient en main les preuves les plus convaincantes. La constitution nous trace ici notre devoir ; mais ce ne doit pas être sur des papiers publics, qui divaguent en sens d'anarchie et de royalisme, que le corps législatif doit prendre des déterminations. »

« Ici quelques élans patriotiques de *Talot* excitent quelques murmures : il descend de la tribune. »

« *Trouille*. Je viens rétablir la vérité des faits : voici ce que la députation du Finistère a appris. Il y a environ trois mois qu'on faisait à Brest les préparatifs pour l'expédition dont on vous a parlé. J'avais le dessein d'en faire part au conseil, mais ce qui m'en empêcha fut que je crus que ce n'était de la part du gouvernement qu'une expédition simulée, qui ne recevrait pas son exécution. Je puis vous assurer aujourd'hui que ce projet vient d'être exécuté. Voici une lettre de Brest qui contient des détails. »

« On résiste à les entendre. »

« *Trouille* donne lecture de la lettre. Il en résulte que le 9 de ce mois de ventôse, il est entré en rade de Brest un aviso expédié par Castaigner, commandant de l'escadre, pour apporter la nouvelle du débarquement. L'armée expéditionnaire était composée de forçats et de voleurs de Tréberon. La descente s'est opérée heureusement en six heures de temps dans le canal de Saint-Georges, près la ville de Pembrock. »

« Le conseil ferme la discussion, et arrête qu'il sera fait un message au directoire pour savoir si les forçats ont été embarqués. »

Malheureusement cette résolution n'eut aucune suite et cette flétrissure resta sur la France. Le directoire était déjà assez fort pour mépriser une assemblée dont il avait déjà voué en secret une partie à la déportation.

Nouvelles tentatives du directoire pour s'emparer du jugement des prises.

L'année dernière le directoire avait tenté vainement de rétablir le conseil des prises. Ne pouvant obtenir cette arme dangereuse, il eut recours à un autre expédient, et le 4 messidor an 5 il proposa d'évoquer les appels en matière de prises au tribunal de cassation : dans tout cela le gouvernement n'avait d'autre motif que de faire décider ces importantes affaires par un tribunal siégeant près de lui et presque sous sa main. Les tribunaux de commerce et de département placés loin de la capitale ne pouvaient que rarement ressentir l'influence du gouvernement, qui souvent aurait pu se compromettre en dévoilant le secret de ses intentions à des tribunaux subalternes. Les arrêts d'une cour suprême avaient une toute autre importance, et le directoire se flattait de faire consacrer chaque jour par ce moyen des principes utiles à ses vues, c'est cette proposition qui fait le sujet du message suivant rédigé avec une adresse captieuse, et qui nous a paru intéressant parce que l'on y trouve un tableau assez bien tracé de la jurisprudence des prises.

Le directoire exécutif au conseil des cinq-cents (1).

Citoyens représentants,

« Parmi les lacunes qui peuvent exister dans les différentes parties de notre législation civile, et que des circonstances particulières mettent, chaque jour, à portée de découvrir, il y en a qu'il devient infiniment urgent de faire disparaître, et qui appellent, d'une voix forte, la prévoyance du législateur. »

« Une question, par exemple, extrêmement importante pour le commerce et sur laquelle nos lois sont muettes, se présente en ce moment-ci. »

« Cette question est relative aux prises maritimes. »

« Un bâtiment étranger, se prétendant neutre, est pris par un de nos croiseurs nationaux. »

« Il est amené dans un de nos ports. »

« Le propriétaire ou le capitaine de ce bâtiment réclame aussitôt devant les tribunaux. »

« Il soutient que sa prise est nulle. »

---

(1) Nouveau code des prises.

« Cette réclamation, d'après nos dernières lois, est portée d'abord au tribunal de commerce, et ensuite, par appel, au tribunal civil du département. »

« Ces tribunaux jugent en effet que la prise est nulle, conformément à la prétention de l'étranger, malgré que nos lois eussent ordonné qu'on la jugeât bonne. »

« Dans cet état, le jugement violateur des lois, mais rendu en dernier ressort, sera-t-il exécuté sur-le-champ? ou, au contraire, l'armateur français aura-t-il le droit de se pourvoir au tribunal de cassation contre ce jugement, comme on en a la faculté dans toutes les autres matières civiles? »

« Vous voyez déjà, citoyens représentants, où se trouve la difficulté que cette question présente. »

» Sans doute, en principe, il est impossible de contester à un armateur français la faculté de réclamer la justice du tribunal de cassation contre un jugement rendu en dernier ressort, et qui a enfreint les dispositions de la loi en matière de prises. »

« Par cela seul que la matière des prises, qui avait été long-temps administrative, a été renvoyée ensuite par nos lois aux tribunaux ordinaires, le recours au tribunal de cassation contre les jugements rendus par les tribunaux sur cette matière, est dans la constitution elle-même. »

« Mais à quoi servirait l'exercice d'un pareil recours, si, pendant que l'armateur français se présenterait devant le tribunal de cassation, il dépendait de l'étranger, devenu libre par le jugement qu'il aurait surpris, de s'éloigner de nos côtes, et de faire voile avec sa cargaison vers d'autres rivages ? »

« Certes, sa réclamation alors serait bien inutile. »

« C'est donc là un point sur lequel il est absolument nécessaire de statuer. »

« Il est même d'autant plus pressant que le vœu du corps législatif sur ce point si important de notre commerce puisse être connu, que, depuis six mois surtout, plusieurs prises ont été faites par nos croiseurs, plusieurs contestations portées devant nos tribunaux, plusieurs jugements en dernier ressort sont près d'être rendus, et qu'il ne faut pas que les erreurs que nos tribunaux pourraient commettre, puissent coûter à la nation des richesses qui doivent refluer dans son sein, ni priver nos croiseurs de leur légitime indemnité. »

« En général, sous l'ancien régime, aucun citoyen, même le plus pauvre, exerçant une action dans les tribunaux, n'était tenu de fournir caution pour le paiement ou l'exécution des condamnations auxquelles cette action même pouvait l'exposer. »

« Les étrangers seuls étaient sommis à cette obligation, qui était connue, dans la jurisprudence, sous le nom de *cautio judicatum solvit.* »

« Le motif de cet usage à l'égard des étrangers, était la crainte assez naturelle que, n'ayant aucune fortune en France, ils ne pussent abuser de ce défaut de ressources pour fatiguer les citoyens par des contestations plus ou moins frivoles, ou qui n'auraient aucun fondement. »

« Il n'y avait pas, au reste, de nation étrangère, même alliée à la France, à qui cette nécessité de donner caution ne fut imposée. »

« Il n'y avait pas de dignité, quelqu'éminente qu'elle pût être, qui en affranchit. »

« Les ambassadeurs n'en étaient pas exempts. Les souverains eux-mêmes y étaient assujettis. »

« Une exception cependant avait été apportée à cet usage, et cette exception honorable regardait précisément le commerce. »

« On avait pensé que, le commerce rapprochant et unissant tous les peuples par leurs besoins ou leur industrie, tous les hommes devaient être considérés comme n'appartenant, pour ainsi dire, qu'à la même nation, ou vivant sous les mêmes lois; et cette idée touchante et philantropique avait conduit les tribunaux à dispenser les étrangers commerçants de l'obligation à laquelle on soumettait tous les autres. »

« Mais cette exception ne s'appliquait qu'aux discussions ordinaires qui pouvaient s'élever dans le commerce. »

« Elle n'avait pas été introduite dans celles que les prises maritimes pouvaient faire naître. »

« Il n'y en avait pas même d'occasion sous l'ancien régime. »

« La nature de la juridiction à laquelle les prises étaient dévolues, ne le permettait pas. »

« Sous ce régime, les amirautés étaient chargées de l'instruction. »

« Toutes les pièces de l'instruction étaient ensuite envoyées à un conseil des prises, établi à Paris près de l'amiral, qui jugeait en première instance; et l'appel du jugement rendu par ce conseil des prises se portait au conseil des finances, où, sur le rapport du ministre de la marine, se rendait le jugement qui terminait définitivement la contestation. »

« Alors, comme on voit, il ne pouvait pas être nécessaire de prendre des précautions à l'égard de l'étranger qui réclamait contre la prise que l'on avait faite de son bâtiment. »

» Si cet étranger finissait par obtenir gain de cause, comme le jugement du conseil des finances se trouvait le dernier terme de l'échelle de l'autorité judiciaire, et qu'il n'existait plus de recours possible à

l'armateur français dont la prétention était rejetée ;
il était naturel que l'étranger acquit , par le jugement
du conseil des finances, toute liberté, et qu'il devint
le maître de quitter sur-le-champ la France avec le
bâtiment qu'on lui avait rendu. »

« Mais, sous le régime actuel, ce n'est pas la
même chose. Les contestations sur les prises sont attribuées aux tribunaux ordinaires , comme toutes les
autres contestations de commerce. »

« Les tribunaux de commerce les jugent en première instance ; »

« Les tribunaux civils des départements les jugent
en dernier ressort. »

« Mais ces tribunaux peuvent se tromper ; ils peuvent enfreindre les lois dans leurs jugements. Il faut
donc qu'il puisse exister un recours contre ces jugements qui enfreignent les lois. »

« Ce recours que la constitution ne refuse à aucun
citoyen, existe en effet dans la faculté qu'a l'armateur
français d'attaquer devant le tribunal de cassation
le jugement dont il est fondé à se plaindre, faculté
qui ne peut pas être contestée. »

« Mais si, pendant que l'armateur réclame, le
jugement rendu par le tribunal civil en dernier ressort est exécuté, et que l'étranger disparaisse , que
deviendra l'intérêt de cet armateur? »

« Il faut prendre garde que , lorsqu'un Français
plaide contre un Français , il est garanti par le domicile et les propriétés de son adversaire. »

« S'il plaide même, à l'occasion d'une prise, contre un étranger , et que ce soit l'étranger qui se
pourvoie au tribunal de cassation contre le jugement
obtenu par le Français, comme il en a la faculté ,
cet étranger a , pour sa sûreté , la triple ressource

que lui présentent la chose elle-même , le domicile du Français et sa fortune. »

« Mais le Français plaidant contre l'étranger déjà hors de la vue des côtes de France , quelle ressource a-t-il ? »

« Cependant il ne faut pas que le recours au tribunal de cassation puisse exister inutilement ; il ne faut pas que ce soit une forme vaine. »

« Les tribunaux civils ne sont pas le dernier terme de notre autorité judiciaire : c'est le tribunal de cassation. »

« La justice de ce tribunal appartient, par la constitution, à tous les Français. »

« La matière des prises n'est pas affranchie de son examen. »

« Mais de quelle précaution user, pour que la sagesse de cet examen ne puisse pas, par l'événement, devenir stérile ou être perdue ? »

« Les prises faites par nos croiseurs, sont une propriété légitime. »

« C'est un droit que la loi consacre. »

« Il faut donc que ce droit puisse se défendre, il faut qu'il puisse se défendre même dans toute la série de tribunaux que la constitution a établie. »

« Le recours au tribunal de cassation appartient donc à ce droit comme à tous les autres. »

« Dans cette situation, ne pourrait-on pas , pour conserver tous les intérêts , et concilier les égards dus aux étrangers en même temps que la protection due au commerce, fixer un délai quelconque, comme de deux mois, par exemple , ou plus court encore, si l'on veut, pendant lequel l'exécution du jugement du tribunal civil serait suspendue, l'armateur français qui aurait succombé dans sa prétention , tenu de faire juger sa réclamation par le tribunal de cassation , tenu lui-même de prononcer ? »

- « Cette marche est prescrite en matière criminelle ; pourquoi ne la suivrait-on pas dans une matière commerciale aussi importante ? »

« Ce n'est pas seulement l'intérêt des armateurs français qui la commande, c'est aussi celui de la république. »

« La république a un grand intérêt à ce que les richesses qui appartiennent à des Français par les lois, ne soient pas arrachées de son territoire, et puissent s'y répandre pour le féconder. »

« Il ne faut donc pas que cet intérêt soit trahi par la législation elle-même ; il est sage , tout-à-la-fois, et pressant de prendre une mesure qui puisse remplir la lacune qui se trouve ici dans nos lois. »

« Le directoire exécutif, citoyens représentants , appelle toute votre attention sur cet objet important , et vous invite à en faire la matière d'une de vos plus prochaines délibérations. »

A cette époque, l'Europe envahie par les armées et les principes de la France , pliait sous le joug révolutionnaire ; l'Italie , l'Espagne , la Hollande, la Prusse , les trois quarts de l'Allemagne accaparés par le gouvernement français , étaient poussés de gré ou de force contre l'Angleterre ; c'est alors que nos voisins s'aperçurent de la faute énorme qu'ils avaient faite en traitant avec ce gouvernement monstrueux, ou plutôt se repentirent de n'avoir pas arrêté dès le principe, par une alliance bien combinée , le cours de notre désastreuse révolution. Tous les princes de l'Europe payaient alors bien chèrement leur folle confiance dans cette horde impie qui régentait la France. Accablés sous un joug de fer , les uns , tels que l'Espagne, voyaient leurs ports, leurs vaisseaux et leurs colonies passer sans aucune indemnité dans les mains rapaces des agents de la république ; les autres, tels que l'Italie et la Hollande étaient scandaleusement dépouillés de leur numéraire, des fruits de leur industrie, et tous les états du continent qui avaient eu l'imprudence de se rendre à nous, avaient perdu l'indépendance et, disons-le, toute considération.

Proposition de paix entre la France et l'Angleterre.

Les choses en étaient parvenues à ce point, lorsque la Grande-Bretagne voulut enfin connaître toute l'étendue des complots dirigés par le gouvernement français contre la société en général et l'Angleterre en particulier. Voyant d'ailleurs que tout cédait à nos armes, que l'empereur serait lui-même amené tôt ou tard à une paix honteuse, et que la Grande-Bretagne se trouverait chargée de soutenir, seule, la cause de l'Europe, le cabinet de Saint-James résolut de proposer une paix convenable à la France ; le résultat de cette négociation devait dévoiler les véritables projets du directoire. Si la paix était acceptée aux conditions raisonnables que l'on se proposait d'offrir, les craintes conçues au sujet des desseins de la France étaient chimériques ; si au contraire l'accomodement était rejeté, nul doute alors que l'intention du gouvernement français ne fut de tout détruire pour s'élever sur les débris de l'édifice social. Cette dernière conjecture ne fut que trop bien vérifiée. Lord Malmesbury envoyé à Paris pour traiter fut à peine admis à ouvrir des conférences ; les propositions les plus ridicules lui furent offertes ; on l'abreuva de dégoûts et même on oublia à son égard les convenances que le droit des gens établit pour les ambassadeurs. A peine eut-on commencé les négociations, qu'on lui demanda impérativement son ultimatum sans lui donner le temps de consulter sa cour : la plupart des réponses faites à ses notes et offices diplomatiques étaient rédigées dans un style ambigu et quelquefois insultant. Le cabinet de Saint-James s'aperçut bientôt que le directoire ne faisait la guerre que pour détruire et non pas pour obtenir une paix équitable ; il rappela lord Malmesbury, et dès-lors les deux états se préparèrent à une lutte terrible. Des passions violentes se mêlèrent de part et d'autre aux préparatifs de défense, et l'on oublia réciproquement toutes les bienséances, tous les égards que la civilisation a introduit chez les nations : l'on rivalisa à qui outragerait mieux le droit des gens, à qui se ferait le plus de mal, et tel est l'affreux spectacle que nous eûmes long-temps sous les yeux.

Les deux peuples ne tardèrent pas à donner des preuves de la rage qui les animait ; ce fut encore le droit des gens qui fit les frais des nouvelles attaques ; les pièces suivantes donneront une idée de l'animosité des deux partis ; en les lisant, on verra quel esprit dirigeait alors nos législateurs et combien ils savaient, au gré de leur fureur, modifier ou étendre les principes du droit maritime : d'après cela il sera facile de sentir dans quel affreux cahos étaient toutes les nations de la jurisprudence et quelles déprédations s'en suivirent.

La guerre prend un caractère de fureur.

Le directoire exécutif au conseil des cinq-cents. (1)

Citoyens représentants,

» Aujourd'hui 15 nivôse, et à l'heure même à laquelle le directoire exécutif vous adresse ce message,

____

(1) Le 15 nivôse an 6.

les administrateurs municipaux, les juges de paix, les commissaires du directoire et les préposés des douanes procèdent, dans tous les chefs-lieux de département, dans tous les ports et dans toutes les principales communes de la république, à la saisie des marchandises anglaises existantes en France, ou introduites sur son territoire, en contravention à la loi du 10 brumaire an 5. »

» Tel est le premier acte par lequel, lorsque la paix est donnée au continent, la guerre déclarée depuis long-temps à l'Angleterre va prendre enfin le véritable caractère qui lui convient. Les Français ne souffriront pas qu'une puissance qui cherche à fonder sa prospérité sur le malheur des autres nations, à élever son commerce sur la ruine de celui des autres peuples, et qui, aspirant à la domination des mers, veut introduire par-tout les objets manufacturés dans ses fabriques, et ne rien recevoir de l'industrie étrangère, jouisse plus long-temps du fruit de ses coupables spéculations. »

» Le gouvernement anglais a soudoyé pendant la guerre, avec le produit de ses fabriques, les forces coalisées. Il a violé tous les principes du droit des gens, afin d'entraver les relations des puissances neutres ; il a fait saisir les vivres, les grains, les denrées qu'il croyait destinés pour la France ; il a déclaré contrebande tout ce qu'il pensait pouvoir être utile à la république ; il a voulu l'affamer. Tous les citoyens demandent à en tirer vengeance. »

» Lorsqu'il a eu à craindre la prise des bâtiments naviguant sous son pavillon, il a corrompu les capitaines étrangers pour les engager à prendre sur leurs bords les marchandises anglaises et les introduire ainsi par ruse, par fraude ou autrement, dans les autres états, et notamment dans la république française. »

» Les puissances neutres auraient dû s'apercevoir que, par cette conduite, leurs commerçants prenaient part à la guerre, et qu'ils prêtaient secours à l'une des puissances belligérantes. »

» On sert un parti autant lorsqu'on lui procure le moyen d'augmenter ses forces que lorsqu'on se réunit à celles qu'il a. Les puissances neutres auraient dû s'apercevoir que l'Angleterre, en arrêtant les navires des autres puissances, chargés dans leurs ports respectifs, et destinés pour la France, en ne laissant circuler que les objets provenant de ses fabriques, visait à un commerce exclusif, et qu'il fallait poursuivre la réparation d'un pareil attentat. »

» L'ordonnance de la marine et le réglement de 1704 ont déclaré de bonne prise les navires et les chargements sur lesquels il se trouve des marchandises anglaises appartenant aux ennemis. Ces dispositions doivent être étendues ; l'intérêt de l'Europe le sollicite. »

» Le directoire exécutif pense qu'il est urgent et nécessaire de rendre une loi qui déclare que l'état des navires, en ce qui concerne leur qualité de neutre ou d'ennemi, sera déterminé par leur cargaison, et que la cargaison ne sera plus couverte par le pavillon ; en conséquence, que tout bâtiment trouvé en mer, ayant à son bord des denrées et marchandises anglaises pour sa cargaison, en tout ou en partie, sera déclaré de bonne prise, quel que soit le propriétaire de ces denrées ou marchandises ; qui seront réputées contrebande par ce seul fait qu'elles proviennent de l'Angleterre ou de ses possessions. »

« Il serait utile de déclarer en même temps, qu'excepté le cas de relâche forcée, les ports de la république seront fermés à tous les navires étrangers qui, dans le cours de leur traversée, seraient entrés dans ceux de l'Angleterre. »

« Le directoire exécutif vous demande, citoyens représentants, d'adopter ces mesures; aucune puissance neutre ou alliée ne pourra se méprendre sur leur objet, ni s'en plaindre, à moins qu'elle ne soit déjà livrée à l'Angleterre. L'effet infaillible de la mesure est de faire valoir le produit de leur sol et de leur industrie, d'accroître la prospérité de leur commerce, de faire repousser tout ce qui vient de l'Angleterre, et d'influer essentiellement sur la fin de la guerre. »

« Tels sont les motifs qui engagent le directoire exécutif à vous inviter, citoyens représentants, à prendre l'objet de ce message dans la plus prompte considération. »

Ce message détermina la loi du 29 nivôse an 6, qui renouvella entièrement, et pour toutes les nations, le principe tant de fois contesté que l'état des navires est déterminé par leur cargaison. Cette loi ouvrit la porte à des brigandages si affreux, causa tant de scandale, que bientôt elle provoqua les réclamations les plus fortes (1) : cette loi en effet n'était autre chose qu'un ordre de blocus, et la manière dont il fut exécuté, ou plutôt la funeste extension que le gouvernement y donna, avait fini par compromettre le commerce français et nous exposer aux plus cruelles représailles. Le directoire était loin de

Incidents et mesures adoptées relativement aux prises.

Voyez le nouveau code des prises.

(1) Pour ne pas interrompre le fil de cet ouvrage, je rapporterai ici le fait suivant : les marins le liront sans doute avec intérêt, et j'observerai qu'il se rapporte d'autant plus au droit maritime, qu'il est un exemple que les prises faites par des

consentir à modifier la rigueur de ces lois, mais cependant il sentait que dans l'intérêt même de son plan, il lui était utile de pouvoir quelquefois se

---

prisonniers, des bâtiments où ils sont détenus, sont bonnes et valables.

Rapport au directoire exécutif par le ministre des relations extérieures, sur les prisonniers français qui se sont rendus maîtres d'un bâtiment anglais sur lequel ils étaient conduits à Botany-Bay.

Du 1.ᵉʳ germinal an 6.

« L'ambassadeur de la république à Madrid m'a fait passer le journal des citoyens Sélis et Thierry ; le premier, chef de timonerie, et le second pilote-cotier de la corvette la Bonne-Citoyenne, faisant partie d'une division de plusieurs frégates expédiées de Rochefort, le 24 ventôse an 4, pour se rendre aux Indes orientales, sous les ordres du contre-amiral *Sercey*. Ce journal présente des faits extraordinaires, qui honorent au plus haut point la valeur républicaine, et qui méritent d'être connus du directoire »

« A la hauteur du cap Finistère, la *Bonne-Citoyenne* reçut, vers le milieu de la nuit, un coup de vent qui brisa son petit mât de hune et son grand mât de perroquet. »

« Ainsi démâtée et séparée de la division, cette corvette fut rencontrée et prise par quatre vaisseaux anglais et envoyée à Portsmouth. L'équipage fut consigné prisonnier dans ce port, et les citoyens Sélis et Thierry, ainsi que les autres officiers, furent envoyés à Petersfield, où, pendant sept mois, on les traita avec beaucoup de rigueur. »

« Résolus enfin de sortir de cette cruelle position et ne consultant que leur desir de revoir la France, ils allèrent, pendant la nuit, sur les côtes de Portsmouth pour y enlever une barque quelconque, qui pût les porter sur le sol de la république ; mais ils furent arrêtés par les gardes-côtes et conduits comme déserteurs dans les prisons de Portsmouth. Bientôt on les enleva de ces prisons, avec six autres Français, et on les transporta, sans aucune forme de jugement, au dépôt des prisonniers destinés pour Botany-Bay. »

« Là ils restèrent trois semaines, pendant lesquelles la pers-

relâcher de son système de sévérité; malheureusement l'exécution de ces lois de brigandage était confiée à des tribunaux presque indépendants du pouvoir exé-

pective du sort qui les attendait leur fit tenter tous les moyens de s'y soustraire ; ils s'échappèrent une seconde fois avec leur six nouveaux camarades d'infortune , et allèrent sur les côtes de Douvres, toujours dans l'intention de gagner les rivages français : mais une seconde fois ils furent saisis par des soldats gardes-côtes, qui les conduisirent sur un vieux bâtiment, lieu de rassemblement des prisonniers destinés à Botany-Bay, et où , pendant huit mois , ils essuyèrent, avec les rigueurs de la saison, une disette affreuse et les traitements les plus odieux. »

« Enfin , le 8 germinal an 5, ils furent embarqués sur un vaisseau de la compagnie des Indes. Ce bâtiment, nommé *Lady-Shore*, de 500 tonneaux et portant 22 canons , était chargé de 119 prisonniers pour Botany-Bay. Il était monté de vingt-six hommes d'équipage et escorté de cinquante-huit soldats, tous bien armes. Ces braves Français n'avaient d'autres moyens de recouvrer leur liberté qu'en se rendant maîtres du bâtiment. Ils en conçurent le hardi dessein , mais réduits au nombre de huit, sans armes, sans espoir de secours, tout semblait devoir le faire avorter. »

« Cependant ils le confient à trois Allemands et un Espagnol, dignes compagnons de leur courage et destinés comme eux à être transportés à Botany-Bay. Leurs forces ainsi augmentées , ils tinrent conseil , formèrent leur plan d'attaque, convinrent du moment , distribuèrent à chacun ses fonctions, et promirent tous d'être fidèles à leur serment , et de mourir à leur poste. »

« Le moment de cette audacieuse exécution fut fixé à deux heures du matin. Ils se rendent furtivement, et un par un, dans le panneau de la force armée, saisissent les armes amarrées aux lits des soldats , et attendent en silence le signal convenu, qui était le cri de *vive la république*. A ce cri, tous s'élancent avec la rapidité de l'éclair, un sur le panneau où couchaient les femmes ; deux aux côtés du panneau des soldats, avec ordre de tuer quiconque se présenterait pour sortir ; deux autres aux côtés des passavants, pour faire feu sur tous soldats ou matelots qui se trouveraient sur le pont, et qui refuseraient de

cutif, et il eut fallu une rétractation officielle des principes législatifs pour arrêter dans certains cas l'effet de la loi. Le directoire ne voulait pas faire ce pas

---

se rendre ; deux, chargés de la même consigne, se portent au panneau de derrière où couchaient les officiers; deux se rendent chez le capitaine et le somment, au nom de la république, de rendre son bâtiment et de se rendre lui-même; deux tiennent en arrêt l'officier de quart avec deux autres officiers de service, et les forcent de garder le plus profond silence ; enfin le douzième force une caisse de munitions, en distribue à tous les postes, et veille à ce que ses frères d'armes ne soient pas pris entre deux feux. »

« L'officier de quart, les voyant armés et courant à la fois sur tous les points du bâtiment, saisit ses pistolets, et blessa mortellement l'un des assaillants; mais lui-même fut tué sur-le-champ. Le capitaine, ne voyant que deux hommes armés devant lui, voulut faire résistance; à l'instant il reçut trois coups de baïonnette , et crie, en tombant du pont dans l'entrepont : *rendez le bâtiment aux Français !* Effrayé des menaces qui lui sont faites, le commandant de la troupe passagère répète aussi : *rendez le vaisseau aux Français !* »

« Cependant les soldats prennent leurs armes et veulent s'élancer hors de leur panneau; mais un Français s'empara d'une barrique de salaison, et la lança dans le panneau, sur le pied d'un caporal, qui jeta un si grand cri, que tous les soldats, effrayés et ignorant le nombre d'insurgé qui combattaient sur le pont, s'écrièrent qu'ils se rendaient prisonniers. »

« Ils se virent maîtres, alors, de tous les postes et assurés du bâtiment. Mais dans la crainte d'une contre-révolution (ce sont leurs expressions), ils fermèrent tous les panneaux, braquèrent à chaque porte un canon chargé de verre de bouteille, désarmèrent ensuite officiers, soldats, matelots; enfin ils nommèrent le citoyen *Sélis* capitaine, et le citoyen *Thierry* lieutenant de la prise. »

« Cet événement extraordinaire a eu lieu le 14 thermidor an 5, au 19.e degré de latitude méridionale, et au 30.e de longitude ouest. »

« Le bâtiment *Lady-Shore* devenu français , ses nouveaux

retrograde dont l'effet eut été d'annoncer à l'Europe que son plan de blocus était inexécutable ; et pour concilier toutes les difficultés, il revint encore au

maîtres rendirent à l'instant des lois dont voici les articles les plus remarquables : »

« Tout homme de la force armée qui entretiendra des liaisons dangereuses avec les prisonniers, qui sera convaincu de complot contre la sûreté du navire, sera pendu. »

« Tout homme qui parlerait de se rendre, en cas de rencontre d'un bâtiment, sera puni de mort. »

« Tout défenseur de la prise, qui se prendra de boisson pendant son service, sera déclaré incapable de servir, et responsable de son cas. »

« Tout prisonnier à qui il sera trouvé des armes, sera puni de mort. »

« Tout prisonnier qui tiendra des propos contre la France et ses alliés, sera puni de cinq cents coups de corde. »

« Tout prisonnier qui sera convaincu de tenir des propos incendiaires ou de tenter une révolte, sera puni de mort. »

« Ces lois, signées par *Sélis*, capitaine, *Thierry*, lieutenant et *Maillot*, secrétaire, furent traduites en langue britannique, lues, publiées et affichées, pour que personne ne pût les ignorer ; et les chefs des prisonniers furent contraints de signer le certificat de prise dans les forme et teneur établies par les lois de la guerre. »

« Mais les vainqueurs craignaient, avec raison, qu'un aussi grand nombre de prisonniers ne devint trop difficile à contenir avec si peu de moyens : ils saisirent donc l'occasion d'en débarquer vingt-neuf, presque tous les chefs ou soldats, sur les côtes du Brésil ; ils leur donnèrent, tant en vivres qu'en instruments de marine, tout ce qui leur était nécessaire pour se nourrir et diriger : mais ils exigèrent d'eux, par écrit, le serment de ne point servir pendant un an contre la France et ses alliés. »

« Telle fut la conduite de ces Français, si fiers dans leur misère et leur captivité, hardis et prudens dans leur combinaisons, terribles dans l'attaque, mais humains et généreux après leur victoire. »

« Comme ils n'étaient pas en assez grand nombre pour faire

projet qu'il poursuivait depuis long-temps de concentrer sur lui seul le pouvoir judiciaire en fait de prise; il se fit donc présenter un rapport par son ministre

---

« la manœuvre du bâtiment, ils proposèrent aux matelots de continuer leur service avec promesse de récompense. Ceux-ci acceptèrent, et le bâtiment fit voile pour Monte-Video, à l'embouchure de la rivière de la Plata. »

« En arrivant, le 14 fructidor an 5, à la baie de Monte-Video, ces nouveaux Argonautes, croyant entrer dans un port d'un allié de la république, hissèrent le pavillon tricolor, saluèrent le commandant d'onze coups de canon, et la place d'une décharge de quinze. »

« Mais, le même jour, les Espagnols, par l'ordre du commandant de la place, vinrent à bord enlever tous les prisonniers. Les trois Allemands qui avaient aidé les républicains à se rendre maître du bâtiment, furent conduits dans les prisons criminelles. On défendit aux Français de décharger leur bâtiment sous le pavillon de la république, et d'avoir la moindre communication entre eux. Ceux-ci protestèrent courageusement contre cet acte arbitraire exercé par le commandant espagnol envers des citoyens d'une république alliée de S. M. C. »

« Ne pouvant obtenir la justice qu'il réclamaient parce que le commandant leur objectait que le pavillon hissé sur ce bâtiment n'était point celui de la république, les Français écrivèrent au vice-roi de la province dans le style qui convient à des hommes libres, qui savent respecter le droit des gens envers les autres, mais qui ne souffrent point qu'on le viole à leur égard. »

« Ils n'avaient point encore reçu la réponse du vice-roi, lorsqu'ils ont trouvé, à l'insçu du gouverneur de Monte-Video, les moyens de faire parvenir à notre ambassadeur à Madrid toutes les pièces qui constatent la justice de leur réclamation. »

« L'ambassadeur de la république s'est plaint au prince de la Paix, qui, de son côté, s'est empressé de donner des ordres pour mettre en liberté les sept républicains. »

« Je propose au directoire exécutif de m'autoriser à charger l'ambassadeur de la république à Madrid, de faire auprès du gouvernement espagnol toutes les démarches nécessaires pour

des relations extérieures : cette pièce est fort remarquable en ce qu'elle démontre d'une part les abus provenant des lois antécédentes et qu'elle est une preuve complète du plan d'iniquité adopté par le directoire, c'est pourquoi nous la soumettons au lecteur comme une partie essentielle de cet ouvrage.

Rapport au directoire du 22 floréal an 6.

« Depuis que les intrigues du gouvernement anglais, sa constante animosité, ses agressions secrètes et publiques, ont allumé la guerre, on n'a point cessé de sentir que comme la puissance britannique reposait toute entière sur le commerce de cette nation, c'était son commerce qu'il fallait attaquer, soit en lui fermant ses débouchés sur le continent, soit en poursuivant sur toutes les mers les fruits de son industrie et ceux de ses possessions coloniales. Aussi, dès le principe, les armements en course furent-ils excités, encouragés, protégés ; et souvent le directoire a eu occasion de provoquer lui-même les mesures qui leur étaient le plus favorables. »

« Cependant, si les lois successives qui ont été rendues pour donner à la course la plus grande extension, présentent un manifeste avantage, les nombreuses et vives réclamations que j'ai été dans le cas de mettre sous les yeux du directoire de la part des puissances neutres ou alliées, lui ont fourni la preuve

---

que les républicains français à bord de *Lady-Shore* soient mis en possession de ce bâtiment et de sa cargaison; pour que les Allemands et l'Espagnol qui les ont si bien secondés, soient traités à l'instar des Français; que les prisonniers appartiennent à la république, et ne puissent être échangés que par elle, et suivant le mode ordinaire des échanges; enfin pour que les sept Français puissent, sans obstacles, rentrer dans leur patrie, dont ils se sont montrés dignes par leur valeureuse conduite. »

que les lois qui ont pour objet de déterminer le mode de jugement des prises, n'étaient point sans de
graves inconvénients; et ce qui est déjà peut-être
une présomption forte contre cette partie de notre
législation actuelle, c'est que, dans l'espace de cinq
années, ses bases et ses développements ont éprouvé
plusieurs fois un changement total. »

« Pendant le cours des guerres maritimes qui ont
précédé celle-ci, les affaires de prises, instruites d'a-
bord par les officiers et les juges de l'amirauté qui
dépendaient du gouvernement, portées ensuite au
conseil des prises, étaient jugées en cas d'appel, et
en dernier ressort par le conseil des finances, c'est-
à-dire, que les décisions de ce genre étaient entièrement dévolues au gouvernement, et qu'elles étaient
portées par voie d'administration. »

« Au commencement de la guerre actuelle, la convention nationale, en raison de la suppression des
amirautés et des changements opérés dans l'organisation judiciaire, jugea convenable de soumettre à
la marche ordinaire de la justice intérieure, les contestations en matière de prises. »

« Par son décret du 14 février 1793, le jugement
des prises fut attribué *provisoirement* aux tribunaux
de commerce des lieux où les prises auraient été
conduites, ou, à leur défaut, aux tribunaux judiciaires de district. »

« L'appel des jugements rendus par les tribunaux
de commerce ou de district sur le fait des prises,
devait être porté au tribunal de district établi dans
le port le plus voisin du tribunal qui aurait prononcé
en dernier ressort. »

« Les juges de paix devaient remplir provisoirement, à la réquisition de l'officier préposé ou syndic

des classes du lieu , les fonctions précédemment attribuées aux amirautés. »

« Les lois anciennes concernant les prises devaient
continuer d'être exécutées jusqu'à ce qu'il en fut autrement ordonné. »

« Le mot *provisoirement* , employé deux fois dans
la rédaction de ce décret, semble annoncer que dès-
lors on ne prévoyait pas que son exécution fut
exempte d'inconvénients, et qu'on craignait de lui
donner le caractère d'une loi fondamentale. »

« En effet, ce décret fut promptement rapporté par
celui du 18 brumaire an 2, qui portait que toutes les
contestations nées ou à naître sur la validité des prises
faites par les corsaires, seraient décidées par voie
d'administration , par le conseil exécutif provisoire. »

« Mais , par un nouveau et complet changement ,
la loi du 3 brumaire an 4 , rendit aux tribunaux de
commerce le droit de juger les prises , en conservant
aux juges de paix celui d'instruire la procédure. »

« La loi du 8 floréal, qui fut le complément de
la précédente, et qui est la dernière loi générale
portée sur cette matière , statua que les appels des
tribunaux de commerce , en matière de prises , seraient portés aux tribunaux de département ; que les
affaires de cette nature où des neutres auraient un
intérêt quelconque, seraient communiquées au commissaire du directoire exécutif, dans les vingt-quatre
heures du dépôt des pièces au greffe du tribunal ;
que si le commissaire le jugeait nécessaire, il en référerait sur-le-champ au ministre de la justice , qui,
après avoir consulté le directoire exécutif, répondrait,
dans la décade , à la dépêche du commissaire , lequel , avant le jugement , serait tenu de donner ses
conclusions et de les laisser par écrit ; que les

consuls où vice-consuls de la république dans les ports étrangers où seraient conduites les prises faites par les Français, prononceraient, comme les tribunaux de commerce, sur la validité des prises, en faisant remplir par leurs chanceliers les formalités prescrites par la loi du 3 brumaire aux juges de paix; que les appels de leurs jugements seraient portés, comme ceux des tribunaux de commerce, aux tribunaux de département; savoir : pour ceux établis sur la Méditerranée, au tribunal du département des Bouches-du-Rhône; pour ceux établis sur les mers du Nord, au tribunal du département du Nord; pour ceux établis dans les autres ports de l'Océan ou en Amérique, au tribunal du département de la Loire-Inférieure; et pour ceux établis au-delà du cap de Bonne-Espérance, au tribunal du département du Morbihan. »

« Telles sont les variations qu'a éprouvées depuis peu de temps notre législation en matière de prises, et tel est son état présent, que j'ai dû le replacer sous les yeux du directoire exécutif, pour lui faire sentir que le principe sur lequel elle repose est essentiellement vicieux et peut entraîner les plus dangereuses conséquences. »

» Les contestations sur la validité des prises ne sont point des contestations ordinaires et privées entre citoyens d'un même état. Elles ne devraient être jugées qu'avec le concours des lois particulières au pays des capteurs et des traités existants avec celui des capturés; car ces traités sont aussi des lois de nation à nation, dont l'observation importe à leurs communs intérêts; et si les magistrats ordinaires de chaque nation peuvent, à la vérité, juger en première instance des circonstances d'une prise, des raisons particulières qui peuvent la légitimer d'après les réglements de chaque pays, il n'y a que le gouvernement qui puisse être juge des considérations qui dérivent de l'existence même des traités, et prononcer définitivement dans une cause où l'intérêt du capteur se trouve souvent mêlé avec l'intérêt même de la nation. »

» Cette vérité n'a été que bien faiblement aperçue, quand, par la loi du 8 floréal an 4, on a ordonné que dans toutes affaires où des neutres auraient un intérêt quelconque, les pièces de la procédure seraient communiquées au commissaire du directoire, qui en référerait au ministre de la justice, *s'il le jugeait nécessaire.* »

» En laissant ainsi au commissaire du directoire le droit de juger si la communication au ministre était nécessaire, on a diminué l'effet d'une mesure déjà insuffisante par elle-même, puisque le rapport du ministre au directoire et la décision qui le suit, n'empêchant pas que la cause ne soit reportée à un tribunal, il reste toujours au pouvoir de celui-ci d'avoir ou de n'avoir point égard à l'opinion du gouvernement, et de porter un jugement contraire aux conclusions du commissaire du directoire, d'où il résulte que chaque tribunal de département, prononçant en dernier ressort sur la validité d'une prise dans laquelle une puissance neutre est intéressée, est, de fait, investi du droit de mettre la république en état de guerre avec cette puissance ; car il peut arriver que le jugement intervenu soit tel, que la puissance à qui appartient le navire capturé, voyant ses traités méconnus, le droit maritime et des gens violé à son égard, et n'ayant aucune satisfaction à attendre d'un gouvernement qui n'a point le pouvoir de lui en donner, prenne enfin fait et cause pour ses nationaux spoliés, et cherche dans une guerre offensive la réparation ou la vengeance d'un mal qui lui aura été fait : de sorte que la France se trouverait en guerre, non-seulement pour un fait étranger à son gouvernement, mais encore sans que celui-ci prévenu ait été à portée de faire les préparatifs qu'exigeraient de nouvelles hostilités. »

» L'intention du législateur n'a sûrement point été de laisser aux tribunaux cette terrible initiative ; et il suffirait qu'une conséquence pareille pût dériver des lois existantes, pour qu'elles fussent rapportées et changées, dans un moment surtout où cette considération de droit est appuyée des considérations politiques les plus importantes, et où il est connu que le gouvernement britannique réunit tous ses efforts pour effrayer nos alliés, pour aliéner les neutres, pour dénaturer nos démarches et donner à toutes une couleur hostile. »

» Il y a plus : dans la législation actuelle en matière de prises, il est impossible de ne pas reconnaître une cumulation, un mélange, une confusion de pouvoirs, dont l'existence répugne à tous les principes d'un bon gouvernement. »

» Les corsaires sont évidemment une partie de la force armée, puisqu'ils n'agissent que d'après l'autorisation qui leur est donnée, et que, sans lettres de marque, ils seraient des pirates livrés à toute la rigueur des lois. »

» Comment donc arrive-t-il que les résultats d'une action qui s'exerce au nom et pour le fait du gouvernement, et dans laquelle les armateurs ne sont que les auxiliaires de la force publique, soient soumis à une juridiction civile, tandis que tout ce qui appartient à la direction, aux chances et aux effets de la guerre, tient essentiellement et uniquement par la constitution au directoire exécutif ? »

» Cette aberration des véritables principes ne se trouve pas seulement dans le pouvoir accordé aux tribunaux de prononcer en premier et en dernier ressort sur les contestations des prises ; on la remarque même dans le mode d'information et d'instruction de la procédure. »

» Les juges de paix, qui en sont chargés, se trouvant, par l'esprit de leur institution, dans une indépendance absolue du gouvernement, quels moyens sont au pouvoir de celui-ci de rectifier ou de punir les erreurs qui auraient été commises dans l'information ? et comment la magistrature la plus élémentaire et la plus conciliante de sa nature, se trouve-t-elle appelée à préparer la décision des questions les plus contentieuses, et dans lesquelles il n'y a jamais lieu à accommodement, puisque la saisie d'un navire est essentiellement bonne ou mauvaise, et qu'il doit être sans moyen terme, ou condamné ou relâché ? »

» Des considérations aussi graves, et qui ont dû nécessairement se fortifier dans mon esprit par les faits journaliers dont je suis instruit, par les réclamations irréfutables que j'ai souvent reçues, m'ont paru de nature à être présentées dans ce moment au directoire exécutif, qui jugera peut-être nécessaire de les transmettre au corps législatif, et de provoquer l'entière révision des lois existantes en matière de prises. Il paraît indispensable que cette partie de notre législation soit changée, et que toutes les contestations nées et à naître sur la validité des prises, soient jugées administrativement par le directoire exécutif, comme elles l'ont été dans les guerres antérieures à celle-ci, comme le décret du 18 brumaire an 2 avait ordonné qu'elles le fussent. »

» Bien loin que l'intérêt des armateurs soit compromis par cette mesure législative, le directoire, arbitre naturel de tout ce qui est relatif à cette force auxiliaire, saura concilier sans cesse avec l'observation des réglements et des lois existantes en matière de prises, celle des traités qui nous lient aux puissances alliées ou neutres ; avec l'intérêt raisonné des armateurs, celui de la nation et du commerce en général ; et l'on ne verra plus le gouvernement sans moyen pour prévenir ou réparer les torts réels qui auraient pu être commis envers les bâtiments et les propriétés d'une nation neutre, sans force pour garantir les propriétés françaises, celles mêmes qui forment les approvisionnements de la marine, de leur capture par des corsaires français, de leur condamnation par les tribunaux. »

Ce rapport fut communiqué aux conseils et provoqua la loi du 4 prairial an 6, qui heureusement fut encore loin de remplir tout-à-fait les perfides intentions du gouvernement.

Mais le directoire ne laissa pas de poursuivre son plan de guerre perpétuelle. Malgré les désastres de nos escadres, le peu de succès de nos expéditions, il n'avait pas renoncé au projet insensé d'envahir la Grande-Bretagne, et pour y préluder, il provoquait sans cesse ce gouvernement par de nouveaux outrages : c'est cet esprit de fureur qui excita le directoire à rendre l'infâme arrêté du 8 brumaire an 7. L'article I.er est ainsi conçu : » tout individu natif ou originaire des pays amis, alliés de la république française, ou neutres, porteur d'une com-

Nouveaux
outrages faits
au droit des gens.

★

mission donnée par les ennemis de la France ou faisant partie des équipages des bâtiments de guerre et autres, ennemi, sera par ce seul fait déclaré pirate et traité comme tel, sans qu'il puisse dans aucun cas alléguer qu'il y a été forcé par violence, menace ou autrement. » Il est impossible de pousser plus loin l'injustice, l'impudence et l'oubli de tous les principes de la neutralité, puisqu'en supposant que le fait dont il s'agit fut punissable dans un sujet allié et même neutre, le cas devenait diplomatique, et le gouvernement français n'avait d'autre droit que celui de se plaindre et de demander satisfaction : mais ce qui donne un dégré d'atrocité de plus à cet arrêté, c'est que les malheureux matelots qui se trouvaient sur de simples bâtiments marchands étaient aussi proscrits. Si l'on réfléchit ensuite que d'après les dernières lois il y avait une infinité de moyens de prouver à un navire quelconque qu'il était ennemi, on concevra jusqu'où pouvait s'étendre l'influence de ce décret de sang.

Enfin le mal causé par ces lois absurdes devint si pressant, que les conseils s'en occupèrent sérieusement et demandèrent au directoire un rapport précis sur la matière des prises et les effets politiques des lois rendues sur cet objet. L'opinion publique se prononçait de toutes parts sur cette importante question et parmi les écrits auxquels elle donna lieu. Le code des prises n'a pas dédaigné de citer l'opinion de M. Saint-Aubin ; la manière originale dont elle est rédigée, ne doit pas empêcher d'y voir un sens droit et des vérités positives : elle doit nécessairement trouver place dans cet ouvrage ; la voici dans tout son contenu :

Vives réclamations contre la conduite du directoire.

» Tout le monde connaît la réponse sage que fit jadis un paysan à son fils devenu docteur en Sorbonne. Ce dernier étant allé voir ses parents à la campagne, les trouva à dîner. Comme il n'y avait que quatre œufs sur la table, la mère se leva pour en faire cuire deux autres, afin que chacun en eût un couple. Le fils voulant lui donner un échantillon de sa science, lui dit : c'est inutile, ma mère, n'est-ce pas six œufs qu'il vous faut ? eh bien, les voilà ; car où il y a quatre œufs, il y en a aussi deux : or quatre et deux font six ; donc, etc., etc. C'est admirable, mon fils, dit le père ; mais comme je n'entendons rien à cette arismétique d'université, ta mère et moi nous allons partager les quatre œufs que voilà ; tu prendras les deux autres qui t'appartiennent de droit, puisque tu les as trouvés. »

» Une réponse analogue est presque toujours le meilleur moyen pour faire sentir le creux et l'absurdité de ces raisonnements aux six œufs, assaisonnés de beaucoup de déclamations oratoires et d'amplifications, qu'on voit tous les jours débiter, et qui malheureusement se débitent souvent avec succès, sur les matières les plus graves. »

» Les plaintes réitérées de tous les négociants français (à l'exception de quelques armateurs de corsaires), plaintes répétées par tout ce qu'il y a d'hommes éclairés et non prévenus, sur les abus criants et sans nombre qui résultent de l'obscurité, de l'insuffisance et souvent même de l'incohérence de nos lois sur les prises maritimes, ainsi que de l'application nécessairement inégale de quelques-unes, ont réveillé l'attention du gouvernement, qui, d'après un rapport très-lumineux du ministre des relations extérieures, a provoqué la révision de ces lois dans un message adressé au conseil des cinq-cents. »

» Depuis cette époque, il pleut des consultations, des pétitions, des brochures et des opinions sans nombre, qui démontrent aussi clairement que notre docteur en Sorbonne aux six œufs, que non-seulement toutes nos lois sur cet objet sont excellentes, politiques et parfaitement justes (1), mais que loin de les réviser pour les rendre plus conformes à l'équité et surtout à nos propres intérêts, il faudrait en augmenter la rigueur par quelque supplément *à la corsaire*, plus ou moins *arabe*. C'est au point que nous avons vu dernièrement étaler, dans une pétition *in-folio*, adressée au directoire exécutif, des raisonnements imprimés en très-beaux caractères et sur papier vélin, dont la conclusion tend à deman-der à nos législateurs une loi momentanée (pro-

---

» (1) On croit justifier ces lois, en disant que, sous l'an-cien régime, on les a toujours trouvées très-sages. D'abord autant vaudrait-il dire que les priviléges et les francs-fiefs étaient aussi des choses très-raisonnables, puisque sous l'an-cien régime on les a regardés comme tels. Mais on oublie que, sous l'ancien régime, les prises étaient en quelque façon jugées administrativement en premier ressort par les cours d'a-mirauté, qui dépendaient du gouvernement, et qu'en dernier ressort celui-ci se réservait la révision au moyen du conseil des prises. Alors les lois étaient-elles vicieuses ou incom-plètes, le gouvernement pouvait toujours y remédier. On ou-blie encore que depuis est intervenue la loi du 29 nivôse an 6, dont l'application ou l'interprétation forcée peut faire déclarer de bonne prise tout navire dans lequel se trouve-rait un mouchoir seulement ou une livre de sucre de fabrique anglaise, chose qu'aucun capitaine ne peut empêcher, quel-ques précautions qu'il prenne, d'autant plus qu'on a vu des matelots de corsaire chercher à les introduire furtivement dans le navire même qu'on visitait. »

bablement pour le temps seulement que les pétitionnaires auront des corsaires en mer), portant, 1.º *qu'aucun pavillon neutre ne puisse transporter d'autres marchandises que celles de son cru* (ce qui renferme
implicitement l'obligation imposée à tous les Français
de garder toutes celles de notre cru, sans pouvoir
en exporter pour un centime) ; 2.º *qu'il ne puisse
naviguer que dans les parages qui lui sont propres*
(ce qui renferme implicitement le blocus général
de tous les parages neutres par nos corsaires). »

» Si tout ce *pathos* se bornait à des demandes
révolutionnaires de la part des armateurs, on en
serait quitte pour la peur, et il n'y aurait que
demi-mal ; mais les corsaires, qui craignent, avec
raison, que, dès que ces demandes auront été ac-
cueillies, ils ne trouvent plus en mer de navires
neutres à prendre, commencent par faire leur part
d'avance, en arrêtant tout ce qu'ils rencontrent.
Aussi n'ai-je pas été surpris de la réponse naïve
d'un négociant français, armateur en course, à qui
l'on demandait pourquoi il ne faisait pas naviguer
sous pavillon neutre plusieurs navires à lui appartenant, qui pourrissaient dans le port. Je crains,
dit-il, que mon corsaire ne les prenne. Il me semble entendre le domestique de campagne, qui, sur
la demande de son maître, où était le poulet qu'on
devait lui servir à dîner, répondit : votre poulet,
monsieur ? je l'ai rencontré tantôt sur l'escalier, qui
s'en allait avec votre chat. »

» Je me réserve de démontrer dans un autre article que si nos lois sur les prises maritimes ne sont
pas promptement révisées, conformément au vœu
prononcé du directoire exécutif, appuyé par l'opinion publique, il en résultera la ruine totale de

notre commerce extérieur et intérieur, ainsi que d'une foule de branches d'industrie (1) qui ont besoin de matières premières de l'étranger, et nous perdrons de plus une partie considérable de numéraire que produirait l'exportation des denrées de notre cru, tout en nous assujétissant à des privations qui, pour bien des citoyens, équivaudront à la diète la plus sévère. En attendant, j'emploierai, en faveur de ceux qui n'ont ni le temps ni l'envie de suivre un raisonnement méthodique, l'argument du père aux quatre œufs, pour faire voir qu'en adoptant les principes exagérés des corsaires et de leurs

---

» (1) On proposa d'encourager nos manufactures de toiles peintes. Le meilleur moyen, dont la découverte n'est pas difficile, dont l'exécution ne coûte pas d'argent et n'entraîne pas de prohibition nuisible aux autres manufactures, serait d'encourager les neutres à importer chez nous, en échange de nos vins, de nos eaux-de-vie, de nos huiles, de nos sels, etc., le coton, l'indigo, l'alun, la gomme et autres matières premières qui entrent dans la fabrication de nos toiles, matières que les fabricants payent 30 à 40 pour % plus cher à nos corsaires qu'ils ne le paieraient en les achetant des neutres, qui en comblent les ports étrangers. »

» Et qu'on ne craigne pas que cela favorise l'entrée des produits des manufactures anglaises. En exécutant comme cela se fait, avec rigueur et constance la loi qui en défend la vente et le détail dans l'intérieur, il est physiquement impossible qu'on en importe en fraude, de quelque manière que ce soit, parce qu'une différence de 50 pour 100 dans les prix primitifs ne saurait compenser les risques et la stagnation des capitaux produits par l'extrême lenteur du débit, dans un temps surtout où tous les jours on offre, sans pouvoir trouver des acheteurs, des marchandises nationales à 25 pour 100 de perte. Tout ce qui se vend encore clandestinement des manufactures anglaises, consiste en restes de magasin, qu'on ne remplacera sûrement pas tant que la prohibition de la vente ostensible subsistera. »

partisants, nous laissons prendre aux Anglais les quatre œufs pour eux, en nous réservant les deux autres. Pour cela il suffira de citer un fait notoire, qui n'est pas même contesté par nos adversaires : c'est que par-tout, à Hambourg comme à Londres, à *Stockholm* comme à *Glascow*, la prime d'assurance sur un navire neutre est beaucoup plus forte que sur un navire anglais (1). Or, comme cette différence de prime absorbe une grande partie du bénéfice, que souvent même elle passe le frêt, il est évident que les Anglais doivent accaparer successivement le commerce maritime de tous les pays neutres ; c'est-à-dire, prendre les quatre œufs, tandis que nous combinons pour leur enlever les deux

---

(1) » Les partisants des corsaires disent que cette différence dans la prime d'assurance vient, 1.º de ce que les navires neutres risquent d'être pris par les Anglais et les Français à la fois ; 2.º de ce que les navires anglais sont généralement mieux armés et équipés, et peuvent par conséquent se défendre mieux que les navires neutres. Or le premier fait est faux : les Anglais arrêtent généralement très-peu de navires neutres, et les confisquent plus rarement encore : quand au second, la vérité est que les Anglais se défendent, et sont par cela seul plus rarement attaqués par les corsaires, dont la mission a pour but de chercher des marchandises, et non des coups de canon ; tandis que les neutres, au lieu de se défendre, remettent leurs papiers aux corsaires, qui y trouvent toujours de quoi les emmener. D'ailleurs, si le fait avancé par les partisants des corsaires est vrai, comment peuvent-ils soutenir, d'un autre côté, que les Anglais, à moins d'être des imbécilles, chargent sous pavillon neutre leurs marchandises, dont la capture est presque assurée d'avance ? Au reste, peu importent les motifs de la différence dans la prime d'assurance : on raisonne d'après le fait qui très-certainement existe, et qui n'existerait pas si les neutres pouvaient naviguer avec plus de sûreté de notre part. »

autres à l'aide de nos corsaires. Envain objecte-t-on que la nécessité où se trouve l'Angleterre de faire convoyer tous ses navires marchands, entraîne des frais considérables : cette objection, fondée en temps ordinaire, n'est plus qu'un pitoyable sophisme, aujourd'hui que les neutres, ne pouvant plus naviguer avec sûreté sous leur pavillon, sont obligés, malgré eux, de se servir du pavillon anglais, qui leur fait payer amplement les frais du convoi; frais d'ailleurs qui diminuent à mesure que l'accaparement du commerce de transport rend les convois plus nombreux et plus fréquents. »

» L'expérience vient à l'appui de ce raisonnement; car la liste des navires qui depuis un an ont passé le Sund, jointe à celle des vaisseaux qui ont abordé pendant le même temps dans les principaux ports de l'Europe, prouve sans réplique que le nombre des navires marchands anglais s'est accru dans une proportion aussi effrayante que celui des navires neutres a diminué; en sorte que, grâce aux prises que nos corsaires ont faites sur les neutres de toute couleur, et même sur nos alliés les Hollandais, ceux-ci sont forcés d'abandonner successivement aux Anglais, et les débris du commerce maritime de la France et de la république batave, et leur propre commerce de transport. »

» Mais, dit-on, nos corsaires compensent tout en comblant nos ports de sucre et d'indigo, de tabac et de cacao, de coton et de goudron, de café et de planches de sapin, qu'ils enlèvent aux neutres. Cela se peut; mais je ne sais pas comment diable il se fait que, malgré tous ces enlèvements (qui, au reste, diminuent depuis quelque temps d'une manière sensible, probablement faute de pratiques qui se laissent enlever), toutes les denrées et marchandises dont nos corsaires comblent nos ports, ont été constamment et sont encore de 25 pour 100, au moins plus chères chez nous que dans la plupart des ports neutres de l'Europe, que les corsaires de ces puissances ne comblent pas. Je ne connais que deux manières d'expliquer ce fait; car c'en est un, tout phénomène qu'il paraît : ou bien les armateurs de nos corsaires sont des arabes qui vendent plus cher ce qu'ils ont pris que ne feraient les propriétaires qui ont acheté, fabriqué ou récolté; ou bien, ce qui est plus probable, leurs captures ne compensent pas ce qui entrerait par le commerce libre des neutres; en sorte que nous perdons les quatre œufs pour prendre les deux autres. »

» Que peuvent aux yeux d'un homme sensé et de sang-froid, contre les faits aussi frappants que notoires, des déclamations contre le gouvernement anglais, et l'invocation banale du salut public ? Est-ce en enrichissant les armateurs anglais aux dépens des neutres et de nos alliés que nous prouverons efficacement notre haine contre le gouvernement anglais ? Est-ce en faisant payer au gouvernement et à tous les citoyens 25 pour 100 plus cher les objets importés, et en nous forçant de vendre nos productions à vil prix, que nous avancerons le salut public ? Je doute fort qu'il y ait au monde un docteur aux six œufs qui parvienne à démontrer cela. »

Enfin, le 22 nivôse an 7, le directoire développa à la France l'ensemble de la jurisprudence des prises et ses intentions à cet égard : il fut forcé d'avouer tout ce que la course avait d'odieux et de préjudiciable au gouvernement qui se respectait assez peu pour l'encourager. Ce rapport est d'une haute importance ; il prouve que depuis plus d'un an que le directoire poursuivait par tous les moyens possibles son plan de blocus, la course que l'on avait employée comme pièce principale de ce système insensé n'avait nullement répondu aux espérances de nos désorganisateurs : cette horrible ressource n'avait produit que d'affreux malheurs sans réaliser aucun des projets de la politique. Le directoire forcé d'en convenir, obligé de modifier les encouragements donnés aux corsaires, ne renonça pas pour cela à son plan et le poursuivit par des voies encore plus criminelles. Comme le rapport qui contient cet aveu renferme des développements du plus haut intérêt, nous le considerons comme un des plus importants monuments du droit maritime à cette époque, et nous le recommandons à toute l'attention du lecteur.

Message du directoire exécutif relatif à la législation maritime en matière de prises.

Du 22 nivôse an 7.

Citoyens représentants ,

Exposé historique et général de ce genre d'hostilités.

« Le directoire exécutif se disposait à vous présenter de nouvelles observations sur la législation maritime en matière de prises, lorsqu'il a reçu votre message du 16 frimaire. Il croit remplir parfaitement les intentions qui l'ont dicté, en vous adressant aujourd'hui des vues générales sur la course et sur ses résultats. »

« La course dérive de l'état de guerre ; mais elle n'est point un acte privé par lequel un citoyen d'un pays s'associe, de son propre mouvement et à son seul gré, aux entreprises dirigées contre l'ennemi reconnu. Le gouvernement étant seul investi du droit de poursuivre les hostilités, il peut seul ordonner et guider l'emploi de tout ce qui fait partie des moyens de guerre; et à ce titre, c'est lui qui donne à l'armateur l'autorisation expresse dont il a besoin, pour chercher, combattre et capturer les navires ennemis. »

« Ainsi l'objet direct de la course est d'intercepter et de détruire le commerce de la nation avec laquelle on est en guerre. Sous ce rapport, tous les vaisseaux qui naviguent avec pavillon ennemi, sont évidemment saisissables. »

« Mais s'il peut arriver, d'une part, qu'un navire ennemi renferme la propriété d'un gouvernement ou d'un individu neutre ou ami, de l'autre on a dû prévoir que les belligérants ne pouvant plus naviguer avec sécurité sous leur propre bannière, emprunteraient celle de quelques puissances neutres pour couvrir leurs propriétés, et se réserver ainsi le transport habituel et facile des produits de leur sol et de leur industrie. »

« L'emploi répété et souvent partial de cette simulation aura diminué le respect dû au pavillon neutre, et on se sera occupé des moyens de reconnaître et saisir la propriété ennemie par-tout où elle aura pu être rencontrée en mer, de quelque pavillon qu'elle fût couverte. »

« Il aura donc fallu donner à la course, pour déterminer et régler son action, ainsi que pour juger ses résultats, une législation tout-à-fait particulière. »

« On distingue dans cette législation deux objets : »

« La loi d'après laquelle la course est exercée; »

« Le mode d'après lequel son action est jugée. »

« Le premier acte de la jurisprudence française qui soit relatif à la course date de la fin du quatorzième siècle; et jusqu'au milieu du 17.ᵉ, cette partie de législation maritime resta chez tous les peuples de l'Europe dans un chaos de contradictions et d'obscurités, qui ne commença à s'éclaircir que par les stipulations renfermées dans les articles 19 et 20 du traité des Pyrénées, qui portent que *les marchandises saisies dans un bâtiment ennemi sont confiscables, à qui qu'elles appartiennent, tandis que les marchandises, même ennemies, chargées sur un vaisseau neutre, ne peuvent être confisquées, sauf celles de contrebande.* »

« Ce double principe, que le pavillon ennemi entraîne la condamnation de tout ce qu'il couvre, tandis que le pavillon neutre en fait la garantie, fut reconnu de nouveau par l'art. 8 du traité d'Aix-la-Chapelle, et prévalut en France jusqu'à la publication de l'ordonnance de 1681, qui est encore aujourd'hui la base de notre législation maritime, et dont l'art. 7, au titre des prises, dérogea à ceux du traité des Pyrénées, en déclarant que tout navire chargé d'effets appartenant aux ennemis, et toutes marchandises qui se trouveraient dans un navire ennemi, seraient également de bonne prise. »

« Le réglement de 1704 alla encore plus loin, en ce qu'il déclara saisissables les marchandises provenant du cru ou des fabriques des ennemis; mais il faut remarquer que comme le gouvernement, qui faisait la loi, procédait en même temps à son application, il lui était avantageux qu'elle fût sévère, afin qu'il pût, suivant l'occasion, se montrer moins rigide qu'elle. Aussi voit-on que, pendant toutes les guerres qui ont eu lieu antérieurement à celle-ci, aussi souvent que l'application rigoureuse des réglements pouvait compromettre les intérêts politiques de l'état, le gouvernement ne manquait pas de déterminer par une déclaration, ou seulement par une lettre ministérielle, la décision qui était à intervenir, quelquefois même de modifier celle qui était intervenue ; et c'est précisément parce que, dans une constitution libre, aucune autorité exécutive ou judiciaire ne peut avoir le droit d'interpréter ou de modifier la loi, qu'il est indispensable que le corps législatif réforme lui-même celle qui peut être démontrée vicieuse. »

« Il y a plus : l'ancien gouvernement prenait soin, au commencement de chaque guerre qui devenait l'occasion d'armer en course, de réviser les lois précédentes sur cette matière, de confirmer ou modifier leur application en raison des traités qu'il avait contractés, ou des principes qu'il jugeait important de faire prévaloir. »

« Le réglement de 1744 est ainsi motivé sur les changements arrivés depuis 1704 dans les rapports de la France avec quelques états, et les articles 14 et 15 établissent des exceptions formelles en faveur du Dannemark, de la Suède, de la Hollande et des villes Anséatiques. »

» Celui de 1778 fut basé encore sur des principes plus libéraux, parce que la guerre d'Amérique ayant eu pour objet de venger les injures et les pertes d'un siècle par l'affranchissement des colonies anglaises, et de protéger en même temps la liberté des mers, le gouvernement français avait été conduit à mieux apprécier les droits des nations neutres, et à sentir que tout ce qui serait fait pour elles serait un coup porté à l'Angleterre. »

« Aussitôt même que les puissances du Nord eurent formé entre elles un traité de neutralité armée, le gouvernement français s'empressa de manisfester plus

expressément encore ses égards pour la navigation
neutre, en accédant au principe énoncé dans le traité,
en invitant l'Espagne à l'admettre, en ordonnant aux
corsaires de respecter le pavillon neutre, et en pres-
crivant au conseil des prises de conformer ses jugements à cette nouvelle déclaration. »

» Telle était donc, dans la guerre d'Amérique,
la législation française en matière de prises ; telle
elle avait été dans les précédentes. »

» En même temps que le gouvernement donnait
la permission d'armer en course, c'était lui qui jugeait en définitif tous les résultats de la course ;
et comme il les jugeait d'après les lois qu'il avait
faites et qu'il pouvait modifier à son gré, il mettait nécessairement peu de prix à leur perfection,
se trouvant constamment à même de concilier, suivant ses vues, les intérêts de l'armateur avec ceux
du pays et du commerce en général. »

» Le mal était donc alors, non pas en ce que le
gouvernement prononçait, mais en ce que la loi
était son propre ouvrage et dépendait de sa seule
volonté. »

» Le mal a été depuis en ce que retirant au
gouvernement, suivant le principe le plus sacré d'une
constitution libre, le droit de faire ou modifier des
lois, au lieu de réformer entièrement celles qui existaient sur la course, et qui n'étaient plus d'accord
avec le régime républicain, on a cru devoir en retirer encore l'application à l'autorité exécutive. »

» Qu'est-il arrivé en effet au commencement et
dans le cours de cette guerre ? »

» La convention nationale se trouvant investie de
tous les pouvoirs, ce fut elle qui permit d'armer
en course, qui statua sur la délivrance et sur la

forme des lettres de marque, et qui, par son décret du 14 février, en attribuant aux tribunaux de
commerce le jugement des prises, ordonna que les
lois anciennes continueraient d'être exécutées jusqu'à
ce qu'il en eut été autrement ordonné.

» Par lois anciennes s'il fallait entendre le réglement de 1778 et les dispositions non abrogées de
ceux de 1681, 1704 et 1744, il était difficile de
ne point admettre également les modifications qui
résultaient des décisions particulières que la gravité
des circonstances avait fait prendre à l'ancien gouvernement; de sorte qu'en remettant aux tribunaux
ordinaires le droit de prononcer sur la validité
des prises, on les abandonnait à une jurisprudence
surannée, incomplète, souvent contradictoire, et
dont aucune autorité dans la république ne pouvait
corriger ou guider l'application. »

» Pendant les premières années de la guerre actuelle les inconvénients de cette législation furent
moins sensibles, 1.° parce que la course fut presque exclusivement dirigée contre les vaisseaux des
ennemis directs, et que la prise d'un bâtiment sous
pavillon ennemi donne rarement lieu à contestation;
2.° parce que la convention nationale s'étant promptement aperçue du danger de l'attribution accordée
aux tribunaux de commerce en matière de prises,
avait, par son décret du 18 brumaire an 2, restitué
au conseil exécutif provisoire le droit de prononcer, par voie d'administration, sur la validité des
prises, droit qui, après la suppression du conseil
exécutif, continua d'être exercé par le comité de
salut public, jusqu'à l'époque où la loi du 5 brumaire an 4, complétée par celle du 8 floréal de la
même année, attribua de nouveau aux tribunaux or-

dinaires le jugement des contestations en matiére de prises. »

» Ce fut alors que la course commença à se diriger contre le pavillon neutre, et qu'on vit se multiplier et se compliquer chaque jour les questions de prises. Aux anciens réglements vinrent se joindre quelques lois récentes, qui servirent à accréditer l'opinion que la course ne saurait être trop encouragée, obtenir un trop plein succès : et pour juger avec certitude de l'utilité du système qui fut suivi à cet égard, il convient d'examiner les résultats de la course sous le double rapport de la prospérité intérieure de la république et de sa considération ou de son crédit extérieur ; car il pourrait être arrivé que les mesures qui auraient été prises dans la vue d'un avantage réel, n'eussent point rempli le but de leur institution. »

» Dans les temps les plus florissants du commerce et de la marine française, la population de l'inscription maritime ne s'élevait qu'à quatre-vingt mille hommes. Il n'en reste pas aujourd'hui la moitié. Les corsaires seuls ont, depuis trois ans, mis plus de vingt mille individus dans la balance des échanges en faveur de l'Angleterre. Le sort de presque tous les bâtiments armés en course est de tomber, un peu plutôt, un peu plus tard, aux mains de l'ennemi. »

» Sans être pris, un corsaire perd souvent la majeure partie de son équipage, parce qu'il est obligé de placer ses meilleurs hommes à bord des prises qu'il fait, et que, lorsqu'elles sont interceptées, soit en mer, soit aux attérages, ce qui arrive le plus souvent, les hommes et les bâtiments se trouvent à la fois perdus. »

» La loi du 31 janvier 1793 ordonne que les bâtiments armés en course ne puissent avoir plus d'un
sixième de leur équipage en marins. Quelques efforts
que fasse le directoire, cette loi est trop fréquem-
ment éludée. L'armateur, qui lutte, l'argent à la
main, contre le service de la république, obtient la préférence, provoque la désertion, em-
barque les meilleurs matelots ; et la course, au
lieu de former des matelots, suivant l'esprit de son
institution, au lieu de rappeler au service de la mer
ceux qui s'en écarteraient, n'emploit que des marins
déjà formés, et, parmi ces marins, les meilleurs,
qui, capturés trop souvent, sont perdus pour la
république. »

» Si les corsaires ont introduit en France quelques denrées, s'ils ont donné de l'activité à quelques places de commerce, s'ils ont paru être la
seule portion agissante de la force navale de la république, d'un autre côté les ateliers et chantiers
de la république sont déserts, ses armements n'ont
pu se compléter faute de marins, et c'est essentiellement par la raison que les armements en course
ont été très-nombreux et trop encouragés, que ceux
de la république ont été frappés d'une sorte de pa-
ralysie. »

» C'est par la même raison que les navires neutres, éloignés de nos ports, n'offrent plus de débouchés à nos productions territoriales ; et quand
on parle des bénéfices de la course, il faudrait examiner s'ils ne se concentrent pas dans cinq ou six
places, tandis que la république entière, privée du
bénéfice plus étendu que procurerait le commerce
paisible et respecté des neutres, paie au double de
leur valeur naturelle les denrées coloniales, voit

les siennes propres avilies, et ses ressources dé-
truites par le défaut absolu d'exportation : car enfin,
si les corsaires importent en France quelques denrées, ils n'en exportent aucune ; et quand il est
malheureusement trop vrai qu'il n'y a pas un seul
vaisseau marchand navigant sous pavillon français,
quel autre moyen d'exportation avons-nous que l'emploi des vaisseaux neutres ? et convient-il de les
éloigner de nos ports, tandis qu'ils nous sont encore
indispensables sous deux rapports capitaux, savoir :
pour les approvisionnements de nos colonies, et pour
ceux de notre marine ? »

» On ne peut avoir oublié que des cargaisons du
Nord les plus rares, les plus riches et les plus
impatiemment attendues, chargées pour le compte
du gouvernement sur des bâtiments neutres, ont
été prises par des corsaires français, quelques-unes
condamnées, les autres n'échappant qu'avec peine
à la condamnation. »

» Il est donc impossible de se dissimuler, 1.º
que le nombre et l'espèce des marins qui nous restent, n'offrant plus aucune proportion avec les besoins de notre marine militaire, *chaque armement
de corsaire est, en quelque façon, attentatoire aujourd'hui à la force navale de la république* ; 2.º
que les approvisionnements de notre marine, ceux
de nos colonies et l'exportation de nos propres denrées ne pouvant plus se faire sans le secours des
neutres, ils se trouvent paralysés par nos propres
mesures. »

» Si l'on examine ensuite les résultats de la course
par rapport à notre crédit extérieur, on verra qu'ils
ne lui sont pas moins contraires. »

» Qu'on se rappelle qu'elle fut la modération du

gouvernement français vis-à-vis des puissances neutres pendant les premières années de la guerre : les pirateries des Anglais en rehaussaient alors le mérite aux yeux de l'Europe ; c'était contre eux que les neutres armaient et convoyaient, à notre propre sollicitation. Dans le même temps, nos négociateurs annonçaient aux puissances maritimes que le plan de notre gouvernement était de ne donner la paix à l'Angleterre qu'à condition de souscrire une charte fondamentale des droits de la neutralité, qui fut à l'avenir la sauve-garde des nations pacifiques (1).

» Ces paroles, confirmées par tous nos procédés, et qui auraient dû sans doute rallier autour de nous toutes les puissances neutres pour travailler en commun à détruire l'usurpation des Anglais, n'amenèrent cependant, de la part des états du Nord, que des égards froids envers la république, des services intéressés, et une résistance très-peu efficace à la violation continuelle que les Anglais se permirent de leur neutralité. »

» Frappée à la fois dans ses intérêts les plus chers par la conduite attentatoire du gouvernement britannique et par l'oisive résignation des neutres, la France se vit donc obligée de renoncer momentanément aux principes libéraux qu'elle s'était efforcée de faire prévaloir ; et pour ne pas être victime d'une fausse générosité, elle dut enfin annoncer aux puissances neutres, qu'on se conduirait à leur égard comme elles toléreraient que les Anglais le fissent. »

(1) La France avait déjà vainement fait cette tentative lors de la guerre de 1778. A cette époque Louis le Martyr proposa à la Grande-Bretagne d'abolir réciproquement l'usage de la course. Cette démarche généreuse n'eut aucun succès, et le cabinet de Windsor rejeta depuis d'autres propositions du même genre.

» Cette mesure du gouvernement produisit un très-bon effet ; les Anglais cessèrent de capturer indistinctement tous les vaisseaux neutres qu'ils supposaient destinés pour la France. Les neutres assurent même qu'ils accélérèrent le paiement des sommes qui étaient dues pour les saisies précédentes ; et si, en même temps que l'arrêté du 14 messidor était devenu, pour les armateurs en course, un encouragement auquel ils se livrèrent, le gouvernement n'avait pas été privé du droit de prononcer en définitif sur les résultats de leurs expéditions, il se fut trouvé à même de les régulariser, et d'empêcher qu'elles ne fussent poussées au-delà des justes représailles qu'avait rendues nécessaires l'audace non réprimée des Anglais ; peut-être même fut-il parvenu à obtenir des nations neutres une conduite plus énergique et des efforts utiles pour le maintien de leurs droits ; au lieu que les corsaires ayant été au-delà de ce que réclamait l'intérêt bien entendu du pays, le résultat de leur action illimitée a été d'éloigner entièrement de nos ports le pavillon neutre, qu'il importait d'y faire accourir, pour maintenir, par la concurrence, à un prix plus haut nos productions et marchandises, à un taux plus bas celui du frêt et celui des assurances. »

» *C'est donc à tort qu'on regarderait comme une source véritable de richesses, comme un moyen de prospérité, la plus grande étendue donnée à la course sur mer.* »

» Son utilité est essentiellement relative, subordonnée au temps, à la position et aux besoins du pays ; et certes, un état agricole, riche en productions et en industrie, qui consomme beaucoup, qui a besoin d'exporter beaucoup, sera toujours le plus intéressé à ce que les relations commerciales soient maintenues dans leur plus grande intégrité et dans une sécurité complète. »

» *Il est donc temps d'adopter , sur la course ,* des idées plus saines et un système plus conforme à l'intérêt du pays, plus véritablement organisé pour la destruction du monopole et de la tyrannie des Anglais. »

» Si la course a manqué ce but, c'est que sa législation est vicieuse, surtout quant au mode avec lequel ses résultats sont jugés. »

» Citoyens représentants , faites replacer sous vos yeux le message que le directoire vous a transmis le 22 floréal de l'an 6. C'est là qu'il est démontré que les contestations en matière de prises ne pouvaient être attribuées à la justice ordinaire, et que comme les corsaires ne sont que les auxiliaires de la force armée, la course est un moyen de guerre dans la main du gouvernement; les résultats de cette action ne peuvent avoir d'autres juges que ceux qui l'ont permise et dirigée. »

« Toute l'erreur consiste en ce qu'assimilant sans cesse les contestations des prises à celles qui ont lieu entre les citoyens d'un même état, un réglement sur la course à une loi purement civile et criminelle, on craint que l'arbitrage donné au gouvernement ne le fasse participer au pouvoir judiciaire. »

« Mais s'il est vrai que les anciens réglements ont accumulé des choses qu'il faut distinguer aujourd'hui, et qui ne peuvent relever du même arbitrage, c'est pour cela même qu'il était nécessaire de les renouveller. »

« Ce que la loi doit donner au gouvernement, parce que cette attribution, vraiment inhérente aux fonctions qui lui sont déléguées, lui est indispensable pour employer l'arme de la course au plus grand bien de l'état, c'est le droit de prononcer en définitif sur le fait de la prise, sur sa validité ou non-validité, d'après la loi et les traités. »

« Cette décision ne doit émaner que de lui ; car quand tous les gouvernements ont consenti à ce que les prises fussent jugées dans le pays des capteurs, ils ont supposé que la décision émanant toujours de la puissance exécutive, il leur serait constamment possible d'intervenir comme parties, par l'organe de leurs ambassadeurs, dans une cause qui est celle de leurs gouvernés. »

« Il est donc manifeste qu'il n'y a pas une question de prise qui ne touche plus ou moins au plus grand intérêt du pays, à ses rapports les plus délicats ; et quand on a dit que, dans l'ordre actuel de notre législation maritime, chaque tribunal prononçant en dernier ressort sur une prise faite sous pavillon neutre, est investi réellement du droit terrible de mettre la république en guerre, contre le vœu et à l'insçu de son gouvernement, on n'a rien dit qui ne fût vrai, rien dont le corps législatif ne doive apprécier la force et les conséquences. »

« La guerre est rallumée sur le continent, et ce fléau renouvellé atteste les intrigues et l'influence de l'Angleterre. C'est donc elle qu'il faut poursuivre, c'est elle qu'il faut détruire ; mais évitons de nous tromper dans l'emploi des moyens dont le but doit être de venger à la fois tous les peuples, et n'allons pas préparer imprudemment au cabinet britannique, par les mesures mêmes qui sembleraient dirigées contre lui, ou un nouvel élément de succès à ses intrigues, ou un accroissement trop réel au monopole qu'il exerce déjà sur toutes les mers et dans tous les marchés. »

« Pénétré de la force de ces considérations, le directoire hésite d'autant moins à vous les transmettre, citoyens représentants, qu'elles répondent à la demande que vous lui avez faites par votre message du 16 frimaire, en prouvant suffisamment qu'au lieu de donner en ce moment à la course plus d'extension et de faveur, il est essentiellement nécessaire de modifier et de régulariser son action. »

« Le directoire exécutif regarde donc qu'il est de son devoir de vous inviter spécialement à revoir la législation des prises, et à décider au préalable, comme base essentielle, que dès ce moment les contestations sur le fait de la validité des prises seront, en dernière analyse, terminées administrativement (1). »

La funeste loi du 29 nivôse an 6 donna encore lieu dans les conseils à d'importants débats où l'opinion publique se prononça contre cet acte inique ; mais les intentions manifestées par le directoire dans le rapport que nous venons de citer prouvaient assez que le gouvernement lui-même était forcé de convenir des inconvénients de cette loi et d'en ralentir l'exécution par le seul fait des modifications apportées dans l'exercice de la course.

Cet exposé de la jurisprudence nautique de la France à cette époque suffit pour démontrer quel était l'esprit du gouvernement ; tout était arbitraire, tout était marqué au coin de la plus injuste violence, les traités n'étaient que des prises de possessions, partout la force et le mépris le plus absolu pour le droit

Paix d'Amiens. Impossibilité de traiter avec le gouvernement révolutionnaire.

---

(1) Les plaintes du directoire contre la course étaient bien dérisoires, puisque les abus signalés dans ce message avaient leur source dans l'esprit et les actes de ce gouvernement.

des gens réglaient de part et d'autre la conduite des belligérants. C'est en vain que l'historien du droit maritime chercherait dans cette longue série de lois et de transactions diverses des principes consé-quemment suivis, à chaque instant les circonstances ou plutôt les passions les plus méprisables font varier ces principes : la plus étrange confusion règne en général dans cette partie, et chaque jour voyait détruire jusqu'au respect d'habitude que les peuples conservent quelquefois par les institutions du pacte social.

L'anarchie, le désordre et l'injustice avaient boule-versé jusqu'aux principes les plus évidents lorsque Buonaparte, sous le titre de consul, envahit le pouvoir. Cet usurpateur sentit bientôt que rétablir la juris-prudence c'était opposer un frein insurmontable à son ambition; il se garda donc bien de se faire cet hon-neur. Prévoyant d'après le plan qu'il avait adopté que la guerre maritime allait se prolonger long-temps, il ne trouva rien de plus commode que de suivre en fait d'institutions nautiques les systêmes du comité de salut public et du directoire, c'est-à-dire, de ne res-pecter aucuns principes et de créer à son gré ou de fouler aux pieds les traités, les lois, et les institutions qui seraient plus ou moins convenables à ses vues. Pour concentrer sous son sceptre le droit maritime des Français et de ses voisins il fit ce que le direc-toire avait inutilement tenté, il établit un conseil des prises : cette création, qui est du 6 germinal an 8, fut une des premières opérations de son gouvernement; il rendit ce conseil arbitre des importantes discus-sions qui devaient faire la matière de ses jugements, et l'expérience a prouvé combien cette institution est dangereuse dans les mains d'un tyran : nous pouvons donc considérer le règne de Buonaparte, sous le rapport du droit maritime, comme une continuation exacte du régime révolutionnaire, et le résultat de ce système comme la preuve la plus complète de la fausseté des plans de nos démagogues, ou plutôt comme une preuve de plus que jamais l'injustice ne peut conduire à des succès certains ou du moins durables !

Buonaparte, vainqueur du continent, crut utile à son ambition de solliciter la paix de l'Angleterre et il l'obtint. La manière dont le traité fut exécuté de part et d'autre prouva au monde que la querelle qui avait allumé la guerre était loin d'être terminée : à peine le traité d'Amiens fut-il conclu, que les peuples craignirent de nouvelles calamités. La Grande-Bretagne avait divulgué lors des premières négociations les véritables causes de la guerre, le principe invétéré des malheurs de l'Europe. « Aucun avantage réel, *écrivait lord Grenville à M. de Talleyrand*, ne peut résulter de cette négociation pour le but desirable et important d'une paix générale, jusqu'à ce que les causes qui ont produit, prolongé et plus d'une fois renouvellé la guerre aient cessé d'avoir leur effet. C'est par le système à l'influence duquel la France attribue justement ses malheurs actuels, que le reste de l'Europe a été précipité dans un état de guerre aussi prolongé que destructif et d'une nature inconnue depuis long-temps parmi les nations civilisées. »

« Les ressources de la France ont été prodiguées et sacrifiées d'année en année, malgré une détresse sans exemple, à la propagation de ce système et à l'extermination de tout gouvernement légitime : les Pays-Bas, les Provinces-Unies, les cantons suisses, anciens amis et alliés de Sa Majesté ont été immolés indistinctement et successivement à cet aveugle esprit de destruction. L'Allemagne a été ravagée ; l'Italie, délivrée aujourd'hui de ses nouveaux maîtres, a offert un spectacle de rapine et d'anarchie sans bornes. Sa Majesté elle-même a été forcée de soutenir une lutte aussi pénible qu'onéreuse, pour maintenir l'indépendance et l'existence de ses royaumes. »

« Ces calamités n'ont point frappé l'Europe seule ; on les a étendues aux parties du monde les plus éloignées et même à des peuples dont la position et les intérêts les écartaient tellement de la guerre actuelle, que son existence leur fût peut-être inconnue, au moment où ils se trouvèrent plongés dans toutes ses horreurs. Tant qu'un pareil système prévaudra, tant que le sang et les trésors d'une nation nombreuse et puissante seront prodigués à son appui, l'expérience a démontré qu'une guerre ouverte et vigoureuse est le seul moyen de défense convenable. »

« Les traités les plus solennels n'ont servi qu'à préparer les voies à de nouvelles hostilités..... La meilleure garantie et la plus naturelle serait le rétablissement de cette dynastie de princes qui depuis plusieurs siècles conservèrent à la nation française sa prospérité dans l'intérieur, la considération et le respect des étrangers. Un événement semblable eût entièrement levé, et levera toujours tout obstacle aux négociations ou à la paix : il assurerait à la France la jouissance tranquille de son ancien territoire, et les autres nations de l'Europe trouveraient dans la paix et le repos cette sécurité qu'elles sont forcées aujourd'hui de chercher par d'autres moyens. »

Cette notification du ministre anglais renfermait les futures destinées de l'Europe. Lord Grenville déclarait en peu de mots quelles étaient les véritables causes de la guerre ou plutôt les obstacles qui ren-

daient la paix impossible; *la propagation* du système
révolutionnaire, *l'extermination de tout gouvernement
légitime* , tous les peuples *immolés indistinctement et
successivement à cet aveugle esprit de destruction*,
ce spectacle de rapine et d'anarchie sans bornes ;
voilà les motifs qui s'opposaient à la pacification. Le
gouvernement français n'ayant pas renoncé à ces
désastreux systèmes, mais son intention étant au
contraire de les étendre, éloignait par ce seul fait le
terme des calamités de la guerre. Buonaparte surchar-
geant le plan de ses devanciers du poids de son immense ambition, rendait toute transaction diplomatique
inexécutable.

La Grande-Bretagne comme tout autre puissance
aurait donc voulu traiter avec lui qu'il eût été impossible de maintenir la paix, parce que Buonaparte en la
signant ne renonçait en aucune manière à ses projets
de conquêtes et de destruction ; l'expérience n'a que
trop prouvé ce que nous avançons. Buonaparte, héritier
et continuateur de la révolution, ne pouvait se soutenir
que par des moyens révolutionnaires, et Lord Grenville avait bien raison de dire que *la meilleure garantie
serait le rétablissement de cette dynastie de princes
qui, depuis plusieurs siècles, conservèrent à la nation
française sa prospérité dans l'intérieur, la considération et le respect des étrangers.*

CHAPITRE HUITIÈME.

Observations générales. — Projet d'une paix maritime perpétuelle.

LE traité d'Amiens, conclu avec mauvaise foi, fut exécuté de même ; il fut rompu d'une manière scandaleuse, et cet événement n'étonna aucun de ceux qui avaient sainement jugé la véritable position de l'Europe. Il était en effet aisé de voir que nous étions parvenus au dernier dégré de démoralisation politique. La guerre, la révolution française et ses épouvantables ramifications avaient détruit toutes les institutions sociales ; il ne restait plus que des débris : pour les rassembler, il eut fallu des mains pures, des esprits droits et bien intentionnés ; or, comment les trouver ? Qu'est-ce qui composait les principaux gouvernements ? en France le timon était confié à un guerrier ambitieux, dont la main sacrilége profanait déjà le diadême sanglant de son roi : cet usurpateur était lui-même entouré, soutenu et conseillé par cette horde impie qui avait renversé le trône et l'autel, et qui, à force d'attentats contre la société, ne pouvait plus trouver de bonheur, de sûreté et même d'occupation que dans le désordre. A côté de la France et immédiatement sous son influence, qu'existait-il ? quelques républiques chancelantes, avortons défigurés de notre révolution, des gouvernements flétris et des peuples ruinés. Quand l'état social est dans cette situation, les plus belles conceptions de la philantropie sont illusoires ; il faut que le mal ait son cours puisqu'il n'est pas dans le pouvoir humain de l'extirper par un moyen violent et soudain ; mais ce cours forcé du mal, lorsque les choses en sont à ce point, doit-il paraître extraordinaire, nous met-il en droit de murmurer contre le ciel ? non sans doute ; quand un peuple a été assez dépravé ou assez aveugle pour se livrer aux plus criminels excès, lorsqu'il a été assez faible pour souffrir qu'une poignée de scélérats provoquent en son nom, par les plus horribles outrages la colère du ciel et des hommes ; un tel peuple, dis-je, doit être châtié, il faut que sa punition effraie les races futures, il faut qu'il ne puisse trouver la fin de ses maux qu'après avoir épuisé la coupe des vengeances divines !

Il n'était donc pas possible que le traité d'Amiens fût stable : les hommes qui l'avaient conclu, considéraient le maintien de ce traité comme l'arrêt de leur ruine. Il était à craindre en effet que la durée de la paix n'habitua insensiblement les peuples à revenir aux véritables principes de l'état social : les mœurs, la religion se fussent rétablies chez une nation livrée au repos : alors le mépris public aurait accablé les gouvernements, auteurs de toutes sortes de désordres ; l'armée amolie et mécontente par un état de paix trop prolongé aurait oublié ou abandonné son chef, et peut-être qu'alors l'opinion publique eut rétabli dans toute l'Europe et sans secousse les gouvernements et les institutions légitimes.

L'Angleterre, qui d'un autre côté avait bien jugé que la paix était impossible, ne considérait le traité d'Amiens que comme une tentative ; en conséquence elle était bien éloignée de commencer par se dessaisir des possessions dont elle abandonnait l'occupation par le traité ; la Grande-Bretagne sentait bien

que ce serait livrer en pure perte et sans même
reculer le terme de la paix d'un moment, des postes
avantageux à un ennemi qui ne promettait en échange
que l'évacuation de territoires, tel que le royaume
de Naples, qu'il était bien décidé à ressaisir et dont
il gênerait toujours l'indépendance. Ainsi donc, à
peine le traité d'Amiens fut-il conclu, que déjà l'on
se prépara de part et d'autre à la guerre.

Animosité
des belligérants.

Les événements qui signalèrent cette rupture sont
si scandaleux, qu'il serait à desirer qu'on puisse
les passer sous silence : la Grande-Bretagne n'eut pas
de honte d'arrêter et confisquer en mer, sans aucune déclaration préalable, une infinité de navires
marchands ; les capitulations les plus respectables
furent indignement violées. Mais quelle que soit
l'horreur que ces attentats puissent inspirer, ils ne
doivent pourtant pas surprendre ; il ne s'agissait
plus entre les belligérants de décider par les armes
une querelle ordinaire, mais chacun tendait à la
destruction totale de son adversaire : l'un et l'autre
n'avaient de sûreté que dansla guerre, puisque les
traités les plus sacrés n'étaient plus que des moyens
d'attaques.

Il ne faut donc pas être surpris si dans le cours
de cette guerre les deux partis se servirent mutuellement des moyens les plus inouis, les plus coupables pour se nuire ; la France et l'Angleterre
s'étaient mis mutuellement hors la loi des nations :
furor arma ministrat ! épouvantable effet des passions
humaines ! suites inévitables de l'oubli d'un des principes qui, tous, forment la chaîne des devoirs sociaux ! La France, veuve de ses rois, abandonnée de
Dieu dont elle avait renversé les autels, livrait les
richesses de son sol, l'industrie de ses cités et sa

population à l'exploitation d'une politique atroce qui ne pouvait se soutenir qu'à force d'iniquités ! Quel destin malheureux, ou plutôt quelle honte pour un peuple naturellement généreux et jadis l'admiration de l'univers ! D'un autre côté la Grande-Bretagne, harcelée par un ennemi actif et implacable, était bien convaincue que cet ennemi avait fondé sa grandeur et la stabilité de son trône sur les débris de l'Angleterre, et qu'il fallait le vaincre ou périr. D'après cela, les Anglais organisèrent la défense la plus vigoureuse et repoussèrent ou provoquèrent les attaques par des moyens analogues à ceux de leurs furieux adversaires ; dès-lors les deux nations multiplièrent les plus onéreux sacrifices et se lancèrent aveuglément dans tous les excès, vers toutes les démarches injustes et violentes qui pouvaient nuire à l'ennemi : les attentats contre l'indépendance des peuples, contre leurs droits maritimes et commerciaux, suivirent une progression croissante dont l'imagination même est effrayée ; les deux partis ne se dissimulaient pas que cette route les conduisait sur le bord d'un abyme incommensurable ; mais chacun espérait que parvenu à ce point il y précipiterait son adversaire : tel fut le déplorable spectacle que nous eûmes sous les yeux pendant 14 ans. Pour soutenir cet horrible système, rien ne fut épargné : des générations entières furent exterminées, des peuples en masse furent décimés et ruinés peut-être à jamais, le commerce, la navigation et l'industrie disparurent, et le plus cruel esclavage pesa sur toutes les nations.

Les crimes et les malheurs qui ont signalé cette époque mettent en droit de la comparer à celle que *Procope* nomme la plus funeste pour le genre hu-

Rapprochements
entre
l'invasion des
barbares
dans l'empire
romain
et celle des
principes
révolutionnaires
en Europe.

main, l'invasion des barbares au moyen âge. Les désastres qui signalèrent ces siècles reculés inspirent
encore un effroi mêlé d'horreur; la population presque entière d'une partie de l'Europe disparut sous
le fer des cruels enfants du Nord; les campagnes
de la fertile Ausonie se changèrent en des marais
infects et des déserts; la Gaule se peupla de bêtes
féroces; les villes, privées d'habitants, devinrent
bientôt des monceaux de ruines, et ces régions jadis
si florissantes présentèrent l'aspect du vaste et silen-
cieux empire de la mort. Ces calamités sans doute
font frémir, mais elles n'étaient point irréparables;
leurs suites eussent même été promptement effacées,
si dans ces temps éloignés les hommes eussent possédé les secours des arts et de la civilisation modernes; ce qui le prouve, c'est que malgré l'igno-
rance de ces siècles grossiers, les barbares établis
dans leurs conquêtes s'identifièrent bientôt avec la
douceur des habitudes et du climat des pays qu'ils
avaient ravagés. Dans ces contrées où les Goths,
les Vandales et les Huns remplaçaient les volup-
tueux romains, on vit en peu de temps s'élever des
royaumes policés et florissants. Ces barbares avaient
même apporté des rives glacées de la Baltique des
codes et des lois basés sur la plus haute sagesse,
et dont les savants jurisconsultes de Rome et d'A-
thènes ne soupçonnaient pas l'existence dans *les régions de la nuit* (1). La lumière pure et toute di-

---

(1) C'était ainsi que les Grecs désignaient les contrées hy-
perboréennes; et il est probable que ces descentes aux enfers
attribuées à Hercule, Thésée etc., ne sont autre chose que
des voyages entrepris par ces héros vers les régions polaires
où le soleil en hiver reste presque toujours sous l'horison.
Du reste, il est bien prouvé que dès la plus haute antiquité

vine du christianisme frappa d'ailleurs les yeux de
ces farouches vainqueurs, adoucit la férocité de leurs
mœurs et leur fit chérir les vertus sociales. C'est
ainsi que le mal se répara, parce qu'à cette époque
le cœur et l'esprit des hommes ne s'étaient pas élan-
cés par une impulsion rétrograde du bien vers le
mal : ce mouvement produit chez les hommes comme
chez les peuples un vice incurable, parce que, pour
le faire, il faut être parvenu à la dernière période
de la démoralisation, ou que des causes analogues
aient perverti tous les principes. On sent bien qu'a-
lors il n'est plus de remèdes, du moins pour la gé-
nération actuelle, puisque tous les secours que l'on
pourrait apporter au mal ne sont autres que ces
mêmes principes dont le joug est déjà brisé ; on
pourra opérer quelques conversions partielles, mais
la masse restera gangrénée, car les erreurs produites
par les révolutions morales ou politiques ne se détruisent qu'avec le temps : tout homme sensé doit
sentir alors quelle série de malheurs découle d'un
pareil état de choses, et combien est pénible la
tâche d'un gouvernement que la providence place
dans ces temps difficiles.

Si lors de la chûte de l'empire romain le fer et
la flamme des barbares ravagèrent l'Europe, nous
avons vu dans notre siècle les mêmes pays en
proie à une invasion dont les effets, pour être moins
prompts, n'en sont pas moins cruels, et perpétue-

---

l'institution du jugement par Jury était établie chez les Hy-
perboréens ; les Anglais eux-mêmes sont d'accord qu'ils la
tiennent des Saxons. Plusieurs points importants du droit des
diverses nations de l'Europe sont encore basés sur les lois
ripuaires, saliques, sur celles des Bourguignons, des Ostro-
goths, etc.

★

ront bien plus long-temps les fléaux de la misère ; cette invasion dont nous sommes contemporains est celle des principes anti sociaux.

La faim, un excès de population, la soif de l'or et du sang précipitèrent les barbares du Nord sur le midi de l'Europe : l'orgueil, la cupidité et le libertinage allumèrent les torches de cette fausse sagesse que l'on nomme bien mal-à-propos philosophie. Les barbares attaquèrent leurs conquêtes avec furie et les soumirent autant par la terreur que par leur courage. Ils ne se dissimulaient pas que pour s'établir dans l'empire romain avec sûreté, il fallait renverser de fond en comble ce vaste colosse. La horde impie à laquelle nous devons les malheurs de notre siècle avait une ambition non moins étendue ; il s'agissait de renverser tout ce qui était élevé, de spolier tout ce qui possédait et de remplacer les uns et les autres par une race toute nouvelle de grands et de riches ! Telle fut la conspiration ourdie par cette funeste propagande dont le foyer se trouva malheureusement dans notre infortunée patrie. Pour parvenir à ce but, l'on comptait bien se servir un jour de la force ouverte ; mais il fallait s'y préparer, et le ciel abandonna assez la France pour la faire devenir l'agent aveugle et puissant de cette faction homicide. Les devoirs sociaux , les lois, les mœurs et la religion étant les bases fondamentales de l'édifice que l'on se proposait d'attaquer, ce fut contre ces barrières sacrées que se dirigèrent les attaques. Bientôt les passions les plus honteuses eurent leurs flatteurs, on les encouragea, on les fit germer jusque dans les dernières classes de la société : de hardis apôtres de l'impiété employèrent de funestes talents à rompre tous les liens qui

unissent le ciel et la terre ; les plus déplorables succès couronnèrent leurs travaux ; les trônes furent
renversés et les autels profanés. C'est alors qu'ils
poursuivirent par les armes leur détestable plan ,
et Buonaparte , conduit sans doute par un dieu ven-
geur , mais trop juste pour laisser triompher le crime ,
fut sur le point de consommer le grand œuvre des
désorganisateurs.

Les barbares couvrirent de ruines et de sang l'empire romain , et laissèrent par-tout des traces affreuses de leurs incursions. Les révolutionnaires furent
aussi animés par le génie de la destruction ; mais
ils infectèrent les peuples d'une peste mille fois plus
destructive que les épidémies produites souvent par
les ravages des barbares : toutes les nations soumises par leurs armes s'identifièrent bientôt avec
la dépravation , et le vertige révolutionnaire fit le
tour du monde.

Les barbares détruisirent des villes, massacrèrent
des peuples en masse ; mais ils ne mêlèrent à leur
fureur aucun système de morale perverse , et rétablirent eux-mêmes l'empire des lois et de la religion. Les révolutionnaires brûlèrent aussi des cités
florissantes et dévastèrent de vastes pays , mais ils
privèrent les peuples de tout repos et même de toute
espérance de retrouver le bonheur, puisqu'ils les
mirent en guerre perpétuelle avec les éléments de
la prospérité publique : en un mot, les barbares du
moyen âge détruisirent des édifices et des hommes ;
mais les révolutionnaires ruinèrent la société en
corrompant ses bases fondamentales ; ils isolèrent les
hommes de leurs semblables , les mirent aux prises
avec l'égoïsme et les passions, les lancèrent séparé-
ment dans un labyrinthe effrayant dont tous les
chemins aboutissent à des abymes.

J'ignore laquelle des deux invasions doit être jugée plus funeste au genre humain. Les barbares re-
bâtirent les villes, cultivèrent de nouveaux les campagnes et rétablirent la population : mais comment
restituer à des peuples entièrement démoralisés le
patriotisme, père de l'industrie et par conséquent
de la richesse; les lois et la bonne foi, bases du
commerce, et enfin la religion, l'équité et surtout
le respect dû à la foi jurée, fondements indispensables des traités qui lient les nations et assurent
à chacune d'elles les précieux avantages d'un échange
réciproque de bons procédés. Qui rendra, dis-je, à
un peuple que l'on a habitué à ne plus pratiquer la
vertu ou plutôt à la mépriser, la confiance et le
respect qu'il doit à un gouvernement légitime, véritable garant de la tranquillité intérieure ·et de la
fortune publique et particulière; les lois seront-elles
observées par des hommes qui croient avoir le droit
d'en faire eux-mêmes ou du moins d'en examiner
l'origine et le but ? Certes je pense que l'invasion
des principes désorganisateurs est au moins égale
par ses funestes effets à celle des barbares : l'une
et l'autre ont tout détruit, l'une et l'autre ont laissé
à l'Europe des monceaux de cadavres, des ruines,
un long avenir de troubles, de calamités (1); et nos

---

(1) O pourquoi suis-je né dans ces temps malheureux !
    Pleurons, amis, pleurons nos maux et nos injures,
    De nos proscriptions l'attentat douloureux;
    Rome, hélas ! enfonçant le fer dans ses blessures.
    Pleurons l'oubli des lois, et le mépris des mœurs,
    Les progrès menaçants d'une fausse sagesse,
    Le rapide déclin des arts consolateurs,
    L'indigence qui naît du sein de la richesse
    Et tous les sentiments éteints dans tous les cœurs.
Ces vers, qui sont une imitation de *Juvenal* par *Dorat,*

révolutionnaires, au lieu d'apporter aux peuples vaincus ces lois si sages que les barbares du Nord tirèrent de leur propre pays, les corrompirent au contraire par les plus exécrables doctrines.

Buonaparte loin d'arrêter le torrent de cette invasion anti sociale l'étendit au contraire ; et en déclarant qu'avant peu il serait le doyen des rois de
l'Europe, il fit assez connaître qu'il possédait tous
les secrets de la conspiration des désorganisateurs,
et qu'il en poursuivrait les projets à outrance. Il
serait donc bien inutile de remarquer les monuments
du droit maritime sous son règne. Le système adopté
par Buonaparte fut absolument semblable à celui du
directoire ; ce sont les mêmes moyens d'exécution,
la même rage contre l'Angleterre ; et Buonaparte
plus puissant que le directoire réalisa son plan dans
toutes ses parties ; il en recueillit par conséquent
les résultats infaillibles, c'est-à-dire, qu'il se perdit.

Le système continental adopté par Buonaparte a
séduit quelques bons esprits. A le considérer purement comme un plan militaire d'attaque, ce blocus
paraissait devoir amener la ruine de l'Angleterre :
il n'y a point de doute que s'il avait pu strictement s'exécuter, il n'eût produit ce résultat ; mais
ce plan était insensé par cela même qu'il était inexécutable ; la prospérité et l'industrie de vingt peuples
y étaient sacrifiés à l'intérêt seul de la France, et
l'Europe ne pouvait prévoir l'usage que nous fairions
d'une victoire dont elle nous aurait facilité tous les
moyens. Il devait donc naître de cet état de choses
mille facilités à l'Angleterre de former à chaque ins-

Examen
du système
continental de
Buonaparte.

---

m'ont paru retracer d'une manière touchante et vraie le règne et les crimes des auteurs de cette invasion des principes
révolutionnaires.

tant des coalitions contre la France : chaque interruption, même momentanée du blocus, suffisait à la Grande-Bretagne pour se mettre en mesure d'en supporter long-temps toute la rigueur et par conséquent d'en prolonger indéfiniment le terme. La France au contraire n'avait aucun moyen de rompre le blocus maritime, et chaque jour son industrie, son commerce et sa population se détruisaient en pure perte : tôt ou tard un pareil système l'aurait perdue sans ressource. Ce fut pourtant à ces projets extravagants que l'on nous sacrifia si long-temps. Le blocus continental ne pourrait avoir réellement un effet positif qu'autant que les puissances auraient des motifs assez urgents pour former une ligue maritime contre l'Angleterre semblable à celle qui fut dirigée dans ce dernier temps contre la France, car les mêmes causes amènent des résultats analogues.

Il est à la fois atroce et ridicule. Buonaparte subordonna toute la jurisprudence maritime à son système de blocus ; c'est assez dire qu'il y sacrifia les droits et même l'existence de tous les peuples. Munis d'une expédition de son décret de blocus, les corsaires et croiseurs capturaient indistinctement amis, ennemis, neutres, alliés et même les Français en contravention. Dans les Indes orientales, on était autorisé à saisir à la mer les navires qui se dirigeaient vers un port anglais, fussent-ils Péghuans, Chinois et Japonais, à supposer que ces deux derniers peuples eussent des relations directes avec les établissements britanniques (1). Les Anglais, de leur côté, n'en agissaient

____

(1) Me trouvant en 1808 à l'Ile-de-France, j'y ai vu un ambassadeur de l'Iman de Mascate (Arabie) ; ce malheureux venait y implorer la paix qu'on lui accorda à des conditions excessivement dures : nous avions déclaré la guerre á

pas avec moins de rigueur; leurs ordres du conseil répandaient l'effroi sur les mers et le commerce était paralysé dans toutes les parties du monde : c'est ainsi que deux puissantes nations employèrent à désoler le genre humain les forces et les précieux avantages que la providence leur avait répartis. Au lieu de se partager fraternellement des droits communs et d'être les bienfaiteurs de leurs semblables, les Français et les Anglais préféraient courir les chances hasardeuses d'une guerre interminable, source de tous les fléaux. Ces deux peuples avaient été conduits à cet égarement par l'oubli progressif des principes de la justice : après les avoir violés tous, ils ne pouvaient plus les invoquer avec sécurité, et n'avaient plus par conséquent d'autre ressource qu'une guerre d'extermination : funeste conséquence de l'immoralité qui fait descendre des peuples éminemment policés au dernier rang des nations barbares.

---

son maître par des motifs tirés du fameux décret de blocus : l'activité de nos croiseurs avait été si grande qu'en fort peu de temps la presque totalité des navires arabes (ils sont tous au commerce) était capturée. Cette guerre et surtout la paix qui la termina ruinèrent cette nation qui, ainsi que plusieurs peuples indiens, auxquels on appliqua souvent les principes du décret de blocus, savaient à peine s'il existait un conquérant nommé Napoléon, un roi appelé George III, et les motifs d'animosité que ces deux hommes avaient l'un contre l'autre ; c'est ainsi que ce système adopté respectivement par la France et l'Angleterre devint à la fois atroce et ridicule. Il ne tendait à rien moins qu'à faire détester l'influence de l'Europe par les autres parties du monde et à leur inspirer l'envie de briser son joug. Les Français y perdirent plus que les autres, parce que les déprédations commises en vertu du blocus leur firent perdre la considération de certains peuples qui les avaient long-temps regardés comme des amis, et les desiraient peut-être encore comme des libérateurs.

C'est au moment même où la position de la France et de l'Angleterre paraissait basée sur une haine irréconciliable, que l'Europe fut témoin du plus singulier phénomène dans les fastes du droit maritime : les expéditions faites sous la dénomination de *licences* sont une preuve complète de la fausseté du système adopté par les belligérants. Tandis en effet que Buonaparte faisait brûler les marchandises anglaises, instituait des cours prévôtales pour juger les délits relatifs à la contrebande et proclamait à chaque instant que le système de blocus rigidement observé serait le salut du continent, des navires partaient de France avec des cargaisons qu'ils allaient vendre en Angleterre , d'où ils rapportaient certaines denrées brutes. De leur côté, les Anglais affectaient de redoubler de rigueur pour l'exécution des ordres de blocus, mais ils recevaient très-bien nos bâtiments-licences : ce charlatanisme est fort extraordinaire, et, disons-le, méprisable. Eh quoi ! la haine implacable qui vous dévore, l'ambition effrénée qui vous agite, vous empêchent de vous rapprocher franchement, de faire cesser par une paix solide les calamités du monde, et cependant forcés d'avouer que vos systêmes de guerre vous épuisent, qu'ils sont désastreux pour vos sujets réciproques vous consentez à vous prêter mutuellement des secours, à raviver l'un par l'autre votre industrie, afin d'acquérir de chaque côté de nouvelles forces pour vous attaquer, vous déchirer de plus belle : étranges calculs de la haine ! bizarres inventions de la cupidité!

Ceux qui avaient bien jugé l'état moral de la France et de l'Angleterre ne furent point dupes de cette apparence de rapprochement; c'étaient des besoins mutuels et impérieux qui renouèrent momentanément les relations commerciales; mais il était bien démontré que l'on ne devait rien en espérer pour la cessation des malheurs de l'humanité. Les belligérants ne se relâchèrent en effet sur aucun point de leurs systèmes respectifs; ils y avaient puisé la base de leur institution de *licences*. Les navires munis de licences étaient censés expédiés de quelques ports qui, sans cesser d'être sous l'influence de l'un ou de l'autre des belligérants, étaient fictivement réputés neutres. Si le navire-licence était rencontré à la mer par un croiseur, il était convenu que l'exhibition de sa lettre de mer suffisait seule pour constater qu'il ne venait pas d'Angleterre, quel que fût d'ailleurs l'état de la cargaison, des passagers et de l'équipage; ce dernier article était cependant sujet à quelques formalités : malheur au navire ainsi expédié qui aurait été accosté ou vu par un corsaire, immédiatement à sa sortie d'un port de la Grande-Bretagne, il eût été capturé et jugé de bonne prise. Les Anglais avaient pourtant adopté au sujet des licences des mesures qui favorisaient beaucoup plus ce genre de trafic (1) : les ports que l'on était convenu de re-

______

(1) J'étais à Londres en 1810, et j'éprouvai de l'étonnement en voyant à royal exchange (la bourse) des négociants et capitaines français qui traitaient librement des cargaisons qu'ils se proposaient d'acheter pour la France. Ce tableau était séduisant, et paraissait promettre que nous verrions enfin les princes être assez justes pour poser en principe que le commerce serait dorénavant neutralisé pendant la guerre ; mais j'étais loin d'espérer ce bienfait d'un homme tel que Buonaparte. En effet, dans le temps même que je faisais à Londres des vœux pour cette heureuse innovation, Buonaparte réunit à son empire la Hollande, dont le crime était d'avoir cherché à soutenir son existence par un commerce dont elle ne peut rigoureusement se passer. Le navire-licence qui me ramena en

garder comme neutres se trouvaient sur la carte de Norwège, mais celui qui jouissait à cet égard de plus de faveur était Papembourg, bourgade peu importante de l'Allemagne : c'est ainsi que les belligérants, après avoir réellement méconnu tous les neutres, en créaient d'imaginaires pour couvrir leurs singulières relations ; c'est à ce fantôme qu'ils rendaient les hommages dus au droits des gens, tandis qu'ils violaient ouvertement ceux de tous les peuples et qu'ils ne consentaient à ce rapprochement simulé que pour acquérir les moyens de terminer une querelle dont l'issue devait être, soit d'un côté, soit de l'autre l'asservissement de l'Europe.

Le système des licences, outre sa bizarrerie, était donc en lui-même un contraste cruel avec la position et les besoins des peuples ; on peut même le considérer comme un outrage à la misère publique. En effet, puisqu'il était prouvé par la conduite et les projets des belligérants que la paix ne pouvait avoir lieu, ces licences de commerce accordées à quelques négociants faisaient regretter encore plus vivement la pri-

---

France, quoique expédié et monté par des Français, faillit à être pris aux attérages de Dieppe par un corsaire français qui, après nous avoir visité, prétendit que nos papiers ne se trouvaient pas en règle, et j'ai lieu de présumer que sa rigide exactitude se modifia par une honnête composition de l'armateur. Cet incident me fournit une preuve de plus que nos malheurs n'étaient pas encore à leur terme, et que les belligérants se rapprochaient comme on dit *rancune tenant*. Nous devons aussi observer qu'il y avait à cette époque un tel éloignement pour une conciliation quelconque, que l'on ne put même poser les bases d'un échange de prisonnier. M. Mackensie, après être resté quelque temps à Morlaix, ne fit ou n'obtint rien, et Buonaparte ne manqua pas selon sa méthode de l'injurier dans le moniteur.

vation du négoce , et ne pouvaient enrichir que momentanément ceux qui obtenaient de pareilles faveurs, tandis que le plus grand nombre gémissait dans la détresse : d'ailleurs ces licences données au milieu d'une guerre active étaient trop précaires pour inspirer de la confiance ; et chacun, bien persuadé que la guerre loin de tendre à sa fin pouvait se ranimer d'un moment à l'autre avec plus de fureur , ne se livrait qu'avec réserve à ce genre de commerce ; n'était-ce pas aussi un rafinement de machiavélisme que d'accorder au peuple un adoucissement passager dont le résultat devait fournir de nouvelles ressources pour propager plus long-temps les fléaux de la guerre ! Les gouvernements et surtout Buonaparte dévoilèrent sans trop de détours cette dernière intention. Les produits des licences devaient , dans le fait , alimenter le trésor des armées , et Buonaparte se livra sans honte dans cette circonstance à toutes les inspirations de sa cupidité. On a déjà la preuve que cet habile spoliateur avait conçu le dessein de devenir le plus riche capitaliste, presque le seul propriétaire et surtout le premier négociant de ses états ; c'est ainsi que réunissant à la puissance militaire tout ce qui est influent parmi les hommes, cet usurpateur aurait disposé à son gré de la vie et de la fortune du peuple qu'il opprimait, et dirigé à son gré la balance du crédit public. C'est alors que ce continuateur de la révolution aurait réellement réalisé le grand système de ses devanciers, dont l'intention était de ruiner tous les Français pour concentrer dans leurs mains ou sur le gouvernement la fortune totale ou individuelle de la nation. Ils espéraient qu'un peuple pauvre n'aurait pas la force de les chasser , et qu'ils pourraient s'en attacher étroitement la majeure partie en forçant les Français de n'avoir plus d'autre ressource pour vivre que de se vendre à leur gouvernement qui devait créer pour cela des millions de places civiles et militaires. Tel est le système que nos démagogues voilèrent d'abord du beau nom d'égalité et Buonaparte du titre pompeux d'honneur et de patriotisme : les adeptes seuls connaissaient le nivellement de misère qui devait s'exécuter au moyen de cette magie de mots , et tout le monde sait que jamais despote ne fut mieux servi que Buonaparte pour parvenir à ce but. L'on se rappelle encore et l'on serait même tenté d'admirer si cela n'était pas trop affreux, l'ingénieuse subtilité du fisc impérial. Les plus rusés traitants des règnes précédents n'auraient été que des écoliers auprès des spirituels financiers de nos jours : l'art de pressurer les peuples fut porté au-delà de toute perfection, et à la voix d'un tyran les esprits de nos modernes économistes enfantaient des prodiges.

Buonaparte en fait un abus scandaleux.

Le système des licences fournit à l'avide Buonaparte la double occasion de s'enrichir et de ruiner les faibles ressources que le commerce possédait en France. Il ne rougit pas de faire lui-même le négoce avec cette Grande-Bretagne dont il jurait la perte, et dans le même temps il ruinait des peuples entiers, coupables de quelques transactions commerciales avec les Anglais : la concurrence d'un pareil compétiteur opéra promptement une réaction désastreuse dans le commerce ; à chaque instant des baisses subites et inattendues causaient des faillites nombreuses et Buonaparte s'emparait de tous les débris. Il faisait encore plus : par ses ordres on formait, au moyen des licences, d'immenses entassements de denrées coloniales ; bientôt après le moniteur annonçait que l'on allait vendre une grande quantité de marchandises saisies sur les Anglais ; les denrées tombaient à vil prix, ruinaient le spéculateur, et ce mouvement n'enrichissait que le fisc du grand accapareur. Nous devons aussi ranger au nombre des ressources fiscales de ce gouvernement la versalité qu'il affectait dans sa législation commerciale : aujourd'hui, par exemple, il permettait l'introduction des cotons du Levant ; des navires s'expédiaient à grands frais pour Smyrne, et tandis qu'ils étaient en mer pour opérer leur retour, un décret confisquait ces mêmes cotons. Les navires, à leur arrivée dans un port français, étaient envahis par une légion de douaniers et la cargaison confisquée (1). C'est ainsi que Buonaparte tourmentant le commerce et la navigation par d'infâmes combinaisons, marchait encore vers son plan favori du nivellement de misère.

Si nous considérons les licences sous le rapport du droit maritime, nous pouvons les assimiler à ces ingénieux détours de chicane auxquels les plaideurs ont souvent recours. La légitimité des licences n'était d'ailleurs que fictive et conventionnelle, puisqu'elle reposait sur une neutralité qui n'existait pas. Tous les papiers qui servaient à neutraliser ces sortes de navires étaient de faux manifestes sciemment faits par les gouvernements respectifs : c'est en quoi ils se respectaient bien peu, car je conçois qu'il est des cas où de semblables abus ont pu avoir lieu ; mais un gouvernement ne peut, sans oublier toute retenue, se montrer ouvertement faussaire aux yeux de ses sujets. Les licences ne firent que donner aux

---

(1) Ceci n'est point une supposition, c'est un fait : la chambre de commerce d'une ville qui n'appartient plus à la France eut le courage de faire à cette occasion les plus énergiques remontrances.

peuples un avant-goût bien précaire d'un bonheur dont on ne voulait pas le faire jouir, et c'est en cela qu'on peut les considérer comme une cruelle dérision. Enfin l'horrible abus que Buonaparte fit de ce système pour ruiner le commerce du continent nous met en droit de conclure que les licences non-seulement ne doivent pas être considérées comme un adoucissement obtenu dans la dernière guerre, mais que nous devons les regarder comme un des nombreux fléaux qui nous ont accablé. Il faut convenir pourtant que ce système est ingénieux en soi ; et si jamais nous avons encore la guerre maritime, il serait à souhaiter qu'on en fit usage, à moins qu'on ne veuille se décider à neutraliser le commerce par une mesure générale. Ce vœu est fondé sur l'espérance bien certaine que le gouvernement légitime de la France, loin de faire servir les licences à ruiner le commerce, les emploierait au contraire à soulager le peuple du fardeau de la guerre, et qu'à chaque instant, sans préjudicier aux opérations des belligérants, elles fourniraient à des gouvernements qui ne peuvent plus prendre les armes que pour une cause légitime l'occasion d'applanir leurs différends.

Les licences et le monopole qui s'en suivit furent un des principaux points du droit maritime sous Buonaparte. Le règne de cet usurpateur ne fut qu'une longue violation de toute espèce de droit, et ce serait bien inutilement que l'on chercherait pendant cette époque le moindre monument respectable de jurisprudence maritime. Vers le milieu et à la fin de son règne tous les principes se trouvaient détruits, et l'horrible confusion qui régnait dans le droit public permettait à peine d'espérer un meilleur avenir.

Ce qui s'opposoit à ce que l'on put jamais revenir

aux éléments du véritable droit des nations était
l'existence de la dynastie révolutionnaire qui régnait
en France ; il était à craindre que les affreux principes qui dirigeaient son chef ne devinssent aussi
la règle de conduite de ses successeurs, du moins
pendant long-temps : la providence n'a pas permis
que cette inquiétude nous affligeât d'avantage ; elle
a précipité du trône le fléau de l'univers, rétabli
par-tout l'empire de la légitimité, et c'est sur cette
base sacrée qu'il sera facile de rétablir l'édifice social.

Nous avons déjà dit plusieurs fois, dans le cours
de cet ouvrage, que jamais l'injustice ou l'ambition
fondée sur l'égoïsme ne pouvait produire de bien réel
ou solide ; l'expérience a changé cette vérité en
axiome ; mais la sagesse divine a fait plus encore ,
elle n'a jamais permis les succès complets de l'iniquité ; et la prospérité qui est quelquefois la suite
de l'injustice, fut toujours passagère. L'histoire dont
le plus noble emploi est de retracer à la mémoire
des hommes ces grands exemples , n'oubliera pas
sans doute de rappeler la position des peuples de
l'Europe à l'issue de la guerre qui vient de se terminer ; c'est un épisode vraiment moral ; et si jamais
l'homme a pu se flatter de reconnaître la main du
Tout-Puissant c'est, nous devons le dire, dans la
circonstance actuelle.

Qu'avons-nous fait tous depuis vingt-huit ans ?
Séduits par une ambition éfrénée , aveuglés par une
fausse sagesse, les peuples comme les individus se
sont abandonnés au torrent des passions les plus
violentes ; méprisant la voix de Dieu même qui mau-
dit ceux qui cherchent la grandeur dans les sen-
tiers de l'injustice , nous avons renversé tous les obstacles humains et sacrés qui s'opposaient à l'essor

de notre insatiable cupidité. Quelle a été l'issue de ce funeste délire ? Qu'avons-nous gagné à ne pas reconnaître d'avance que le ciel nous punirait de tous les succès que nous pourrions obtenir ? rien que la preuve complète et terrible de cette vérité éternelle........

La France. En commençant par la France, quoi de plus prodigieux que les progrès de sa révolution, des succès brillants et rapides enhardirent nos démagogues au crime ; bientôt la gloire militaire vint consoler la nation des excès de la tyrannie : tout fut sacrifié à un vain desir d'agrandissement, et la France sans moralité, sans institutions stables, affecta de mépriser toutes les convenances et sembla vouloir établir le despotisme de l'arbitraire à la place du droit des nations. Qu'est-il résulté de ce système ? un coup-d'œil sur notre patrie en apprendra plus que je ne pourrais en dire : l'on sera à même de juger si nous avons réussi à nous investir d'une grande prépondérance continentale et maritime en courant à ce but par la voie du désordre et de la violence. Il sera de même facile de présumer que nous ne serions pas dans la situation actuelle si nous avions toujours persévéré dans un système de modération et d'équité.

L'Angleterre. La seule puissance qui au premier abord paraît avoir acquis un immense accroissement de richesses et de prospérité, c'est l'Angleterre ; mais heureusement pour la morale publique cet état florissant n'est que fictif : s'il en était autrement, il n'y a pas de raison pour que chaque siècle un peuple quelconque n'essayât de parvenir au comble de la puissance par la violation des principes sociaux, et il faut assez respecter la providence pour croire qu'elle ne permettra jamais de semblables triomphes. Nous sommes parvenus au jour de la vindicte; tous les peuples après avoir long-temps erré dans le labyrinthe de l'erreur, sont enfin arrivés sur le bord de l'abyme; vainqueurs et vaincus portent la peine de leurs excès, la misère est indistinctement leur partage, et la Grande-Bretagne elle-même gémit sous cette funeste égalité !

L'Angleterre poussée par le système désastreux de Pitt (1), entraînée par l'exemple de la France

____

(1) Il est malheureusement bien reconnu aujourd'hui que le système de William Pitt, fruit d'une vaste ambition, n'a servi qu'à lancer la Grande-Bretagne dans une série de démarches qui, toutes, ont le caractère et décèlent même les principes et le *grandiose* du plan de nos révolutionnaires. L'expérience prouve que ce système est l'unique cause de la détresse générale, puisque la plus légère attention suffit pour faire apercevoir dans chacune des plaies du corps politique la trace des armes employées par le fils de Chatam. Il est donc permis d'être étonné lorsqu'on entend aujourd'hui un publiciste, célèbre par ses écrits et recommandable par ses talents, s'élever avec force contre ceux qui mettent en doute, non la supériorité de M. Pitt comme homme d'état, mais la sagesse et surtout la moralité de son système. J'ai eu le malheur de me trouver en opposition sur ce point avec M. F...., et cette erreur, seule, paraît avoir définitivement formé son opinion sur mon dernier ouvrage, c'est-à-dire, qu'il n'y trouve rien de vrai, rien de bon. Je pourrais opposer à cet arrêt rigoureux des jugements tous opposés et qui ont eu la même publicité que ceux de M. F...., mais la critique de ce dernier a surnagé, et elle se trouve répétée dans un ouvrage destiné probablement à survivre aux circonstances. Comme je n'écris pas non plus pour les circonstances, qu'il me soit permis de faire observer que la critique de M. F.... n'est ni juste par elle-même ni conséquente dans son auteur: en effet, que peuvent tous les raisonnements contre l'évidence des faits historiques ? L'exagération des plans de M. Pitt, la vaste

aux plus fausses mesures, a cependant terrassé son redoutable adversaire ; mais cet effort l'a épuisée : les sacrifices immenses qu'elle a été obligée de faire l'ont forcée à adopter un genre d'existence qui est

---

ambition dont il était animé pour sa patrie, son machiavélisme bien connu envers le continent et les royalistes français de l'intérieur et du dehors, n'ont-ils pas étendu et renforcé les effets progressifs de notre révolution, retardé et même fait abandonner la restauration de la monarchie légitime, et enfin n'ont-ils pas engagé sa patrie dans un système d'agrandissement si vaste et si singulier qu'elle est réduite à ne pouvoir exister si elle a des concurrents ou même des égaux ! Il n'y a qu'à se rappeler les coalitions, les subsides, les traités, la correspondance avec la Vendée, les guerres, enfin toutes les opérations du ministère de M. Pitt, pour être convaincu que la critique dont nous parlons n'est pas historiquement juste : mais ce qui n'est pas moins certain, c'est que le jugement de M. F.... sur ma manière de voir n'est point conséquent avec les principes même de ce publiciste. Je suis loin sans doute de vouloir critiquer les ouvrages de M. F.... ; j'admire ses talents, on ne peut contester ses connaissances en administration ; et sans me permettre de juger ses opinions, je les respecte : mais pour ce qui concerne son admiration pour M. Pitt, je ne puis m'empêcher d'être surpris que M. F...., éloquent défenseur des libertés françaises, adversaire véhément et presque toujours trop irascible des hommes ou des choses dans lesquels il croit voir le despotisme, l'arbitraire ou la prodigalité, je suis, dis-je, surpris que M. F...., avec de tels sentiments soit partisant de Pitt. Personne n'ignore que cet homme d'état porta au plus haut point le despotisme *ministériel*, qu'il en était même le plus ferme soutien : on sait aussi que M. Pitt ne fut jamais, soit à l'intérieur soit à l'extérieur, fort scrupuleux sur les formes constitutionnelles ou diplomatiques ; enfin personne ne fut plus fiscal et plus prodigue que lui, puisqu'il trouva le moyen d'innonder l'Europe de l'or de ses compatriotes, et que son système a fait monter la dette publique à près de deux milliars, fardeau énorme qui, quoiqu'on en dise, écrase l'Angleterre. Comment donc faire concorder l'admiration et les critiques de

basé sur l'anéantissement total du commerce et de
l'industrie de ses voisins , et la moindre concurrence dans son négoce et dans sa navigation est
capable de la ruiner : nous en avons la preuve par
la situation inquiétante de l'esprit public chez les
Anglais, puisque, quoiqu'ils ne se soient encore
désistés d'aucuns de leurs avantages , la seule apparence d'une paix stable propage la misère et la
révolte dans les trois royaumes. On sent alors combien sont erronés et immoraux les principes qui ont
réduit un peuple à cette situation anti sociale ; elle
ne peut se prolonger que par la guerre ; or , par
un renversement absolu de toutes les lois de l'expérience et du bon sens , la guerre deviendrait donc
les sources de la prospérité d'une nation ; cela n'est
pas possible ; une existence aussi monstrueuse ne
saurait durer long-temps , et notre exemple doit en-
seigner cette grande vérité à toutes les nations. Il
faut donc que l'Angleterre fasse à son repos , à sa
sûreté et même à son existence le sacrifice des avantages qu'elle a gagnés à si grands frais depuis 28
ans ; il faut qu'elle se désiste libéralement en faveur
de ses voisins d'une partie de son monopole. Le
commerce et la navigation du monde sont entre ses
mains ; mais gardera-t-elle ce dépôt ? non sans doute,
il serait trop embarrassant, trop funeste pour elle :
l'obstination des Troyens à ne point rendre aux

M. F....' avec l'histoire ? Comment surtout les arranger avec
ses propres opinions ? Du reste mon projet n'est point de provoquer ici une lutte littéraire ; je reconnais de bonne foi que je
ne suis pas de force ; mais j'ai cru devoir rendre raison de ma
manière de voir à ce public notre juge commun , qui a daigné
accueillir favorablement le faible ouvrage qui fut l'objet d'une
critique aussi prépondérante.

Grecs l'épouse de Menélas causa moins de désastres à l'empire de Priam que n'en produirait l'égoïsme de l'Angleterre (1).

Il faudra donc que l'Angleterre rende à chacun ce qu'il doit avoir dans la balance politique; elle ne pourra faire ce grand acte de justice et de nécessité qu'en revenant aux anciens principes du droit des gens; et alors à quoi auront servi tant de sacrifices, d'efforts, d'attentats à l'indépendance des peuples, cet accroissement de 579 millions sterlings qu'a subi la dette nationale et qui l'a fait monter aujourd'hui au capital de 814,535,909 livres sterlings, formant 19 milliars 544 millions 61 mille 816 francs (2) ? Pour éviter ce gouffre effrayant, l'Angleterre sera donc obligée à revenir à peu près au point d'où elle est partie ; et alors pourquoi, comme nous le demandions plus haut au sujet de la France, être sorti de la voie de la modération ! Que Dieu nous protége assez pour inspirer aux princes de la terre de sérieuses réflexions sur ce grand exemple de sa justice !

L'Europe en général.

Si nous promenons nos regards sur le reste de l'Europe, nous n'y découvrirons que moins de sujets d'affliction : l'Italie, l'Allemagne, la Russie, l'Espagne sont livrées à la misère, et dans plusieurs contrées

____

(1) Quelques savants ont prétendu que le rapt d'Hélène était une allégorie qui couvrait l'ambition des Troyens qui avaient usurpé au détriment de toute l'Asie le monopole du commerce et de la navigation. Cette explication a été démontrée peu exacte ; mais il est à présumer que les Troyens avaient allumé le ressentiment des Grecs par des causes politiques qui ont rapport au système commercial et bien plus importantes que le crime de Paris, qui peut-être ne fut que le prétexte ou l'accessoire de cette célèbre guerre.

(2) Voy. *décadence de l'Angleterre par Schaltès, Paris* 1816.

le désespoir pousse les peuples à aller chercher des moyens de subsistance dans des climats lointains qui eux-mêmes sont déchirés par l'anarchie et la guerre civile : qui donc produit et entretient ces terribles fléaux ? Ah! n'en doutons pas, ce sont d'abord les propres égarements des hommes et ensuite les retards que l'égoïsme et la cupidité apportent à rétablir le règne de la justice : quel peut être le résultat de ces délais s'ils se prolongent ? l'expérience nous met en droit de prédire qu'il serait bien funeste à ceux qui s'aveugleraient au point de croire que leurs intérêts consistent à retarder l'instant de la générosité.

Une des causes qui ont augmenté l'inquiétude et le désespoir des peuples, c'est la conduite des diverses puissances à l'issue de la grande querelle qui vient de se terminer. Chacun pensait en effet que les souverains dont les intentions avaient été si souvent manifestées pendant la guerre, s'occuperaient, une fois la paix faite, du plus pressé, c'est-à-dire, de rendre la vie au corps social en réglant d'une manière libérale et juste les intérêts maritimes et commerciaux de tous. On ne peut se le dissimuler, l'Europe n'est plus ce qu'elle était il y a deux cents ans ; à cette époque, les nations plus concentrées en elles-mêmes, peu exercées aux grandes entreprises, se contentaient d'assurer par des traités leur sûreté politique ; alors la diplomatie pouvait prendre pour bases principales de ses opérations, la délimitation des états, des aliances offensives et défensives purement militaires, et chacun laissait à quelques nations le privilége d'exercer uniquement le commerce et l'industrie qui étaient encore étrangers à la plus grande partie de l'Europe.

Mais aujourd'hui l'accroissement des arts et de la civilisation ont créé chez presque tous les peuples un commerce, une industrie et des relations maritimes qui forment le fondement de l'existence individuelle et publique des états ; chaque nation a acquis une double existence, intérieure et extérieure ; sa vie intérieure consiste dans son industrie manufacturière, dans les productions de son sol, et les arts qu'elle a su perfectionner mieux que ses voisins. C'est en communiquant à ses voisins une partie de ses avantages acquis ou naturels, qu'une nation se multiplie ou vit à l'extérieur, et la navigation est le véhicule ou plutôt l'ame de cette double existence politique. Quels que soient les intérêts dont les princes pensent devoir s'occuper le plus, l'expérience nous démontre que les choses en sont venues à un point qu'aujourd'hui tous les éléments de la prospérité des états résident dans ce mouvement commercial dont nous venons de parler : c'était donc de ce point important qu'il fallait d'abord parler, et les ministres du congrès de Vienne eussent bien mieux rempli l'attente de l'Europe et les intentions paternelles de leurs souverains, s'ils avaient commencé leur sainte-alliance en réparant les maux causés par l'anéantissement des principes du droit commercial, et en réglant avec sagesse le mode par lequel les nations pourraient se communiquer mutuellement l'abondance : par-là ils eussent fait disparaître le fléau de la misère, répandu la satisfaction dans les cœurs, et tout le reste serait devenu facile. Quelle fut donc la surprise et la douleur des peuples épuisés par une guerre affreuse, de voir ce congrès insensible aux malheurs publics ne s'occuper que de lignes de forteresses et se partager les hommes par *masses de population*! La situation où nous nous trouvons encore prouve que l'on aurait bien mieux fait de prendre d'abord des mesures pour assurer à chacun la jouissance des produits de son industrie et l'exercice libre et bien garanti de la navigation. Plus nous allons plus il est nécessaire de s'occuper de ce point essentiel. La paix dont nous jouissons est illusoire, puisque personne n'en ressent encore les bienfaits. Qu'on ne dise pas que cette langueur mortelle provient de la lassitude de la dernière guerre, cela est faux, puisque chacun ne retient l'élan de son industrie que dans la crainte d'en aventurer les produits ou les bases; créez un système européen bien balancé, bien garanti de commerce et de navigation et vous verrez si la misère ne disparaît pas et si les peuples seront encore agités! La plus impérieuse nécessité commande donc de travailler au plutôt à ce grand ouvrage ; un congrès maritime et commercial est donc plus nécessaire que jamais n'a pu l'être celui de Vienne ; l'Angleterre est autant disposée que forcée à devenir généreuse ; l'intérêt de la France a toujours été de l'être ; qui donc peut arrêter l'accomplissement de cet œuvre social ? Attendrons-nous pour réaliser cette opération indispensable que le besoin s'en fasse encore plus sentir ? Il serait je crois bien dangereux de risquer cette épreuve.

La terrible leçon que viennent de recevoir tous les peuples est une garantie que l'on ne peut apporter dans l'alliance commerciale et maritime ; aucune de ces clauses, de ces restrictions favorables au monopole ou fondées sur l'injustice, ce serait la pomme de la discorde, la semence et le pronostic des mêmes calamités que nous venons de voir finir : il faut que cet acte solennel soit digne de l'Europe, honore les rois, console les peuples et donne, pour la première fois, au reste de la terre, un exemple solennel et touchant des vertus et de la modération des nations chrétiennes ; il faut le baser sur les liens de cette

Bases d'un pacte européen de commerce et de navigation.

sainte fraternité que le christianisme seul peut inspirer ; il faut enfin que cet œuvre de sagesse et de lumière serve de modèle à la postérité pour cimenter ou rétablir les fondements d'une paix durable, et brille dans les siècles à venir comme ces feux destinés à sauver les navigateurs des écueils et du naufrage !

Mais si le ciel qui vient de manifester sa puissance par tant de signes évidents avait marqué l'époque où nous vivons, comme le moment d'une régénération complète, pourquoi ne nous serait-il pas permis de proclamer les vœux de la philosophie pour demander aux puissants de la terre d'affermir par une grande mesure le bonheur de leurs peuples.

Puisque le commerce et la navigation sont non-seulement les bases de la prospérité des hommes, mais encore le gage de la conservation des arts utiles, de la perfection de l'agriculture, du maintien et des progrès de la civilisation, tâchons de préserver cette précieuse ressource de la ruine : ses plus cruels ennemis sont le monopole et les fléaux de la guerre maritime. Quels que soient les traités, les garanties, tant qu'une nation aura la funeste faculté d'allumer la guerre maritime, elle pourra, seule, suivant son intérêt et les circonstances, arrêter l'essor de la prospérité générale : en vain on opposera à ses vaisseaux, à ses escadres des forces formidables ; cette lutte, quels qu'en soient les chances ou les résultats, opérera dans les relations des peuples, et par suite dans toutes les parties de l'état social une réaction désastreuse.

Le caractère distinctif de la guerre maritime est d'amener des haines et des rivalités irréconciliables ; ses conséquences sont toujours d'entraîner en peu de temps plusieurs nations à des hostilités, et ses effets sont de propager facilement d'un bout du monde à l'autre les calamités de la guerre. Les motifs de la guerre maritime sont toujours odieux parce qu'ils ont leur source dans l'orgueil, l'égoïsme et cette insatiable cupidité qui veut seule jouir au détriment des autres de biens qui, par leur nature sont communs. Les causes et les effets de la guerre maritime blessent donc les intérêts de la société en général, et ses suites sont ordinairement l'épuisement total des deux partis, car il est rare que les seules opérations militaires de ce genre de guerre décident uniquement les querelles des nations ; il s'y mêle toujours comme accessoires principaux, des coalitions qui embrassent l'univers entier ; et au milieu de ces horribles fracas, les passions deviennent plus violentes, les institutions sociales disparaissent devant les convenances ou les besoins, des trônes s'écroulent, des tyrans sortent tout armés du cahos de l'anarchie, les peuples vaincus perdent leur rang ou leur indépendance et les vainqueurs sont presque toujours ruinés par la victoire même.

Puisque les hommes doivent chercher pour eux comme pour leur postérité, les moyens d'être heureux pendant le temps qu'ils ont à passer sur la terre, puisque la providence a délégué aux princes le devoir d'être bienfaisants, puisqu'enfin l'expérience nous prouve que la guerre maritime a été et sera toujours la source de toutes les calamités, pourquoi les gouvernements n'illustreraient-ils pas le dix-neuvième siècle par l'extinction de ce fléau : cette généreuse détermination assurerait à jamais l'exécution de cette alliance maritime et commerciale si nécessaire au bonheur du monde. En abolissant la guerre maritime, on verrait disparaître tout ce qui pourrait s'opposer à la liberté du commerce et de la navigation, et ce seul avantage ouvrirait rapidement pour toutes les nations de nombreuses sources de richesses et de prospérité. Un élégant écrivain, un vrai philosophe (1) a déjà réclamé près des peuples et des rois l'extinction de la guerre, et il leur a proposé des moyens faciles de jouir des avantages d'une paix perpétuelle. Qu'il me soit permis de terminer cet ouvrage par quelques nouvelles réflexions sur cet important objet, et de démontrer que la guerre maritime, presque toujours inutile par elle-même à la décision des querelles politiques, est le plus grand obstacle aux vœux de la philosophie, et que par conséquent en abolissant ce fléau on consoliderait d'une manière solide et durable l'indépendance des nations, leur prospérité et leurs droits commerciaux.

La navigation est une des plus anciennes découvertes de l'homme; il semblait avait épuisé tout son courage pour braver les flots irrités de la mer et soutenir l'effrayant spectacle des tempêtes. Dans l'origine de cet art, il eut été difficile de prévoir que l'on concevrait même l'idée d'ajouter à tous les périls qui entourent le navigateur, les dangers et les horreurs du combat : mais il est de la destinée de l'homme d'être poursuivi en tous lieux par son plus cruel ennemi, par son semblable. La navigation fut d'abord le véhicule du commerce; le lien qui unissait les diverses nations et faisait circuler de l'une à l'autre tous les bienfaits de la civilisation, tous les trésors de l'abondance. Nous voyons en effet que long-temps avant qu'il ne fut question de guerres maritimes, la navigation était pratiquée par tous les peuples et même fit de grands progrès : les flottes de Salomon contour-

____

(1) L'abbé de Saint-Pierre.

naient l'Afrique; les vaisseaux de Carthage, d'Athènes et de Tyr vogaient sur toutes les mers, et l'on ne s'imaginait pas encore d'ensevelir au fond des eaux des générations entières : la terre paraissait assez vaste pour vuider les querelles des nations. L'ambition de quelques princes puissants, l'opulence de quelques républiques commerçantes donna naissance aux querelles maritimes; il fallut se défendre par des moyens analogues, ou détruire dans sa source même la tyrannie du monopole. L'histoire remarque avec raison, que les peuples qui les premiers ont donné l'exemple des guerres maritimes, ont acquis presque toujours, il est vrai, une grande prospérité, mais que leur existence fut éphémère comparativement aux moyens qu'ils semblaient avoir de la maintenir. Du moment où Athènes voulut attaquer ses voisins avec des flottes formidables, cette florissante république marcha vers sa décadence : lorsque Carthage chargea ses vaisseaux de soldats, elle ne fit plus que ce débattre contre l'activité romaine. Rome eût assez de prudence pour ne pas se laisser aveugler par ses victoires navales; elle évita le piège que lui tendait la fortune et profita des fautes de sa rivale : aussi nous avons déjà remarqué que loin de suivre le système de guerre et de domination maritimes, le sénat romain l'abandonna presqu'aussitôt la ruine de Carthage. Satisfait de ranger la terre sous ses lois, il laissa la mer libre à tous les peuples, et cette adroite politique rendit son joug moins pesant et plus durable. En général, l'état de guerre maritime doit tôt ou tard amener un peuple aux plus tristes résultats; cette situation forcée ne peut avoir pour but que de soutenir la plus révoltante, la plus monstrueuse usurpation, celle que les hommes ne pardonnent jamais, en un mot la domination exclusive des mers ; un peuple qui affiche cette odieuse prétention se met par le fait en rivalité permanente avec tous les autres : il doit nécessairement succomber sous cette formidable coalition (1).

Ce genre de guerrre épuise toutes les ressources d'un état.

Les inventions et la tactique modernes sont parvenues à faire de la guerre maritime le véritable fléau du genre humain. Depuis plus d'un siècle les nations semblent avoir renchéri à l'envi sur les moyens de se détruire par mer. Ces énormes citadelles flottantes absorbent dans leurs constructions des forêts entières, épuisent les mines les plus abondantes, les bois les plus propres aux besoins de la société, les métaux les plus utiles sont confiés à l'inconstance des vagues, quelquefois engloutis en peu d'instants dans les abymes de la mer, et très-souvent encore sans aucun fruit pour ceux qui en font le sacrifice. Si les hommes moins prodigues des dons de la nature voulaient employer à vuider leurs querelles maritimes des moyens moins coûteux, des vaisseaux plus petits, les résultats en seraient sans doute les mêmes ; mais ils ressemblent à ces insensés qui ne connaissant pas le prix des richesses les dispersent sans utilité et les perdent sans retour. L'influence de cette funeste perfection dans la marine militaire commence même à se faire sentir d'une manière allarmante. Les ma-

---

(1) L'on ne peut guère citer que deux batailles navales qui aient eu le résultat que les peuples doivent attendre des opérations militaires : la paix ou la cessation des calamités amenées par la guerre ; ces batailles sont celles de Salamine et d'Actium. Depuis cette dernière, c'est-à-dire depuis près de vingt siècles, il serait difficile de trouver un seul engagement sur mer qui ait eu d'autres effets que de faire beaucoup de fracas, de briser des vaisseaux et de fournir à l'histoire des pages sanglantes.

tières premières pour la construction des édifices et les besoins urgents de la vie manqueront avant peu et deviennent chaque jour plus rares. Le fer, le cuivre, les bois disparaissent du sol de l'Europe , et leur consommation est dans une proportion tellement au-dessus de leur réproduction , que les calculs les plus simples suffiraient pour démontrer que l'époque n'est pas éloignée où l'Europe se trouvera totalement privée de ces précieux matériaux. C'est sans doute à ce moment que finira l'influence de cette partie du monde sur les autres, car ne pouvant plus se suffire en métaux utiles elle sera loin de pouvoir les offrir à l'Amérique, qui n'ayant plus rien à retirer de sa métropole, s'en séparera tout-à-fait et trouvera moyen de suppléer aux matières dont nous manquerons nous-mêmes. En poussant les réflexions plus loin, on sentira quel préjudice ces mêmes causes porteront à la navigation commerciale et par conséquent à la prospérité des peuples. Si nous portons nos regards dans l'intérieur des divers états de l'Europe , en France, par exemple, nous verrons que depuis cette exagération dans les constructions et le système maritime, une portion considérable des richesses de l'état s'absorbent, sans fruit, pour le reste de la nation, dans quatre ou cinq villes du royaume. La postérité admirera sans doute les travaux immenses et ingénieux exécutés dans nos grands ports, mais elle demandera en même temps s'ils ont ajouté à la prospérité publique ; et l'histoire impartiale dira que tous ces bassins, ces ports, ces énormes vaisseaux ont toujours été des capitaux morts pour le gouvernement qui les a créés, inutiles et souvent dangereux au peuple qui les a payés. Il serait facile de démontrer cette triste vérité en parcourant les annales de la marine depuis Louis XIV: chacun est à même de se convaincre que malgré les exploits de nos grands hommes de mer et même nos plus brillantes victoires navales, le systême militaires maritime n'a eu qu'une influence secondaire sur nos destinées; les traités qui ont terminé toutes nos guerres ont toujours eu pour base des événemens ou des transactions totalement étrangers aux affaires navales. En 1795 la prodigieuse puissance maritime des Anglais n'arrêta pas un instant l'impulsion révolutionnaire de la France; l'Europe fut envahie, conquise, le salut même de l'Angleterre compromis; un tyran farouche s'empara du pouvoir sans que quelques flottes coulées ou prises changeassent un moment le cours des événements. Il est même inutile de démontrer que si l'insatiable Buonaparte eut mitigé ses plans par la sagesse et la modération, tout ce grand fracas maritime n'eut abouti à rien. L'Angleterre a senti elle-même l'insuffisance de ses moyens maritimes en proclamant en dernière analyse comme le héros de la guerre, le général de son armée. La France a succombé..... Mais je crois que personne ne s'imaginera que ce résultat est une suite des affaires d'Aboukir, de Trafalgar, et l'influence passagère de ces tristes et inutiles désastres n'a été tout au plus qu'une commotion douloureuse, oubliée depuis long-temps, lorsque l'incendie de Moskou, la campage de 1813, et enfin le choc unanime de toute l'Europe renversèrent l'affreux tyran qui opprimait les peuples et qui déjà s'était attiré par ses crimes la réprobation céleste. Voilà les véritables causes de l'issue de la guerre de la révolution et non les divers événemens de la guerre maritime qui n'ont eu d'autre

influence que de propager d'un bout de la terre à
l'autre les affreuses calamités qui désolaient l'Europe.
Nous l'avons tous vu, l'Europe fut conquise, son
organisation politique fut bouleversée, tout plia sous
l'effort de nos armes; le crédit et le commerce de
l'Angleterre ont été réduit aux plus tristes extrémités,
et cependant à cette époque les Anglais régnaient
en souverains sur toutes les mers : qu'y ont-ils fait ?
ils ont dicté par leur exemple au plus affreux des
despotes les plus cruelles leçons de tyrannie. Par
des provocations imprudentes et inutiles , ils ont inspiré à ce sanguinaire conquérant toute la frénésie
de la rage et de la vengeance, ils semblent n'avoir
pas réfléchi un instant que chaque mouvement de
leur orgueil compromettait non-seulement le salut
de la France, mais celui de vingt peuples dont ils
se disaient les alliés ou les protecteurs , et que tous
leurs vaisseaux n'ont jamais pu préserver du despotisme de l'ennemi commun. Ils ont détruit nos
escadres, mais sans faire avancer d'un pas la fin des
malheurs du monde; nous aurions anéanti les leurs
que bientôt écrasés sous le poids de notre puissance
nous serions tombés sous les coups de l'Europe, qui
dans un danger aussi pressant , aurait réalisé sur-le-
champ les événements qui eurent lieu en 1814 : chacun eut partagé les dépouilles des deux rivaux et
personne peut-être n'en eut profité. Voilà donc ce
qu'a produit et ce qu'aurait causé cette longue lutte
maritime.....! Mais , observera-t-on , les victoires navales des Anglais ont acquis à leur patrie un empire immense dans les Indes orientales et les rendent aujourd'hui les arbitres du commerce de
la terre. Oui sans doute , la marine militaire a
procuré aux Anglais cette puissance , funeste tôt

ou tard pour eux-mêmes ; oui sans doute, leurs escadres leur ont donné les moyens d'établir un système de commerce tellement extraordinaire, que l'histoire n'en fournit pas d'exemple, et que malgré la paix dont nous jouissons aujourd'hui la misère dévore tous les peuples, la plus triste stagnation règne dans toutes les affaires commerciales du continent et propage en Europe un mécontentement sourd et général, un vertige désorganisateur et révolutionnaire.... ! Les nations européennes liguées pour la plus sainte des causes après les plus généreux efforts pour leur indépendance s'étonnent de ne retirer pour fruit de leurs travaux que la perte de leur industrie, de tous leurs droits maritimes et commerciaux, tandis que les Anglais sont vraiment les seuls propriétaires des ressources, des richesses et même de la gloire de leurs alliés. Ah ! si jamais nous devons déplorer les tristes effets des guerres maritimes, c'est sans doute à la vue de ce tableau effrayant pour l'avenir, et qui nous présente tous les germes de longs et cruels bouleversements ! L'Angleterre elle-même trouvera dans l'instrument de sa puissance les causes de sa ruine. Elle a élevé un empire dans l'Inde, mais c'est précisément parce qu'elle s'est hâtée de le rendre fort et puissant qu'il s'affranchira plutôt de sa tutelle ; et alors quel fruit retirera-t-elle de ses succès maritimes ? une égalité de misère et d'humiliations avec les peuples que son monopole a ruinés. Ces tristes événements auraient-ils eu lieu, l'Europe et le monde se trouveraient-ils dans une situation déplorable, si loin de parcourir l'Océan avec des flottes formidables, la carrière du commerce et de la navigation eut été libre à tous les peuples, si le sang des hommes n'eût pas rougi la surface des mers, si en un mot les fléaux et les affreuses conséquences de la guerre maritime n'eussent pas été connus! Rappelons-nous que l'empire de Neptune n'a jamais été partagé; aussitôt que les hommes, au lieu d'en jouir en commun, veulent se le disputer, il devient toujours la proie d'un seul, qu'il est alors entre ses mains la verge du courroux céleste, mais que ce présent fut toujours fatal à celui qui l'avait reçu.

Rois de la terre, images sacrés de la providence, les véritables principes du droit maritime, une juste répartition des avantages du commerce et de la navigation sont les bases du bonheur de vos peuples; c'est, en ce moment, le plus impérieux de leurs besoins. L'éternel dispensateur des couronnes, en vous déléguant une partie de ses pouvoirs, vous imposa l'obligation d'être bienfaisant envers vos sujets et d'être juste à l'égard de tous les hommes : vous en faites le serment à la face du ciel et de la terre. Croyez-vous remplir ce devoir auguste en vous livrant sans cesse aux trompeuses amorces d'une diplomatie subtile dont les résultats peuvent intéresser vos familles ou votre dignité, mais qui sont insignifiants aux yeux de vos peuples accablés de misère et privés de ressources commerciales. Qu'importe à notre félicité et par conséquent à la vôtre, si vous nous aimez comme vous le devez, que telle ligne de forteresses soit ou non enclavée dans tel état, que l'un cherche à s'indemniser sur l'autre en lui morcelant une de ses provinces ou en se faisant adjuger comme de vils troupeaux tant de millions d'ames sur la rive droite ou gauche de tel fleuve : que nous importe enfin cette sainte-alliance si jusqu'à présent elle n'a garanti que des intérêts individuels de princes ou des amour-propres de famille? *Salus populi suprema lex* ! Oui cette loi suprême, ce besoin pressant se placent aujourd'hui au-dessus de toutes les considérations. En vain les diplomates trouveront-ils de nombreux et plausibles prétextes de retarder encore l'accomplissement du vœu de l'Europe. Une nécessité plus absolue, beaucoup plus évidente que toutes les combinaisons politiques, ce fléau de la misère enfin qui dévore tous les peuples commande impérativement un nouvel ordre de choses : il faut être mutuellement juste et généreux ; il faut qu'à la vue de l'abyme où nous ont entraînés nos erreurs réciproques, nous abjurions les systêmes de l'égoïsme pour revenir aux véritables bases du pacte social.

Mais pourquoi ne profiterions-nous pas entièrement de la terrible leçon que nous venons de recevoir ? Pourquoi n'avouerions-nous pas que réduits par nos égarements à la plus déplorable situation, il est urgent d'en prévenir le retour et d'en détruire les causes ? Ah ! sans doute cette résolution serait bien digne d'une sainte-alliance ; quel plus bel hommage pourrions-nous rendre à l'Éternel ! L'expérience des siècles et de l'âge actuel nous apprend que le plus terrible aliment des calamités de la guerre se trouve dans les rivalités commerciales et maritimes. Nous avons démontré dans cet ouvrage (et ce fut notre dessein en l'écrivant) que les guerres ou les puissances maritimes traînent toujours à leur suite le mépris du droit des gens, l'oppression du faible par le fort, l'immoralité, la violation de tous les principes sociaux et enfin le plus révoltant, le plus désastreux monopole. Le droit commercial et maritime (bases fondamentales de la prospérité des peuples) sera donc toujours à la discrétion du hazard ou de l'injustice tant que la mer ou le commerce seront passibles du sort des armes.

"La liberté du commerce et de la navigation intéresse
à un si haut point tous les peuples, qu'il ne doit être
permis à personne d'en maîtriser le cours : nous devons donc souhaiter ardemment que les hommes soient
à jamais privés des funestes moyens de se disputer
l'empire des mers et du commerce, et que la guerre
maritime soit rayée du nombre des calamités qui affligent l'espèce humaine. Rois de la terre, anéantissez
donc ce fléau, que votre sainte-alliance élève un
monument impérissable en détruisant à jamais la
source du monopole et des malheurs de la terre ;
forcez tous les peuples qui basent leur funeste grandeur sur l'occupation militaire de l'Océan à se défaire
des instruments de leur ruine ; qu'il n'existe plus
d'autre rivalité maritime que celle du progrès de la
science nautique, d'autres victoires navales que les
triomphes de l'industrie commerciale, soutenue, ali-
mentée par la libre exploitation des mers : c'est ainsi
que vous assurerez à vos peuples les avantages d'une
longue paix. Les guerres qui pourraient troubler votre
tranquillité ne seront plus que des commotions peu
durables, utiles peut-être pour purger le corps politique, mais qui, n'ayant plus pour causes les intérêts
d'une ambition exagérée, ne compromettront plus ni
l'indépendance de vos trônes ni la prospérité de vos
peuples : c'est ainsi que vous entretiendrez sans cesse
dans vos états l'aisance des particuliers et la prospérité générale, enfin que vous retirerez le prix le plus
doux de vos soins dans l'amour et les bénédictions
de vos sujets. Tôt ou tard des événements majeurs
vous ameneront par une triste nécessité à cet état de
nullité de forces maritimes ; les colonies, prétextes ou
mobiles de la marine militaire ; les colonies, causes
principales de toutes les malheureuses expéditions qui

dans la dernière guerre ont détruit la marine française échapperont avant peu à l'Europe ; cette scission coûtera encore bien du sang à l'humanité ! Empêchez ces tristes événements et même la perte de vos colonies en renonçant à vos rivalités maritimes ; attachez ces établissements à leurs métropoles respectives par des liens plus forts que ceux de forces toujours armées pour se les disputer, et dont ils profiteront pour s'affranchir. Unissez enfin les colonies à la mère patrie, en les associant à son commerce, en les faisant participer comme vous à tous les avantages d'une paix maritime perpétuelle. Si cependant la cupidité de quelques aventuriers, les mœurs féroces de quelques nations barbares, établissaient dans un coin du globe les déprédations de la piraterie, unissez-vous alors pour foudroyer à l'instant cet ennemi commun ; punissez les auteurs de semblables attentats comme des ennemis du genre humain, comme des sacriléges, des profanateurs qui osent porter une main impie sur l'héritage que Dieu a légué en commun à tous les hommes : mais pour éviter jusqu'à la moindre apparence d'une guerre maritime, chargez plutôt de veiller à la sûreté des mers une puissance faible par elle-même, essentiellement et toujours neutre par son organisation politique, qui ne soit riche que de vos libéralités, forte que de votre confiance et de votre protection et qui se consacre uniquement à poursuivre les pirates et à tranquilliser le commerce de tous les peuples ; composez cette puissance d'éléments pris chez toutes les nations ; que la religion (1) soit sa

____

(1) Un ordre religieux pourrait présenter des inconvénients, je l'avoue, à cause de la diversité des sectes qui divisent l'Europe ; mais il serait toujours essentiel que les hommes qui composeraient cet ordre fussent astreints à des obligations que

base, l'honneur le principe de ses opérations, en un mot prenez pour modèle de cette bienfaisante institution l'ancien ordre de Malthe, ou plutôt soyez assez justes pour le rétablir comme conservateur de la paix maritime. Alors, princes de la terre , vous serez vraiment les dignes ministres de la divinité ; vous réaliserez les plus belles conceptions de la philantropie , vos contemporains vous béniront et la postérité dira : *au 19.ᵉ siècle tous les trônes de l'Europe étaient occupés par de véritables grands hommes* (1).

---

l'on contracterait, au moins civilement, telles que le célibat pour empêcher les intérêts de famille de nuire à ceux de la société, et enfin la privation pour l'ordre et ses membres de faire eux-mêmes le commerce. Il serait encore plus nécessaire de confier à l'ordre les principaux points maritimes et commerciaux de la Méditerranée et de l'Océan ; enfin il faudrait qu'il fût assez richement doté pour entretenir une marine militaire formidable , en état d'agir à la première réquisition d'un des membres de la sainte-alliance , soit pour protéger le commerce , escorter les convois , soit pour maintenir les colonies dans la dépendance de l'Europe. Chaque puissance, en consacrant à cette pieuse fondation le quart de ce que lui coûte annuellement l'entretien de sa marine , retirerait un intérêt incalculable de ses avances , puisque son commerce serait pour jamais à l'abri de toute interruption, que les calamités de la guerre maritime ne se renouvelleraient plus et par conséquent les querelles continentales deviendraient rares , moins longues et peu compliquées.

(1) Tant qu'un mutuel accord ou la nécessité n'auront pas amené les puissances à établir les bases de la paix maritime perpétuelle, il est facile de sentir que chacun doit chercher non-seulement à conserver, mais aussi à augmenter ses forces navales , afin de former , à défaut d'une paix stable et générale , des contre-poids également répartis. L'Europe est surtout intéressée, comme nous l'avons démontré dans cet ouvrage , à ce que la marine française soit formidable.

F I N.